El secreto de Fátima

 nowtilus

El secreto de Fátima

Fina d'Armada y Joaquim Fernandes

Serie: Nowtilus Frontera
Colección: Investigación abierta
www.nowtilus.com

Título: El secreto de Fátima
Título original: Fátima. Nos bastidores do Segredo
Autores: © Fina d'Armada y Joaquim Fernandes
Traducción: Alejandra Suárez Sánchez de León para Grupo ROS

Edicion española:
© Ediciones Nowtilus S.L.
Doña Juana I de Castilla 44, 3° C, 28027 - Madrid

Editor: Santos Rodríguez
Responsable editorial: Teresa Escarpenter

Diseño y realización de cubiertas: Carlos Peydró
Coordinación, diseño de interiores y maquetación: Grupo ROS
Producción: Grupo ROS (www.rosmultimedia.com)

ISBN13: 978-849763480-9

Depósito legal: SE-1060-2008 U.E.
Fecha de edición: Abril 2007

Printed in Spain
Imprime: Publidisa

Índice

PARTE III. EL SECRETO DEL SECRETO

Prólogo
por Pablo Villarrubia

15 de febrero de 2005. Miles de personas se aglomeran ante las puertas de la «Sé» (catedral) de Coimbra, en Portugal. Deseaban dar su último adiós a una pequeña pero gran mujer de casi 98 años, la principal vidente de la «virgen» de Fátima: sor Lucía dos Santos. Había vivido recluida durante 84 años en varios conventos pero su morada final fue el Carmelo de Santa Teresa de Coimbra donde estuvo enclaustrada desde 1948.

Juntamente con mi buen amigo Javier Sierra me encontraba entre los miles de fieles que deseaba participar de las exequias de la que fuera la intermediaria entre la Virgen y los mortales. Para muchos era la mensajera de un secreto que sería capaz de cambiar el rumbo de historia…

Abriendo paso en medio de la multitud aparecieron Fina D'Armada y su hija, Frederica, que allí acudieron desde la ciudad de Oporto. Fue una ocasión emocionante pues hacía varios años que no veía a mis dos amigas. Era, además, un momento histórico para el catolicismo. De hecho, acudió a la Sé, desde el Vaticano, el cardenal Tarcisio Bertone, enviado especial del sumo pontífice Juan Pablo II quien quizá hubiera venido a Portugal si no fuera por la gravedad que revestía su estado de salud que poco tiempo después le costaría la vida.

Javier y yo pudimos entrar en la Sé y presenciar los actos litúrgicos mientras se velaba el cuerpo de la casi centenaria anciana. Nos sorprendió que su rostro — visible a través del cristal del ataúd — apenas tuviera arrugas. Pero en mi mente sobrevolaba la imagen de aquella mujer aún niña, en el lejano año de 1917. Era una de aquellas fotos en blanco y negro donde aparecen los tres pastorcitos protagonistas de las apariciones marianas. Cada vez que veo aquél registro gráfico se me hiela el corazón: Lucía fruncía la frente y su mirada era muy seria, una expresión desgarradora del fin de su infancia, pues su vida cambiaría, a partir de aquel momento, de forma drástica. Para sus dos primitos, Jacinta y Francisco Marto era el principio del fin, pues no tardarían mucho en morir bajo la epidemia de la mal llamada «gripe española».

Durante las letanías dentro de la Sé revolvía en mi mente otra imagen fijada en una antigua placa fotográfica. Se trataba de miles de campesinos descalzos agarrados a sus primitivos aperos agrícolas mientras miraban fijamente al cielo. Era un día 13 de octubre de 1917, día del célebre y enigmático «milagro del Sol». Esta foto, al igual que otras parecidas, tenía una fuerza inaudita, la del asombro ante lo desconocido en aquel Portugal profundo. Era la imagen de la dureza de la vida, de los desheredados que, pese a todo infortunio, cultivaban la esperanza de días mejores. Quizá la Virgen de Fátima pudiera ofrecerles esta perspectiva...

A partir de 1976 Fina D'Armada, una combativa historiadora feminista y el entonces periodista Joaquim Fernández (hoy historiador y profesor universitario), un hombre de ideas avanzadas y osadas, decidieron emprender un largo camino para intentar descifrar el significado oculto de aquellas antiguas fotos inquietantes y conmovedoras. Fina y Joaquim buscaron — y siguen buscando incansablemente — respuestas para los enigmas de Fátima, aunque hayan encontrado muchas más preguntas que nos producen aún más turbación. ¿Qué sucedió realmente en la Cova da Iria? ¿Qué vieron los tres humildes pastorcitos? ¿Qué ocurrió con Lucia dos Santos a lo largo de tantos decenios de ostracismo y silencio bajo la vigilancia del Vaticano?

Mis dos preciados amigos lusitanos de Oporto se han empeñado en buscar la «otra historia» de Fátima, no la que el Vaticano decidió como verdadera por una serie de conveniencias que el lector conocerá a lo largo de este apasionante libro.

El lector español también percibirá que el fenómeno Fátima no se limita al ámbito de un país pequeño pero rico en historia y tradiciones amparadas por un pueblo brioso y orgulloso de su pasado. Fátima ha roto fronteras y conquista, a cada día, nuevos peregrinos y devotos de todos los rincones del planeta. Lucia, una mujercita frágil y muy inteligente fue la portadora de un mensaje capaz de revolver los entresijos del Vaticano y atraer la amistad de Juan Pablo II.

Además, Fátima no se limita a cuestiones de orden política y religiosa. Ya desde el principio de esta obra el lector sabrá que las apariciones marianas fueron previstas por diversos grupos espiritistas de Portugal con meses y días de antelación. Algunos de estos extraños mensajes percibidos durante sesiones mediúmnicas llegaron a ser publicados en periódicos del país, anunciando que algo importante ocurriría exactamente en el día 13 de mayo de 1917. Uno de estos mensajes concretamente hablaba de un hecho «que impresionará fuertemente a toda la gente».

¿Cómo explicar los extraordinarios fenómenos físicos presenciados por los miles de personas en la Cova da Iria el 13 de octubre de 1917? Durante el llamado «milagro del Sol» algunos testigos verificaron cómo sus ropas, mojadas por la lluvia, se secaron en pocos minutos mientras que un «disco de plata opaco» del tamaño del Sol o la Luna empezaba a realizar evoluciones asombrosas en el cielo. Hasta los ateos testificaron a favor de estas inusuales manifestaciones al aire libre. Estos y otros tantos acontecimientos permanecen bajo la sombra del más profundo misterio. Cuando sor Lucia murió se enterró definitivamente una parte del secreto de Fátima. Por eso mis ojos y los de Fina y Joaquim, aún se asombran ante las fotos en blanco y negro, de los rostros circunspectos y compungidos de aquellos predestinados pastorcitos.

Pablo Villarrubia Mauso
Periodista y escritor

Introducción
por
Andrew D. Basiago

Indudablemente, los sucesos de Fátima constituyeron el acontecimiento "religio-so" más excepcional del siglo XX. En 1917, tres pastorcillos portugueses —Jacinta, Francisco y Lucía— se encontraron de forma repentina con la Virgen María, ilumi-nada por un resplandor de luces celestiales. Ella les contó a los niños tres secretos sobre el destino de la Tierra. A estos contactos, les siguió un inexplicable fenómeno aéreo, llamado "El milagro del Sol", durante el cual el Sol fue visto bailar en el cielo por miles de atemorizados espectadores que abarrotaban Fátima.

Se supuso que las apariciones eran un caso de intervención divina en los asun-tos humanos, una señal del cielo que indicaba que la guerra que arrasaba Europa debía terminar. Se levantó un Santuario en Fátima que congregó a millones de creyentes y se inventó el mito de que los secretos de Fátima serían revelados a su debido tiempo, como un testamento de fe en una era totalmente profana.

Fuera cual fuera la verdad, las apariciones de Fátima no se investigaron de forma adecuada hasta sesenta años después. Los registros originales del caso per-manecieron encerrados bajo custodia durante seis décadas en archivos secretos dentro del Santuario de Fátima. Los secretos celestiales que había en estos archi-vos contenían lo que la religión no podía admitir y lo que la ciencia no podía explicar.

Entonces, en 1978, se les concedió un acceso sin precedente a los archivos a los jóvenes historiadores portugueses, Joaquim Fernandes y Fina d'Armada. Los archivos revelaron que los niños no interactuaron con una "aparición" de la Virgen María, sino más bien con el holograma de un ser luminoso, el cual era proyectado por un rayo de luz que emitía un objeto que planeaba encima de ellos. Estas entidades a las que encontraron los niños de Fátima no eran deidades que descendieron del cielo, sino seres extraterrestres que visitaban nuestro planeta desde "algún lugar" del vasto cosmos.

Fernandes y d'Armada pasaron los veinticinco años siguientes investigando los hechos reales del caso de Fátima. Excavaron profundo en los registros históricos, como sólo unos investigadores portugueses con suficiente fluidez en el lenguaje en que sucedieron los hechos podían hacerlo. Registraron con detenimiento periódicos y revistas, informes meteorológicos y cartas escritas por los testigos. Incluso entrevistaron a varios testigos que estaban entre los observadores más jóvenes cuando ocurrió el suceso de Fátima.

Cientos de hechos descubiertos desde el momento de las apariciones corroboraron lo que Fernandes y d'Armada sabían y confirmaron lo que decían los archivos secretos del santuario de Fátima. El mundo entero debía saberlo, incluso si sus conclusiones contradecían el dogma católico. El incidente de Fátima de 1917 fue el primer y mayor caso OVNI del siglo XX.

Fernandes y d'Armada publicaron sus descubrimientos por primera vez en 1982. Cuando su historia de Fátima fue revisada y publicada de nuevo en 1995 con el título As Aparições de Fátima e o Fenómeno OVNI, el Jornal de Noticias, un importante periódico portugués, anunció su trabajo como "un suceso literario sin precedentes en el campo de los estudios ufológicos portugueses".

No sólo era que dos historiadores presentaran una radical reinterpretación de las apariciones de Fátima como un caso de "encuentro", sino que lo hacían desde una posición de casi impecable credibilidad como fatimistas. Su libro fue la primera historia de Fátima escrita por historiadores portugueses que estaba basada en los documentos originales de los hechos reales.

En 2000, Fernandes y d'Armada se acercaron a mi firma de abogados con la idea de publicar su historia en los Estados Unidos. Al principio, los recibí con cautela. Pensé que su libro podía ser otro ejemplo de esa escuela europea de ufología que tanto debe a la tradición universitaria que nació del formalismo barroco.

Sin embargo, cuando investigué un poco más y leí el libro, encontré, para mi asombro, que en éste se desarrollaba una brillante síntesis de antropología, historia y ciencia. Fernandes y d'Armada habían sometido todos los hechos relacionados con el caso de Fátima —tanto tiempo malinterpretados como de naturaleza divina— a un análisis radical y exhaustivo que resultaba minucioso y fascinante a un tiempo.

En unos apartados que repetían periódicamente, titulados "Paralelismos con la Ufología", identificaban muchas conexiones relevantes entre los enigmáticos sucesos que ocurrieron en Fátima y otros numerosos episodios consignados en los extraños e ilustres anales de la historia de la ufología. Establecían que hubo muchos casos OVNI antes y después de 1917 que se desarrollaron de forma parecida a los acontecimientos de Fátima.

Durante el proceso, Fernandes y d'Armada no sólo probaron que las así llamadas "apariciones marianas" de Fátima surgieron de una serie de contactos con seres extraterrestres, sino también que cientos de libros anteriores al suyo fueron escritos sin fundamento histórico. Pude comprobar que su libro estaba destinado a convertirse en la historia definitiva del incidente de Fátima.

El proyecto que desarrollaron fue un triunfo de la Era digital, con miembros del equipo comunicándose electrónicamente desde tres continentes distintos. Cinco años y cinco mil correos electrónicos sobre el proyecto después —muchos de ellos dedicados a tratar cuestiones que no se respondieron en la versión de 1995—, sacamos a la luz Heavenly Lights: The Apparitions of Fátima and the UFO Pheomenon (EcceNova Editions, 2005). Nuestra nueva edición ofrecía tanto a los ufologistas mayoritarios como a los investigadores religiosos un convincente argumento para re-examinar las pruebas reales que por fin explicaban el duradero misterio sobre el incidente de Fátima.

Heavenly Lights es una obra que pertenece al género de la "fenomenología" OVNI, dentro de la tradición que incluye escritos sobre hechos reales del comandante Donald Keyhoe, de los doctores J. Allen Hynek y Jacques Vallée, de Timothy Good y de Stanton T. Friedman. En Heavenly Lights, los autores investigan los hechos asociados con los tres aspectos de más peso del incidente de Fátima: el ente de Fátima; Cova da Iria, donde sucedieron los contactos con el ente; y el avistamiento OVNI masivo, "El milagro del Sol". Aclamado como un "clásico instantáneo" y "un celestial tour de force" por los críticos, el libro establece, mediante una escrupulosa adherencia a los hechos, el indisputable origen extraterrestre de las apariciones de Fátima de 1917.

Este libro, El secreto de Fátima, es la secuela de Heavenly Nights. Pero también es una obra más exquisita. Mientras Heavenly Nights proporciona un esquema de la amplia arquitectura del incidente de Fátima como un "encuentro en la Tercera fase", El secreto de Fátima ilumina una miríada de detalles oscuros en su interior que pueden ser altamente significativos pero que, por otra parte, eluden el escrutinio histórico.

Como sugiere el título, El secreto de Fátima cuenta la "historia oculta" de Fátima. Lo que esto quiere decir es que examina cómo una mano conspiradora suprimió intencionadamente la verdad sobre Fátima, al tiempo que daba forma a los distorsionados contornos de nuestro moderno entendimiento de las apariciones.

En esta obra, Fernandes y d'Armada revelan nuevas informaciones sobre el incidente de Fátima que hacen que esa "historia oculta" sea aún más misteriosa e inescrutable. Estas revelaciones trascienden la representación mundana del caso como un "episodio no contado de contacto extraterrestre". ¡Nada más lejos de la realidad! El caso de Fátima fue mucho más complejo de lo que ni siquiera la paraciencia hubiera podido imaginar jamás.

Varios aspectos de los hechos reales desafían la explicación convencional. Por ejemplo, las apariciones de Fátima fueron anunciadas en la prensa portuguesa. Esto se llevó a cabo mediante un cifrado matemático que requería un extraño conocimiento de lo que luego sería revelado.

También hubo una "pre-aparición" anterior a las de 1917. Uno de los niños testigos, Lucía dos Santos, que posteriormente se convertiría en monja y en un peón a través del cual el Vaticano "hilaría" su interpretación "mariana" del evento, había tenido un encuentro con un ángel en 1915.

Otro factor complejo es el de que una cuarta niña testigo, Carolina Carreira, se topó con un "pequeño humanoide telepático" al mismo tiempo que los otros tres niños mantenían el famoso encuentro con el Ente que los creyentes definirían como "Nuestra Señora de Fátima".

El secreto de Fátima muestra cómo nuestra visión moderna de Fátima no se basa en los acontecimientos que sucedieron en 1917. Más bien se fundamenta en una "historia de encubrimiento" tramada por la Iglesia en 1941. La idea central de este esfuerzo propagandístico fue ocultar la naturaleza extraterrestre de los contactos de Fátima y presentarlos como "marianos", con el objetivo de reforzar la ortodoxia católica.

Los secretos de Fátima, desde hace tiempo consagrados en las liturgias tanto del mito como de la religión, fueron el resultado de un programa de desinformación, al cual se refieren los autores como "Fátima II".

Sin embargo, las pruebas científicas e históricas muestran que los seres extraterrestres han estado interactuando con los humanos desde tiempos inmemoriales. El secreto de Fátima forma parte de un creciente corpus de literatura mundial, que se adhiere al principio de que conocer la verdad sobre esos visitantes de otros mundos y contarla es lo mejor para los intereses de los habitantes de este nuestro mundo.

PARTE PRIMERA

OPERACIÓN FÁTIMA

CAPÍTULO UNO

La predicción de las apariciones de Fátima en la prensa portuguesa

Oporto, 11 de mayo de 1917
Srs. Redactores: El día 13 de este mes ocurrirá un acon-
tecimiento... que impresionará enormemente a toda
la gente.

Anuncio aparecido en tres periódicos portugueses el
13 de mayo de 1917

Es un hecho poco conocido que, antes de que sucedieran, las apariciones de Fátima se predijeron en las páginas de al menos cuatro de los más importantes periódicos portugueses. En el periódico de Lisboa, *Diário de Notícias*, se predijeron el 10 de marzo, dos meses antes de la primera aparición del 13 de mayo. En el periódico más importante del momento en Oporto, *O Primeiro de Janeiro* (*El primero de enero*), una historia de primera plana fechada dos días antes del acontecimiento de las apariciones se publicó el 13 de mayo. Por añadidura, ha sido confirmado que boletines publicados el 13 de mayo en otros dos periódicos de Oporto, *Jornal de Notícias* y *Liberdade*, anunciaban que algo "grande" sucedería en esa fecha.

Aparentemente, para los más sensibles y apresurados, este dato inesperado revertiría a favor de un gigantesco fraude, que habría sido previamente planificado por aquellas partes que recibirían el máximo beneficio por las apariciones, presumiblemente la jerarquía de la Iglesia católica y algunos devotos partidarios de la fe. Nosotros encontramos esta conclusión tan insatisfactoria como trillada. Simplemente no tiene sentido que una mistificación de esta naturaleza, y en tal escala, fuera anunciada de esa forma, en varios periódicos diarios.

Una investigación sobre el origen y el contenido de estos anuncios sugiere que eran lo que parecían ser: la obra de dos grupos de psíquicos que se describían a sí mismos como "espiritualistas", que tenían su base en ambas ciudades, Lisboa y Oporto, y que predijeron que un hecho de significación histórica ocurriría en esa fecha. En uno de los casos, la predicción se realizó aproximadamente tres meses antes de que sucedieran los hechos. Ambos grupos se sentían tan seguros de sus premoniciones que decidieron documentarlas (para así probar más tarde su exactitud) mediante la publicación de sus afirmaciones en las noticias nacionales. No hay ninguna prueba que relacione a ninguno de los grupos con los acontecimientos de las apariciones. No ha sido posible encontrar ninguna conexión entre estos grupos de psíquicos, que provenían de ciudades, y los niños rurales que fueron testigos de las apariciones de Fátima. Ni tampoco existe ningún rastro de implicación de ninguna otra "conspiración" organizada relacionada con los sucesos presenciados por los tres pastorcillos.

Una de las cuestiones que están absolutamente claras sobre las misteriosas apariciones de Fátima es que los métodos poco convencionales y "psíquicos" a través de los que se obtuvieron son profundamente ofensivos para las sensibilidades convencionales. Tanto los ateos como los devotos católicos desdeñan todos los asuntos "paranormales". Esta postura subyace en el corazón de toda la confusión y la controversia que rodea estos nuevos y curiosos informes; explica por qué el extraordinario hecho de la existencia de estas predicciones publicadas ha languidecido en el crepúsculo del rechazo y la oscuridad durante casi un siglo.

De lo que estamos hablando es de distintas predicciones de un "impresionante acontecimiento", que ocurriría el 13 de mayo de 1917, publicadas en la prensa nacional de Portugal. La existencia de estos anuncios en los periódicos no es un asunto de fe religiosa. Aunque tengan relación con las Escrituras y las interpretaciones de las mismas, el hecho de que esas predicciones aparecieran impresas permanece incontrovertible, por inconveniente e incómodo que pueda resultar de aceptar para muchas personas. Crea o no cualquiera en las apariciones de Fátima, la verdad que permanece es que esos acontecimientos fueron pronosticados en los periódicos, lo cual puede verificarse de forma muy sencilla en nuestros días.

Ciertamente, las noticias de nuestro tiempo revelan las cosas más asombrosas:

- "Un grupo internacional de astrónomos anuncia el descubrimiento del que posiblemente sea el planeta más pequeño conocido fuera de nuestro sistema solar que orbita en torno a una estrella normal. Se estima que el planeta es 5,5 veces más grande que la Tierra y su composición parece ser rocosa. Orbita a una estrella roja enana a unos 28.000 años luz de distancia". — *Nature*, 26 de enero de 2006.

- "Gira y nada —y poco más—, pero la primera combinación de dos máquinas moleculares es un importante paso en la larga trayectoria de los nanodispositivos suficientemente sofisticados como para, por ejemplo, efectuar reparaciones en el interior de nuestras células. 'El próximo paso es integrar múltiples máquinas moleculares en dispositivos mucho más grandes', dice Kazushi Kinbara, el cual desarrolló el diminuto artilugio junto otros colegas de la Universidad de Tokio. — NewScientist.com, 22 de marzo de 2006.

- "El río Danubio es conocido por su belleza y ha sido inmortalizado en la música. Ahora los investigadores usan este cuerpo acuoso como un campo de pruebas para la teletransportación cuántica. Los científicos informan hoy en la revista *Nature* de que han teletransportado fotones con éxito una distancia de más de 600 metros a lo largo del río Danubio en Viena, Austria". — Scientific American.com, 19 de agosto de 2004.

Esas nuevas historias de los descubrimientos de nuevos planetas en nuestra galaxia seguramente se repitan (como lo han hecho desde que escribimos la versión original en portugués de este libro). En una galaxia que tiene 400 billones de estrellas, podría parecer "un terrible desperdicio de espacio", citando a Carl Sagan, si, en toda esa inmensidad, no existiera vida en ningún sitio además de en la Tierra.

Los científicos han determinado que el lapso de la vida humana es demasiado corto como para que sobrevivamos el tiempo que nos llevaría viajar, por vías convencionales, a través de las enormes distancias que nos separan de estos nuevos planetas descubiertos. Sin embargo, es posible que los avances científicos sean capaces de prolongar la longevidad humana. De acuerdo con la periodista Ana Gerschenfeld, que escribe en el periódico *O Público*, algunos investigadores del centro médico Southwestern de la Universidad de Texas ya han descubierto la "fuente de la juventud" celular. Carl Harley y Jerry Shay hallaron que la inserción de una cadena de ADN en una célula de la piel provocó la producción de telomerasa, una enzima que se encuentra de forma natural en células embrionarias muy jóvenes. La telomerasa restablece trocitos de ADN llamados telómeros, los cuales envuelven las terminaciones de los cromosomas y los protegen contra las rupturas. Cada vez que una célula se divide, sus telómeros se acortan. Cuando los telómeros llegan a una longitud crítica, la célula simplemente deja de dividirse y pasa a la "senectud", también conocida como un estado de vejez. "Los telómeros son algo así como el reloj del envejecimiento celular", dice Harley. "La telomerasa es la enzima que puede rebobinar el reloj. Nos proporciona una forma de recuperar... un periodo vital de juventud... para las células envejecidas". El equipo ha creado células genéticamente modificadas que han aguantado 400 divisiones sin mostrar ningún signo de envejecimiento. Cuando las células modificadas comenzaron a producir telomerasa, el efecto fue extraordinario. En pocas divisiones, sus telómeros comenzaron a crecer, en algunos casos drásticamente. Con sus telómeros alargados, las rejuvenecidas células de la piel también continuaron produciendo niveles altos de proteínas jóvenes, como el colágeno y la elastina, cuya producción disminuye como resultado del envejecimiento celular normal.

El sueño, que se remonta a la Edad Media, del descubrimiento de una poción mágica, quizás deje de ser un sueño. Tal vez pronto podamos ser beneficiarios de la longevidad de los patriarcas bíblicos, en la cual nunca creímos... Si se logra tal longevidad, los humanos poseerán los ciclos vitales necesarios para explorar otros sistemas estelares y la humanidad se convertirá en una civilización que viajará por el espacio.

LA TELETRANSPORTACIÓN Y EL FIN DE LA DISTANCIA

La era de milagros y maravillas en la que vivimos no se acaba en la biología celular. También nos encontramos en el umbral de avances verdaderamente históricos en las aplicaciones de la física cuántica. Si frente a las insuperables distancias del espacio intergaláctico, ya es posible teletransportar un protón, entonces ¿quién puede negar que el teletransporte humano, como ha representado la ciencia ficción, pueda llegar a ser posible en un futuro cercano?

Consideremos, por un momento, una historia de la televisión portuguesa, RTP, del programa *Jornal 2* y que se emitió el 14 de enero de 1998. El reportaje comienza mostrando imágenes de varios programas de televisión de ciencia ficción sobre la vida en el espacio exterior, en los cuales el teletransporte de varios de los personajes se realiza en cuestión de segundos.

"Esta fantasía, que permanece como un tópico de la ciencia ficción, está un paso más cerca de transformarse en realidad", dice la locutora. "En Austria, en la Universidad de Innsbruck, un grupo de científicos parece haber descubierto el secreto del teletransporte. Han logrado con éxito transferir y seguir el rastro a unos fotones desde un lugar hasta otro, gracias a su equipo de división de los rayos de luz. Este hecho despierta ciertas dudas fundadas, sin embargo, este científico demuestra el funcionamiento del dispositivo".

El reportaje muestra entonces una grabación de una entrevista al físico Anton Zeilinger, quien explica:

> Mi grupo de Innsbruck ha puesto este proyecto en práctica utilizando fotones de polarización entrelazada. El experimento depende del proceso de conversión paramétrica espontánea en cristal para producir estados entrelazados de muy alta calidad e intensidad. Las propiedades no-lineales del cristal convierten un único fotón ultravioleta en un par de fotones infrarrojos con polarizaciones entrelazadas... El pulso de luz se reflejaba después hacia el cristal, produciendo así un nuevo par de fotones. Cuando un fotón es reflejado y el otro transmitido, van a detectores diferentes.

> El experimento de Innsbruck mostró por primera vez que un estado desconocido de un fotón externo puede ser teletransportado. Además de nuestro trabajo, el entrelazamiento de fotones en una distancia de 10 kilómetros ha sido ahora demostrado en la Universidad de Ginebra, por lo que se espera que la teletransportación funcione en distancias similares. La teletransportación de pequeñas moléculas puede ser viable en el plazo de 10 años, pero todavía no estamos seguros de que pueda ser un sistema válido para seres vivos.

La periodista explicaba: "La luz está compuesta de fotones. El fotón es prácticamente la más simple y elemental de las partículas del universo y resulta invisible para el ojo humano. Con una diversificada selección de equipo óptico, estos científicos han probado que son capaces de teletransportar un fotón".

El físico Jorge Dias de Deus, del Instituto Superior Técnico de Lisboa, investigador de Altas Energías, invitado en el estudio del programa *Jornal 2*, advertía que era un problema de microfísica, pues "para que lleguemos al teletransporte en seres de nuestro tamaño falta todavía mucho tiempo".

El hecho de que se demore, no significa que sea imposible.

En respuesta a la pregunta de la periodista sobre si había quedado sorprendido con la experiencia, el citado investigador respondió:

"Quedé muy sorprendido, pero al mismo tiempo era evidente. Era una consecuencia lógica de la mecánica cuántica. Aquello que había dicho Einstein exactamente. La mecánica cuántica es tan absurda que le lleva a uno a conclusiones que no tienen sentido. Una de las conclusiones que no tienen sentido, entre comillas, es la teletransportación de algo, de un sitio para otro, con velocidades infinitas, lo cual aparentemente viola algunas reglas de la Física clásica, así como algunos de los preceptos de la Teoría de la Relatividad formulada por Einstein".

Pero, al final, concluye: "Yo diría que estamos en el principio de un situación nueva, hay todo un espacio nuevo que se está abriendo ante nosotros".

EN BUSCA DE NUEVOS VECINOS

Supongamos que vivimos en un tiempo futuro, uno en el cual tecnologías ahora "fuera de lo común", como la teletransportación, han sido desarrolladas. Imaginemos que, como resultado de revolucionarias terapias genéticas, nuestros ciclos vitales son mucho más largos que los actuales y que se han encontrado muchos más planetas con condiciones adecuadas para la vida. Podríamos imaginar entonces, sin mucho esfuerzo, la posibilidad de viajar a través de distancias increíblemente vastas. Si esto llegara a ocurrir —recordemos que nuestra civilización ya ha enviado algunas sondas al espacio exterior—, antes o después nuestra especie podría finalmente descubrir otras formas de vida en el universo, incluyendo algunas formas de vida inteligentes. Si sucediera, ciertamente nos sentiríamos obligados a tomar contacto con estos "nuevos vecinos".

El científico Fernando Carvalho Rodrigues afirma que la humanidad no ha hecho otra cosa más que buscar a nuevos vecinos[1]. Señala que en el 311 a.C., el ingenio romano descubrió que podía alcanzar los territorios de sus vecinos mediante la construcción de carreteras. Ese mismo año, construyeron una calzada que permitió a las legiones romanas internarse en el sur de Italia. De esta forma, los romanos expandieron tanto su economía como sus ideas. Se podría decir que consiguieron acortar el tiempo.

Hace seiscientos años, el príncipe Enrique el Navegante vino al mundo en Oporto, Portugal. Gracias a sus esfuerzos, el ingenio portugués buscará nuevos vecinos y también la forma de llegar a ellos con mayor rapidez, utilizando las travesías marítimas que eran desconocidas hasta ese momento. Este hecho tuvo

---

[1] *Teoria do Caos [Teoría del caos]*. Comunicación presentada en el Primer Simposio Internacional "Fronteras de la ciencia" en la Universidad Fernando Pessoa, Oporto, Portugal, pp. 25-26. Octubre 1997.

el efecto de encoger el tiempo y acortar las distancias, espoleando de este modo lo que se llamaría después la Era de los Descubrimientos.

Fernando Carvalho Rodrigues habla de otros ingenios, como el francés que descubrió las trayectorias aéreas. Recorriendo las carreteras aéreas, todavía estamos más cerca, y nos comunicamos con los vecinos en menos tiempo que nunca antes. Después de 1950, el ingenio ruso comenzó a construir vías para salir del planeta. Y el ingenio americano pisó la Luna. Lo que hasta ese momento solo había sido el sueño de los poetas se transformó en realidad.

Hoy en día, hay otras vías, dice el mismo científico, como los móviles o Internet. En unos segundos, podemos comunicarnos con una persona que se encuentra al otro lado del mundo. Todos somos testigos vivos de esta reducción progresiva del tiempo y la distancia en nuestras vidas.

En lo que se refiere a las carreteras del espacio, no importa el tiempo que se demoren. Según la visión de Carvalho Rodrigues, parece que estamos avocados por el destino a la búsqueda de vecinos y, una vez los encontremos, a transformarlos en nuestros hermanos en una escala cósmica; durante el proceso, intercambiaremos nuestros conocimientos y nuestra experiencia. Aunque las rutas por el espacio exterior están lejos de convertirse en realidad son, no obstante, una posibilidad. ¡Evaluemos solo lo lejos que ha llegado la humanidad en su búsqueda de nuevos vecinos desde que los romanos construyeron su primera calzada!

Probablemente, en otros mundos, habrá otros genios que construyan vías para acortar distancias entre ellos y los vecinos que habitan en "la tercera piedra a contar desde el Sol". ¿Quién llegará primero?

Está claro que algún día —es inevitable— nos encontraremos con nuevos vecinos. Y también será inevitable nuestro deseo de contacto, para la esplendorosa aventura del descubrimiento del Otro. El equipo encargado de ese contacto debería planificar un minucioso trabajo por fases, para obtener la eficacia pretendida. Quizás montase una operación que tuviera en cuenta:

- La elección del lugar adecuado.
- El estudio detallado de la tierra en la que el contacto iba a suceder.
- La selección, sin llamar la atención, de representantes en la especie de nuestros vecinos, como interlocutores de ese contacto. Después prepararlos para el encuentro, lo que van a ver, a oír, a transmitir...

- El estudio de los diferentes aspectos de la cultura de estos vecinos. Esto requeriría un aprendizaje sobre sus sensibilidades, su historia y su religión, de manera que el mensaje del encuentro no les pareciera completamente absurdo y, de esa forma, perdiese toda la eficacia.

- Hacer un esfuerzo por comunicarse en el idioma de la especie contactada.

- Estudiar la forma en la que su cultura mide el tiempo. En el caso de los encuentros de Fátima, para lograr que las apariciones sucedieran el mismo día de cada mes, hubiera sido necesario saber que unos meses tienen 30 días y otros 31.

- Tener la habilidad de caracterizar y vestir a nuestro representante de forma apropiada a la de la cultura del planeta visitado. Dicha vestimenta debería contener una combinación de motivos históricos, religiosos y futuristas.

- Crear un "halo" de misterio y expectación, quizás sugiriendo la posibilidad de que "ellos" recibieran un anticipo especial del evento con tres meses de antelación.

Una vez se hubieran dado todos estos pasos, habría que elaborar un plan de contingencia para estar preparado ante un posible fallo de la operación y para que el impacto fuera perdurable. Para conseguir este propósito, habría que generar interés en torno al contacto en la región en la que tuviera lugar y mantener vivo el recuerdo del mismo, de forma que las generaciones futuras no olvidaran que algo excepcional había ocurrido. Pero, ¿cómo podría lograrse todo esto? Después de haber estudiado la psicología de los habitantes del lugar, se podría incluir el siguiente paso para conseguir que el recuerdo del contacto permaneciera incluso en el futuro lejano:

- Inventar la estrategia de un "SECRETO".

Desde nuestro punto de vista, los documentos originales sobre el fenómeno que ocurrió en Cova da Iria sugieren que los pasos básicos de un escenario de contacto, justo como el que acabamos de describir, se dieron en Fátima, y que esta pudo muy bien ser la forma en la que la "Operación Fátima" fue, de hecho, planeada.

EL MENSAJE RECIBIDO EN LISBOA

Supongamos entonces también que la especie humana llegara a un punto en el que hubiera descubierto otra civilización y quisiera contactar con ella. ¿Cómo podríamos tomar contacto con una forma de vida diferente cuyos sistemas cognitivos y comunicativos no solo son diferentes del nuestro sino completamente desconocidos para nosotros?

En *Contacto*, el astrónomo Carl Sagan propone las Matemáticas como el lenguaje a través del cual se procesa el intento de encuentro entre dos mundos. El medio de recepción de los números sería el ordenador.

....Si nos enfrentáramos a un periodo temporal, o a una cultura, donde los ordenadores no existieran, deberíamos recurrir a otro proceso, uno que encajara mejor con la tecnología de la civilización que hubiéramos encontrado. Quizás la telepatía mental lograra mejores resultados, debido a que obligaría al receptor a convertir el mensaje a caracteres escritos en el lenguaje con el que él o ella estuvieran familiarizados.

> Sentí que el calor recorría mi brazo, comenzando desde arriba, desde el hombro… Tuve la impresión de que ellos intentaban captar mi atención. Sin saber por qué, tomé un lápiz que tenía cerca y un trozo de papel. Mi mano comenzó a escribir con una letra que no era la mía.

Estas palabras de Madame Keech podrían pasar como lenguaje propio de ese lejano año de 1917[2]. La descripción de más arriba se refiere a un particular fenómeno extra-sensorial o "psíquico", que es bien conocido para los devotos de lo oculto como "escritura automática". Pero lo que es sorprendente es que la mano de Madame Keech hubiera conseguido una hazaña verdaderamente importante aquella tarde. Escribió las palabras del mensaje que recibió de forma invertida y de derecha a izquierda, de tal forma que solo podían leerse si se situaba la nota frente a un espejo.

Reflexionemos un poco, ¿cuándo y con quién sucedió esto?

En su folleto, *Um Raio de Luz Sobre Fátima* [*Un rayo de luz sobre Fátima*], publicado en 1974, Filipe Furtado de Mendonça describe la escena de este extraordinario suceso[3]. Relata que el 7 de febrero un grupo de "espiritualistas" se congregaron en uno de sus encuentros habituales. Dentro del grupo estaba Carlos Calderon, un médium famoso en Lisboa por aquellos tiempos. De acuerdo con el folleto,

---

[2] VALLÉE, Jacques, *Le Collége Invisible [El colega invisible]*, París, Albin Michel, 1975, p. 80.

[3] MENDONÇA, Luís Furtado, *Un Raio de Luz sobre Fátima [Un rayo de luz sobre Fátima]*, Luanda, 1974, pp. 12, 18 y 34.

en esa tarde en concreto, uno de los miembros del grupo recibió un "mensaje" por medio de la "escritura automática". En la transcripción, reproducida por Furtado de Mendoça junto con los facsímiles de las páginas originales escritas al revés, leemos que "uno de los asistentes (presumiblemente aquel Carlos Calderon) pidió lápiz y papel y escribió de forma automática, de derecha a izquierda, un mensaje que no se podía leer a menos que se situara frente a un espejo o luz brillante para poder así seguir el recorrido de la página".

Fue a través de este medio tan poco convencional como este grupo de psíquicos recibió, tres meses antes, la noticia de que algo trascendental, con implicaciones de largo alcance, iba a ocurrir el próximo 13 de mayo. Pero el contenido y el significado concreto de este mensaje eran prácticamente inescrutable. Decía:

> No os compete ser jueces. A aquel que os ha de juzgar a vosotros no le gustarían vuestros prejuicios. Tened fe y sed pacientes. No es nuestra costumbre predecir el futuro. Los arcanos del futuro son impenetrables, aunque, en ocasiones, Dios permite que se desplace ligeramente una esquina del velo que lo cubre. Tened confianza en nuestra profecía. El día 13 de mayo será un día de gran gozo para los buenos espíritus de todo el mundo. Tened fe y sed buenos. *Ego Sum Charitas* ("Yo soy amor"). Siempre tendréis a vuestros amigos a vuestro lado, los cuales guiarán vuestros pasos y os ayudarán en vuestro trabajo. *Ego Sum Charitas*. La brillante luz de la Estrella de la Mañana iluminará el camino.
>
> —Stella Matutina

Como se puede observar en la fotocopia del escrito original publicado por Furtado de Mendonça, la mayor parte del mensaje fue escrita por la misma mano, de derecha a izquierda y al revés. Casi todo el mensaje está escrito en portugués, excepto dos expresiones que se repiten, "Ego Sum Charitas", así como la firma, "Stella Matutina", los cuales aparecen el latín. La última frase y la firma, sin embargo, parecen estar escritas de forma normal, sin que sea necesario un espejo para poder leerlas. Además, debe tenerse en cuenta que, aparentemente, la última frase está escrita con un tipo de letra diferente.

No es una cuestión de fe aceptar que esta sesión de "escritura automática" estaba relacionada de alguna forma con las apariciones de Fátima, las cuales, tal y como se predice en el mismo escrito, comenzaron el 13 de mayo de ese año. No hubo ningún otro acontecimiento en la historia de aquel momento que pudiera resultar suficientemente relevante o extraordinario como para identificarlo como el hecho al que se refiere la "revelación" descubierta durante la reunión de los psíquicos. Además, el grupo se sintió motivado a publicar notas en la prensa sobre su experiencia, avanzando los sucesos de ese 13 de mayo.

Un examen del escrito muestra que este no es un mensaje anónimo del alma de algún "muerto" no identificado. La firma, "Stella Matutina", es de hecho muy grandilocuente. ¿Quién es Stella Matutina? Durante siglos, la "Estrella de la mañana" o "Stella Matutina" en latín ha hecho referencia al planeta Venus, a una diosa madre, así como a la Virgen María .

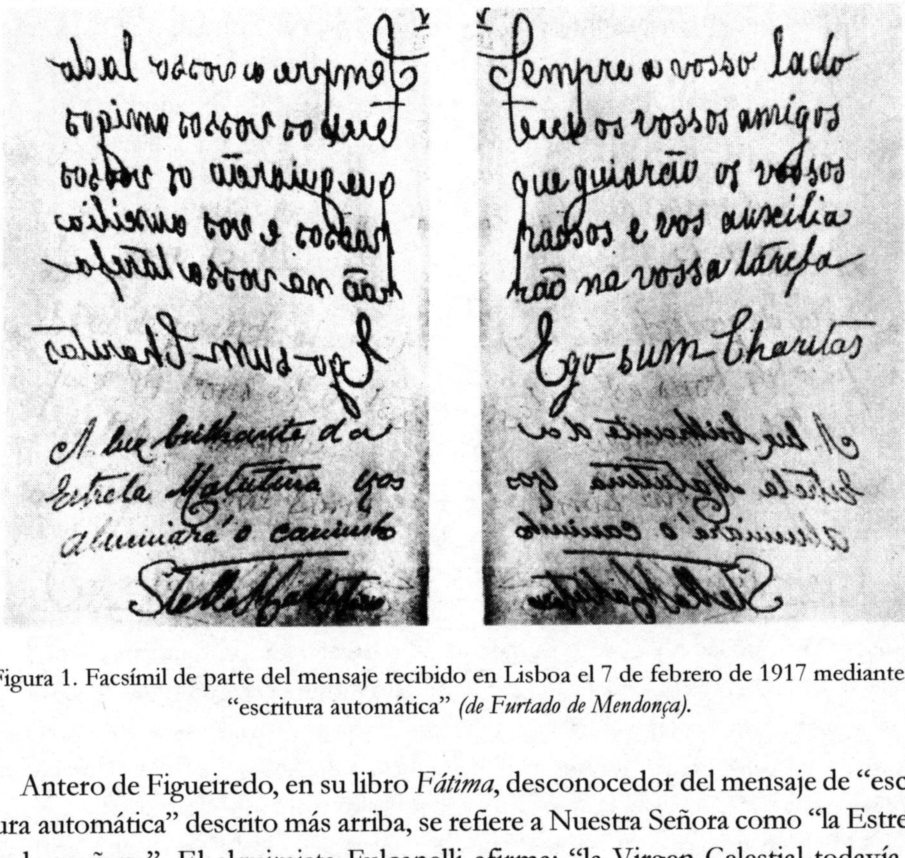

Figura 1. Facsímil de parte del mensaje recibido en Lisboa el 7 de febrero de 1917 mediante la "escritura automática" *(de Furtado de Mendonça).*

Antero de Figueiredo, en su libro *Fátima*, desconocedor del mensaje de "escritura automática" descrito más arriba, se refiere a Nuestra Señora como "la Estrella de la mañana". El alquimista Fulcanelli afirma: "la Virgen Celestial todavía es llamada Stella Matutina, la estrella de la mañana, 'porque' es sencillo ver en Ella el esplendor de una señal divina" [4].

---

[4]   FULCANELLI, *El misterio de las catedrales,* Barcelona, Plaza & Janés Editores, S.A., 1994.

No podemos más que maravillarnos ante el hecho de que para los millones de personas que, en todo el mundo, creen que era Nuestra Señora, María, la madre de Jesucristo, la que se apareció físicamente en Cova da Iria el 13 de mayo, permaneciera completamente oculto el innegable milagro de la existencia de las predicciones publicadas sobre estas históricas apariciones.

¿Por qué no ha habido ningún libro apologético, ni un sermón eclesiástico, ni un documento episcopal que desarrollara algún argumento a favor o en contra de esta circunstancia? ¿Es debido a que la jerarquía de la Iglesia católica y la cultura dominante consideran el espiritismo como una "práctica pseudo-religiosa"? ¿Utilizaría Nuestra Señora un método de comunicación rechazado por la jerarquía religiosa que la venera? Todas estas preguntas son bastante desconcertantes, ya que cuestionan muchas de las suposiciones que se han aceptado como ciertas durante las nueve décadas transcurridas desde el incidente de Fátima.

Citando a Furtado de Mendoça: "para que no hubiera dudas sobre la veracidad de lo ocurrido", el grupo de psíquicos determinó dejarlo por escrito en las actas de su reunión. También decidieron que deberían publicar un pequeño anuncio sobre lo acontecido en el *Diário de Noticias*. Si se observa un ejemplar de este periódico del 10 de marzo de 1917, encontramos que el anuncio aparece en la página 4, columna 13, bajo el titular "135917", que significa "13 de mayo de 1917".

En otras palabras, un grupo de psíquicos de Lisboa colocó este pequeño anuncio en el periódico local, sin saber que la Iglesia católica se convertiría en la mayor beneficiaria de esta fecha y de los sucesos asociados a ella. Lejos aún del tiempo de Carl Sagan, el grupo presentó su mensaje como un código cifrado. El texto no estaba dirigido a nadie en particular. Sería complicado que cualquier otro espiritualista o psíquico local, que no hubiera estado presente en la reunión, entendiera a qué se refería el texto, especialmente si se encontraba en medio del revoltijo de otros muchos mensajes variados. La pregunta que nos hacemos enseguida es: ¿por qué lo publicaron? ¿Se sintieron "forzados" a hacerlo por la misma "fuerza" que les obligó a escribirlo, con escritura inversa, al principio?

Es interesante lo que afirma Furtado de Mendoça sobre la época de la Primera Guerra Mundial:

> Se recibieron numerosas comunicaciones del Plano Astral, las cuales anunciaban la firma de un tratado de paz entre las naciones en guerra. Sin embargo, estos mensajes no fueron tomados en consideración, ya que para muchos eran

juzgados ser más fruto de la imaginación exaltada de los médiums, que un anuncio de la verdad que en poco tiempo se habría de confirmar, hasta que el 7 de febrero de 1917…

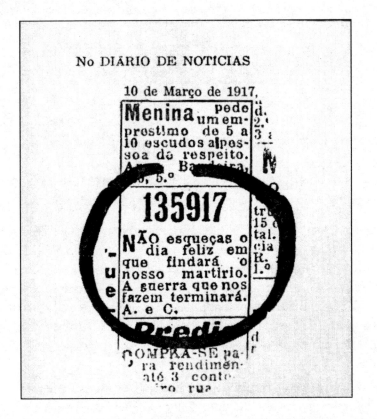

Figura 2. El anuncio codificado matemáticamente que se publicó el 10 de marzo de 1917 en la edición del *Diário de Notícias*. El titular "135917", un código matemático para "13 de mayo, 1917", corresponde a los hechos que sucederían en Fátima dos meses después.

Vamos a detenernos en estas palabras para señalar los siguientes hechos:

- El anuncio de Lisboa no menciona la Primera Guerra Mundial, que estaba sucediendo en ese momento.

- Los médiums recibieron varios mensajes cuyo origen identificaron como el Plano Astral.

- El mensaje anunciaba un inminente fin de la guerra (así como "Nuestra Señora" que apareció en Fátima haría, la cual también erró la fecha de su predicción); hay que tener en cuenta que estos anuncios de "numerosas comunicaciones" podían no ser ciertos, ya que la guerra terminó a finales de 1918.

- En general, los psíquicos no consideran válidos todos los "mensajes" que reciben.
- "La imaginación exaltada de los médiums" puede interferir en la recepción de los mensajes astrales.

¿Es posible que "la imaginación exaltada de los médiums" interfiriera en esta ocasión y que el mensaje recibido —a pesar de estar escrito de derecha a izquierda, con interjecciones latinas y con dos tipos de caligrafía— no sea verdaderamente fidedigno?

No podemos más que considerar los hechos descritos más arriba (tan históricos como muchos otros) a la hora de enunciar las siguientes premisas:

- Alguien (o algo) que se identifica a sí mismo como "Stella Matutina" anunció a los portugueses que algo importante ocurriría el 13 de mayo de 1917. La información, proveniente de algún lugar, expresada en forma de código, fue recogida por un grupo de psíquicos de Lisboa, durante el transcurso de una de sus reuniones habituales. Este grupo sintió que este mensaje era distinto de los que recibían habitualmente del "Plano Astral" y estimaron que tenía la suficiente importancia como para costear su publicidad en un periódico local.
- El 13 de mayo, la aparición de una "Señora", de aproximadamente un metro de altura y que aparentaba unos quince años de edad, iniciaría la serie más importante de apariciones marianas del siglo XX.
- La sospecha de "algo" difícilmente identificable, que se expresaba a través de la "escritura automática" (...) no despertaría el interés de la Iglesia católica (la cual ha mantenido con firmeza una actitud distante y prudencial hacia los fenómenos paranormales)... Pudiendo utilizar sus propios triunfos —si llegara el caso— no acudiría a ayudarse de "prácticas psíquicas", ni siquiera las admitiría, ya que tales acciones concurrirían, con seguridad, para desacreditar los hechos que sucederían inmediatamente después.
- Según las consecuencias que Fátima produjo, que no produjeron beneficios para ese espiritista ni para la interpretación que hizo de los mismos acontecimientos —por los menos en el plano inmediato y visible—, no se

concibe una planificación organizada por los receptores del aludido mensaje previo. El día 13 de mayo no acabó con la "guerra" que la cultura dominante les hacía, y esa fecha no fue al final "de gran alegría" para ellos.

- El pre-anuncio de "algo", quizás con la finalidad de despertar la curiosidad y la atención del pueblo, nunca fue usado ni firmado por la "usufructuaria de las apariciones", la Iglesia católica. Además ese uso podría volverse en su contra, porque supondría la existencia de un escenario fraudulento.

- Los espiritistas, a través de la pluma de Furtado de Mendonça, relacionarán este mensaje con las apariciones de Fátima, pero, curiosamente, discuerdan de la interpretación sobre la identidad de la aparición y sobre el llamado "Milagro del Sol". Para Furtado de Mendoça no fue "Nuestra Señora" la que se apareció en Fátima, sino una "manifestación crística", siendo los videntes excelentes médiums. Escribió:

En nuestra humilde opinión, las apariciones de Fátima de ningún modo representan un favor particular de la Virgen hacia nosotros, sino solamente riguroso cumplimiento de profecías bíblicas relacionadas con el tiempo presente, del reinado del Anticristo, el cual perdurará hasta el fin de este siglo, hacia el que nos acercamos precipitadamente. Es Jesús el que nos dice, cuando se refiere a la vuelta del Hijo del Hombre: 'Y habrá señales en el Sol y en la Luna y en las estrellas; y en la Tierra la angustia de los pueblos, perplejos por el rugir del mar y de las olas; hombres desmayados de terror, a la expectación de las cosas que le sobrevendrán al mundo...

Resumiendo, la Iglesia católica se benefició de la percepción de que una aparición mariana había ocurrido en Fátima pero desestimó la predicción que se había publicado. Por su parte, los psíquicos habían probado con su predicción que "algo" sucedería, pero rechazaban la idea de que fuera una aparición mariana. Cada una de las partes adaptó las porciones de la historia que más le interesaban a fin de confirmar su propia idea.

¿Entonces, a qué conclusión podemos llegar? ¿Quién (o qué) fue la fuente del mensaje y quiénes deseaba que fueran sus destinatarios?

¿Y si no fueran correctas ni la interpretación de la Iglesia católica ni la de los psíquicos y hubiera otro origen y otros destinatarios, hacia los cuales nos ha faltado mirar y, sobretodo, con el suficiente entendimiento y percepción?

Los autores de este libro no pueden evitar preguntarse si esta historia puede demostrar que en 1917, un tiempo anterior a la invención de los ordenadores, existía otra posibilidad, a saber, una comunicación entre "universos" o "dimensiones" que pudo haber facilitado algún modo de inducción telepática sin distorsiones.

Pero es cuestión del lector pensar sobre ello y juzgarlo por sí mismo. Por nuestra parte, seguimos el consejo con el que comienza este mensaje tan poco común: "No os compete ser jueces. A aquel que te ha de juzgar a ti no le gustarían tus prejuicios".

EL MENSAJE RECIBIDO EN OPORTO

El anuncio publicado en la edición del 10 de marzo de 1917 del periódico lisboeta *Diário de Notícias* no es (...) la única prueba histórica de una premonición sobre el fenómeno que sucedería en Fátima. Según parece, otro grupo de psíquicos de Oporto también recibió la misma precognición de que "algo trascendental" iba a suceder el día 13 de mayo.

De hecho, la predicción no se reveló en periódicos poco relevantes de escasa tirada, sino en las ediciones de los periódicos más importantes de la ciudad y, por añadidura, de todo Portugal —incluyendo *O Primeiro de Janeiro* (que en aquel momento era el periódico de mayor tirada del norte de Portugal), el *Jornal de Notícias* y *Liberdade*— el 13 de mayo de 1917.

Ese mismo día, estos tres periódicos (y quizás algún otro) publicaron un texto fechado dos días antes, que estaba firmado por un psíquico llamado António, residente en Oporto. La esencia de la predicción era: "El día 13 de este mes sucederá un evento, relacionado con la guerra, que impresionará enormemente a toda la gente".

En el *Jornal de Notícias*, el tratamiento que se le da es de "Revelación sensacional", está escrito con letras en negrita y contiene texto que relaciona los sucesos de la guerra mundial con otros sucesos ocurridos en el "plano espiritual". En los otros periódicos, los periodistas hacen algunos comentarios jocosos. (Como puede verse, las profecías psíquicas eran consideradas como inaceptables para la mayoría de expertos de aquel momento, al igual que lo son en la actualidad para los profesionales escépticos).

En el periódico *Liberdade*, se dijo, con tono de burla, que el día 13 de mayo algo importante "sucederá, relacionado con la guerra, de gran trascendencia y grandes consecuencias. ¡Si no llega a ocurrir, los psíquicos y su encarnación material quedarán desacreditados!".

JORNAL DE NOTÍCIAS

Domingo, 13 de Maio de 1917

A guerra e o espiritismo

Revelação sensacional

Recebemos hontem um postal,

cujo texto passamos a reproduzir:

Porto, 11 de Maio de 1917.

Srs. Redactores:

Foi participado pelos Espiritos, a diversos grupos espiritas, que no dia treze do corrente, ha-de dar-se um facto, a respeito da guerra, que impressionará fortemente toda a gente.

Tenho a honra de me subscrever. Espirita e dedicado propagandista da verdade.—Antonio.

Figura 3. Noticia de prensa que predice los sucesos de Cova de Iria, publicada el día que ocurrieron los hechos, el 13 de mayo de 1917, en el *Jornal de Notícias*.

El confiado periodista, involuntariamente, había leído algo más del anuncio de lo que confesaba. Además, se revela a sí mismo como un profeta, por derecho propio, ya que añade sus propias palabras, "gran trascendencia y grandes consecuencias" al anuncio, ¡que es lo que, en realidad, llegó a pasar con las apariciones de Fátima!

Un periodista muy conocido de la época, Guedes de Oliveira, que escribía para *O Primeiro de Janeiro*, comentó en profundidad el contenido del anuncio de António. En su periódico, la revelación aparece en la primera página, bajo el titular "Espiritualismo". Es un exhaustivo artículo de fondo, que resulta inquietantemente proporcionado con la magnitud de lo que finalmente llegaría a pasar.

Guedes de Oliveira (Henrique António, 1865-1932) es un personaje cuya biografía se puede leer en la *Grande Enciclopédia Portuguesa e Brasileira* (*Gran Enciclopedia de Portugal y Brasil*). Republicano anticlerical en tiempos de la República, fue escritor teatral, fotógrafo aclamado internacionalmente y ganador de varios premios y el director de la Escuela de Bellas Artes de Oporto. Poseía una licenciatura en Arquitectura y una de las casas que construyó todavía está en pie y habitada por sus descendientes en la ciudad de Rio Tinto, en la que hay una calle y un callejón que han recibido su nombre en su honor.

Figura 4. Guedes de Oliveira, el reportero improvisado del acontecimiento previsto para el 13 de mayo de 1917. *(Doc. Familila Guedes de Oliveira).*

Después de publicar el boletín, tal y como se transcribió antes del *Jornal de Notícias*, el cual precedió de las siguientes palabras: "Acabo de recibir una información sensacional", el célebre periodista dio forma a las ideas que siguen. Hemos realizado un extracto de sus palabras y señalado en cursiva algunas partes, con el fin de subrayar la extrañeza de ciertas palabras que parecen trascender el significado del mensaje recibido:

> Hoy es día 13 y no sé si, en el momento en que los lectores han posado sus compasivos ojos en estas palabras del espiritualista señor António, *el acontecimiento predicho* habrá ya tenido lugar *y todos nosotros nos encontraremos tan profundamente impresionados* como si un abismo se hubiera abierto debajo de nuestros pies y el caballo de D. Pedro IV [estatua de la ciudad] hubiese tomado el freno en los dientes.

La intervención de aquellos que existen más allá de la materia, en ese lugar que existe por encima de la corteza de la Tierra, *no puede dejarnos indiferentes*, y es con verdadera alarma como recibo esta información de un celoso defensor de la verdad.

Nunca pensé *que podríamos establecer tal comunicación con seres de otro mundo*.

Guedes de Oliveira confirma que había recibido la revista *Luz nas Trevas* [*Luz en la oscuridad*], editada por un grupo espiritualista. Hay que reparar en que el periodista nunca se refiere a la guerra mundial, tal y como está escrito en la nota periodística, sino que siempre hace referencia a otro acontecimiento. Él resalta:

Pero ahora, con la carta del señor António, confieso que lo único que me falta es el *anunciado evento* para que así se pueda crear una luz en mi espíritu. ¿Qué fuerzas misteriosas y prodigiosas serán esas que no solo actúan sobre las cosas terrestres, con su influencia inexplicable, cómo consiguen, por ejemplo, resolver este problema de levitar, sin que hubiera mediado ningún contacto físico, una mesa de pie de gallo?

Más adelante, Guedes de Oliveira expresa algunas ideas que son, como mínimo, curiosas y que a nosotros nos parece improbable que alguien con inclinaciones anticlericales haya escrito, a partir de una simple y lacónica postal de correo...

¿No es una obviedad aceptada que el fin justifica los medios? ¿Quién puede decirme que este principio, tan alemán, esperó hasta el día 13, el día de hoy, para manifestarse, tal y como anunció Antonio, de una forma que impresionase con fuerza al mundo entero? ¿Qué tipo de mesa podremos ver elevarse?

Casi un siglo más tarde, podemos comprobar que los sucesos de Fátima continúan "impresionando con fuerza al mundo entero", independientemente de la creencia o interpretación que hagamos de ellos.

"¿Qué tipo de mesa podremos ver elevarse?", se pregunta. Al final no presenciamos la elevación de ninguna mesa, aunque Oliveira usa el término "mesa" en sentido figurado, precedido por la expresión "tipo de". Pero ese día, en un pequeño y oscuro pueblo, sí que pudimos observar cómo se levantaba un altar de renombre mundial: "El Altar del mundo", que es como se conoce a Fátima popularmente. Y un altar es "un tipo de mesa".

Ciertamente, ¡Guedes de Oliveira cerró los ojos sin haber tenido conciencia de que había sido reportero de una singular noticia el mismo día en que sucedió!

¿Por qué ocurrió esto? ¿Los periódicos solo recibieron esta postal de los espiritistas? ¿Por qué la prensa le dio tanta importancia a los comunicados de gente como los psíquicos y los espiritualistas, un grupo que normalmente no tiene ningún crédito entre los periodistas? Es de notar que el contenido de la postal se publicó en la *primera página* en tres de los más relevantes periódicos portugueses!

Guedes de Oliveira y Avelino de Almeida —quién relataría en *O Século* [*El Siglo*] el, así llamado, "Milagro del Sol" que ocurrió el 13 de octubre— eran los periodistas portugueses más importantes de su tiempo. Los dos desempeñaban funciones de jefes en los dos periódicos portugueses de mayor peso en un tiempo en el que ni siquiera existía la televisión. Lo que esto significa es que las lumbreras de los medios de comunicación portugueses estuvieron presentes en los orígenes de las apariciones de Fátima, ocupados en la propagación del evento.

Figura 5. Avelino de Almeida (1873-1932), jefe de redacción de *O Século*. Reportero de "El milagro del Sol". Con su visión atea informó con objetividad al país (Portugal). (Sebastião Martins do Reis, *En la órbita de Fátima*).

El hecho de que ambos fueran anticlericales no parece haber pesado demasiado en sus reportajes (a pesar de la naturaleza espiritual de la información que estaban tratando), los cuales fueron más allá de los límites de la sensibilidad empírica y "objetiva" del periodismo normal.

¿Pudo ser esta red de circunstancias producto de una mera casualidad? Independientemente de las conjeturas sobre los orígenes del fenómeno —y de los supuestos o tácitos "agentes" implicados—, ¿se puede considerar la posibilidad de que esta cadena de antecentes correspondería a una lógica, la cual fue, en última instancia, urdida y programada, hasta los menores detalles, por "seres" no humanos, distintos a las representaciones culturales de "espíritus sin cuerpo" o del modelo mariano de la Iglesia católica?

Reflexionemos, pero tengamos siempre en cuenta nuestros propios "prejuicios".

Figura 6. Primera página de *O Século*, que describe el «Milagro del Sol».

LOS MENSAJES DESDE "OTRO LUGAR".
LOS CLÁSICOS Y LAS VARIANTES

El fenómeno de la "escritura automática" no data de 1917. De acuerdo con la clasificación de la Parapsicología experimental, se trata de una función ESP

45

(percepción extrasensorial) de tipo psigamma, subjetivo, incluido en la telepatía[5]. Durante las pasadas décadas, experimentos de laboratorio llevados a cabo con psíquicos y médiums en varios países han demostrado que es una forma válida de "contacto" con seres presuntamente relacionados con fenómenos aeroespaciales no identificados contemporáneos. Y que el proceso de "escritura automática" ha sido igualmente detectado en muchos casos de "mensajes", los cuales presumiblemente son oriundos de otros mundos y/o otros niveles de realidad.

En pocas palabras, la "escritura automática" no es patrimonio exclusivo de las prácticas "espiritualistas". También se encuentra:

- En la fundación de las religiones.
- En las apariciones marianas.
- En los "contactados" y "abducidos" contemporáneos.

La "escritura automática" se conoció ya en la antigüedad.

La Biblia —que contiene pasajes "inspirados" por el "Señor" y establece que su texto es "Su palabra"— habla de la "escritura automática". En el *Libro de Daniel*, capítulo 5, versículos del 5 al 7, se puede leer: "En aquel momento, aparecieron unos dedos, como de mano de hombre, que escribían delante del quinqué, en el revoco de la pared del palacio real y el rey veía los movimientos de las juntas de los dedos de la mano que escribía".

El Islam encontramos que Mahoma escribe el Corán dictado por el "Arcángel Gabriel" sin que el Profeta supiese leer ni escribir.

La historia de la fe católica romana contiene muchos casos de santos iletrados, como Santa Hildegarda de Alemania (1098-1180), la cual, a pesar de ello, comenzó a escribir bajo el mandato de voces desconocidas[6].

En los tiempos modernos, la "escritura automática" vivió un cierto apogeo durante el movimiento espiritualista de mediados del siglo XIX. Curiosamente, están ampliamente documentadas "apariciones" de seres luminosos femeninos acompañadas de este fenómeno. En la "escritura automática", el psíquico pide un lápiz y un papel y de repente la mano de él o de ella se pone en marcha de

---

[5] LYRA, Alberto, *Parapsicologia e Inconsciente Colectivo [Parapsicología e inconsciente colectivo]*, Sáo Paulo, Pensamento, 1970.

[6] TIZANÉ, E., *Les Apparitions de la Vierge [Las apariciones de la Virgen]*, París, Tchou, 1977, p.116.

forma progresiva y escribe cada vez más claro un "mensaje" dictado por "alguien", que para los espiritualistas será necesariamente un espíritu incorpóreo[7].

En cualquier caso, parece que durante la misma época, especialmente en enero de 1850, los seres luminosos femeninos hacen competencia a los "espíritus" de los muertos[8]. Durante la investigación de la Iglesia sobre Rosa Tamisier (una mujer de veinte años de edad que afirmaba que había visto a Nuestra Señora), su amiga, Josefina Imbert, testificó que Rosa le había pedido que se mantuvieran en contacto por correo y que Josefina le había respondido que ella no sabía escribir. "Sabrás", le dijo Rosa. "Poco tiempo después, Josefina sintió la necesidad de agarrar una pluma, y sin un ápice de dificultad, escribió una larga carta para Rosa".

Un tipo interesante de "mensaje", parecido al de Fátima en el sentido de que implicaba una predicción, apareció en Orange, Francia, en 1974. El capellán de una base aérea, el padre Molisson, practicaba el hipnotismo con fines médicos. Un día de febrero de ese año, consiguió llevar a un estudiante de Secundaria de catorce o quince años a un profundo trance. De forma inesperada, el estudiante comenzó a hablar en alto y anunció que algunos ovnis aterrizarían pronto, en una noche de luna llena. No especificó ni la fecha ni el lugar exacto.

Al día siguiente, el sacerdote tuvo un encuentro con una profesora de alemán de veinticinco años de edad, la cual le pidió que la hipnotizara. La profesora no conocía de nada al estudiante. Una vez que estuvo en trance, le preguntó cuáles eran los últimos informes. Una vez más, el sacerdote se sorprendió al escuchar cómo la profesora decía que dentro de tres días sucedería un aterrizaje masivo de ovnis, entre las 11:00 p.m. y las 12:00 p.m., en la pequeña villa de Saint Gilles. En ese día, el sacerdote y seis de sus amigos fueron a Saint Gilles y pudieron presenciar la aparición de un grupo de ovnis[9].

Este aspecto de las predicciones de Fátima parece encajar bien dentro del esquema de los contactos y de las situaciones típicas y analógicas de los fenómenos tipo Ovni, que los investigadores contemporáneos designan como "contacto de cuarto o quinto grado". Algunas veces, durante este tipo de comunicación, resulta difícil discernir, en la medida en que las cualidades físicas de los objetos

---

[7] KELLER, Werner, *La Parapsicologie Ouvre le Future [La parapsicología abre el futuro]*, París, Robert Laffont, 1975, p. 106.

[8] TIZANÉ, E., *Les Apparitions de la Vierge*, op. cit., p. 117.

[9] DELVAL, Pierre, *Contacts du 4.º type - Les Ovni précurseurs de notre avenir [Encuentros en la Cuarta Fase]: OVNIS, precursores de nuestro futuro]*, París, De Vecchi, 1979, pp. 160 et seq.

están implicadas, qué es tecnológico y qué es material. En otros casos, hay claras referencias a contenidos religiosos (o a aspectos espirituales) que se distinguen de los testimonios recabados durante los fenómenos aeroespaciales no identificados.

Antes de llegar a ninguna conclusión sobre la caracterización de este tipo de mensaje, vamos a discutir de forma rápida dos casos clásicos situados fuera del ámbito de las apariciones marianas y en los que interviene la "escritura automática". El astrofísico e informático Jacques Vallée los describe en su perspicaz ensayo *Le Collège Invisible*[10].

Vallée llama a uno de los casos como "7171". Se refiere a una médium que durante años sintió la necesidad de escribir "mensajes" originados de una fuente desconocida. Esos mensajes anónimos, según la psíquica, afirmaban que: "venían para armonizar la Tierra con el resto del universo, ya que poseían el conocimiento del futuro"; cuando se les solicitaba que produjeran alguna señal física (luz o sonido), respondían que "cuando llegue el momento indicado, esas cosas sucederán".

Otro ejemplo citado por Vallèe se refiere a un encuentro en Washington D.C., en julio de 1959. Ocho hombres, pertenecientes a servicios oficiales que estaban a cargo de estudiar el fenómeno OVNI y los contactos con seres extraterrestres, tuvieron una reunión a puerta cerrada. Uno de estos ocho era el Coronel Friend del Proyecto del Libro Azul (Blue Book) y otro era representante de los servicios secretos militares. El resto eran especialistas de la CIA.

El organizador de la cita, Sr. "Talman" (que es el pseudónimo que le pone Vallèe) habló sobre una mujer que "controlada por una fuerza desconocida, podía ver cómo su brazo escribía respuestas de una presunta entidad exterior". La fuente de la que provenían los mensajes se llamaba "AFFA". La mujer dejaba a su brazo desplazarse sobre el papel, sin oponer resistencia a esa fuerza. Los psiquiatras estudiaron unos cientos de casos similares, los cuales estaban caracterizados por un control inconsciente del brazo por una doble personalidad del médium.

Curiosamente, en estos mensajes, la fuente conocida como AFFA profetizaba que "no habría una Tercera Guerra Mundial, que los católicos no eran los Elegidos y que todas las personas presentes en la reunión mencionada antes podrían ser testigos de un avistamiento OVNI cuando lo desearan". Según Vallée, a las

---

[10] VALLÉE, Jacques, *Le Collège Invisible*, op. cit., pp. 102 et seq.

2:00 p.m., los ocho hombres vieron un objeto "con forma de disco y los contornos nítidos" volando sobre Washington D.C. El "milagro" sucedió, igual que en Fátima, por influencia de una entidad que continúa desconocida para nosotros. También aquí, "un objeto en forma de disco y con los bordes nítidos" convencería a toda una multitud del poder inestimable tanto de su inteligencia como de su tecnología[11].

RASGOS Y CONTENIDO DEL MENSAJE RELIGIOSO

Es interesante mencionar que la "escritura automática" aparece a partes iguales entre místicos y profanos, entre testigos de ovnis y de apariciones marianas. Comparemos los siguientes casos:

Místico-Religioso. "En España, el 2 de junio de 1557, la madre Teresa (1515-1582) estaba sentada delante de un papel en blanco. No sabía qué decir ni cómo comenzar. De repente, tuvo una visión del "castillo del interior del alma" y al final de la comunicación, cayó en éxtasis. Cuando recuperó la conciencia, la pieza de papel estaba completamente llena con su escritura"[12].

Testigos OVNI. El 24 de abril de 1959, el brasileño Hélio Aguiar observó un ovni. Como tenía su cámara a mano, comenzó a tomar fotos del extraño objeto que planeaba sobre su cabeza. Mientras lo hacía, se sintió desfallecer. Cuando recuperó el sentido, reparó en un trozo de papel que tenía escrito un mensaje con su propia letra: "Los experimentos nucleares con fines bélicos deben cesar de inmediato. El equilibrio del universo se encuentra amenazado. Permanecemos atentos y vigilantes, listos para intervenir"[13].

Aparición mariana. En junio de 1965, en Garabandal (España), Conchita González recibió un mensaje mientras se encontraba en éxtasis religioso. Cuando recuperó su estado de conciencia normal, "Conchita declaró que había escrito las palabras que había escuchado. Numerosos cineastas y fotógrafos documentaron

---

[11] VALLÉE, Jacques, *Le Collége Invisible*, op. cit., p. 98.
[12] TIZANÉ, E., *Les Apparitions de la Vierge*, op. cit., p. 116.
[13] Revista *O Cruzeiro*, 13 de junio de 1959, 199, Río de Janeiro, p. 58.
[14] TIZANÉ, E., *Les Apparitions de la Vierge*, op, cit., p. 119.

esas pocas líneas, que fueron escritas en una sencilla hoja de un cuaderno de notas"[14].

Estos mensajes, presuntamente originados desde una fuente externa al sujeto receptor, apelan fundamentalmente a nuestras creencias, anulando de este modo nuestro pensamiento lógico y la búsqueda de las causas reales o de, incluso, los procesos implícitos. Para Jacques Vallèe la esencia del mensaje reside en que se nos pide que creamos, no que entendamos, suspendiendo nuestro juicio racional. El autor e investigador de lo paranormal John Keel piensa que la información contenida en estas comunicaciones se limita a decirnos lo que queremos oír, en vez de enseñarnos lo que todavía no conocemos o lo que nos resultaría útil.

Durante varias décadas, el padre Salvador Freixedo ha estudiado con minuciosidad las interconexiones entre los "mensajeros" relacionados con el fenómeno OVNI y los relacionados con las apariciones marianas. Lo ilógico y lo absurdo aparecen como constantes en el esquema de características que el escritor ha trazado.

Para resumir sus hallazgos, podemos decir que este tipo de mensaje se define por:

- Los mensajes se reciben a través de visiones o de visitas de seres aparentemente antropomórficos.

- Su contenido está de acuerdo con el ambiente cultural del receptor, aunque se pueda tratar de temas con los cuales este no está familiarizado. Los mensajes tienen un tono y estilo elevado, tanto en su contenido ideológico como en su forma literaria. Poco a poco, sin embargo, los mensajes van degenerando, y con frecuencia terminan en la transmisión de banalidades sin sentido. Cuando los mensajes son continuos y mantienen el tono inicial, se transforman en duros y repetitivos.

- Del mismo modo que se deteriora el contenido, lo hace también la forma en que se reciben. El receptor acaba sintiendo que su mente está siendo violentada. Algunos de los receptores más impetuosos y menos inteligentes acaban por no poder manejar la presión a la que su mente está siendo sometida y, finalmente, se fanatizan por completo.

El fracaso de los mensajes (sus contradicciones, sus errores) no parece influir decisivamente en los receptores; más bien sucede lo contrario, muchos se obsesionan con ellos. En algunos casos, los mensajes son positivos y reflejan principios valiosos, como en el caso de las personas que han recibido avances sobre ideas innovadoras, los llamados "iluminados". Con mayor frecuencia, aparece la común amenaza de la predicción de enormes catástrofes y del fin del mundo. Es habitual que las pequeñas predicciones se cumplan. Y lo más importante, *muchas veces hay una parte secreta en el mensaje, que solo puede revelarse a algunas personas después de un cierto periodo de tiempo*[15].

CONDICIONES EXTERNAS DE LOS "MENSAJES" DEL 7 DE FEBRERO DE 1917

Examinemos con mayor detenimiento lo que pudo haber sucedido cuando el psíquico lisboeta recibió el mensaje en el que se predecían los importantes hechos que habrían de suceder el 13 de mayo de 1917. Más allá de la discusión sobre las cuestiones más evidentes, como la relación entre la mente subconsciente del psíquico y el contenido del mensaje real (ver transcripción), se puede construir otra hipótesis, una que no contradice la idea de que también pudo haber un sujeto exterior y concreto que fuera el responsable de la transmisión del mensaje, y que se hubiera establecido un tipo de telepatía bilateral. Así, y admitiendo que la "escritura automática" representa una forma de traducción de los detalles ocultos de eventos de un futuro próximo, ¿sería tan descabellado proponer la posibilidad de que se hubiera dado un caso real de premonición, sin la interferencia directa de ese "sujeto", fuente o inteligencia, exterior a lo sensitivo (y ¿por qué no responsable de los acontecimientos que iban a suceder?).

Es obvio que esta hipótesis colisiona con las ideas convencionales sobre el espacio y el tiempo. Sin embargo, podemos citar muchas referencias actuales relacionadas con los nuevos y post-Einstein modelos que existen en la Física. Baste con decir que hay muchas cosas nuevas en la Física. Adelantemos solo que ya hoy se dibuja un nuevo cuadro, un *continuum* espacio-temporal distinto a nuestro subjetivismo y relativismo, ya percibido, entre otros, por Carl Jung, pero, más recientemente, desarrollado por Rupert Sheldrake, Bernard d'Espagnat, Ken Wilber, David Bohm y otros grandes pensadores de los más profundos misterios de la vida.

En cualquier caso, más allá de nuestras hipótesis y de nuestra tenaz ambición por desarrollar teorías sobre esos fenómenos "fortuitos" y totalmente incontrolables, existen en la actualidad datos fiables y sólidos, provenientes de los estudios

---

[15] FREIXEDO, Salvador, *La Religion entre la Parapsicologia e los Ovnis [Religión: entre la parapsicología y los ovnis]*, México, Orion, 1977, p. 216.

parapsicológicos, que prestan un fuerte y sorprendente respaldo a la posibilidad de que *más allá de los talentos innatos del individuo o individuos implicados, las habilidades extrasensoriales pueden activarse por las condiciones medioambientales.*

Por tanto, nos comprometimos a verificar las condiciones que se dieron en el incidente de "escritura automática" de Lisboa, en el que se recibieron las predicciones de los sucesos que ocurrirían en Fátima. ¿Existe una situación análoga al escenario de "escritura automática, una que pueda recrearse bajo las condiciones controladas de la experimentación científica?

Según el resultado de los experimentos llevados a cabo por los investigadores de la antigua Unión Soviética, se describe, de forma general, al individuo humano como "una campo de fuerzas en acción, que reacciona de forma dinámica sobre otros campos de fuerza". Esta idea sobre una cierta "biología cósmica" nació en la antigua Unión Soviética.

Los investigadores soviéticos, como Konstantin Kobyzev, de la Universidad de Moscú, y A. L. Chipevsky, establecieron correlaciones entre los ciclos solares y las grandes migraciones humanas, las cruzadas, las guerras y las revoluciones. Otro grupo soviético, dirigido por Lunacharsky y Semashko, confirmó esta teoría. Durante estos periodos, se incrementan las tormentas magnéticas, las cuales interrumpen las comunicaciones y coinciden con altas tasas de suicidios y psicosis. Por su parte, científicos occidentales, como Cecil Maby, Robert Baker y Michel Gauquelin, se muestran de acuerdo con los soviéticos. Leonard Ravitz propuso que *las fases de la Luna, la posición del Sol, la radiación cósmica, los rayos gamma, las manchas solares y otras grandes alteraciones de la magnetosfera de la Tierra actúan sobre el campo de fuerzas que rodea el cuerpo humano.*

Esas influencias pueden actuar de igual forma en el campo de los efectos psicoquinéticos y de la percepción extrasensorial en general[16].

En este sentido, los investigadores soviéticos llaman la atención sobre la relación entre los campos magnéticos y las habilidades telepáticas, las cuales, de acuerdo con el historiador Jacques Bergier, han sido durante décadas objeto de estudio en el Instituto Pavlov[17]. Se ha concluido, por tanto, que la *psicoquinesia y la telepatía (de la cual puede ser un ejemplo la "escritura automática") pueden activarse mediante la*

---

[16] OSTRANDER, Sheila and SCHROEDER, Lynn, *Fantastiques Recherches Parapsychiques en URSS [Fantásticas investigaciones parapsicológicas en la URSS]*, París, Robert Laffont, 1973, pp. 177 et seq.

[17] Ibíd., p. 175.

creación de campos magnéticos y de otros campos artificiales. En 1951, Ravitz escribió en el *Yale Journal of Biology and Medicine* que la acción del Sol y de la Luna afectaba a los campos de energía del cuerpo humano. *El científico soviético Sergeyev confirmó este dato al encontrar que el momento más favorable para la actividad ESP (percepción extrasensorial) es cuando las manchas solares perturban el campo magnético que rodea a la Tierra.*

Ahora bien, todos los sensitivos y los médiums hablan de "vibraciones". La aceleración de esas "vibraciones" de un cuerpo energético, se dice, *favorece la recepción de información proveniente de otra dimensión (espacial o temporal)*[18]. Con el fin de encontrar pruebas que apoyaran esta teoría, decidimos investigar en los anales astronómicos sobre el tiempo, para comprobar si habían existido informes sobre algún tipo de alteración cíclica en la magnetosfera que pudiera haber provocado la existencia de esas condiciones ideales para la recepción del mensaje sobre el 13 de mayo de 1917.

Lo más interesante es que fuimos capaces de verificar que el día 7 de febrero de 1917 (la fecha del episodio de "escritura automática" en Lisboa) ¡ESTUVO JUSTO EN EL CENTRO DE UN PERIODO DE FUERTES ALTERACIONES MAGNÉTICAS! Las alteraciones comenzaron el 6 de febrero en una lectura tomada a las 2:00 p.m. y terminaron el 8 de febrero en una lectura tomada a las 8:00 a.m. Si los estudios mencionados anteriormente son correctos, *las anómalas lecturas magnéticas tomadas durante esas fechas indican que las condiciones geomagnéticas ideales se dieron en ese momento para activar las habilidades extrasensoriales,* y ¡quizás fue lo que provocó la sorprendente —y certera— predicción sobre el 13 de mayo de 1917!

La tabla que se muestra a continuación muestra las lecturas geomagnéticas durante ese periodo[19].

Tabla 1

Lecturas geomagnéticas de 1917 (declinación occidental)	
6 de febrero — 15° 50'32" 2:00 p.m.	
7 de febrero — 15° 41'50" 8:00 a.m.	Alteraciones
7 de febrero — 15° 52'57" 2:00 p.m.	
8 de febrero — 15° 42'57" 8:00 a.m.	

---

[18] Ibídem.

[19] *Observações Meteorológicas, Magnéticas e Sísmicas [Observaciones meteorológicas, magnéticas y sísmicas]*, vol. LVI, Observatoório Meteorológico de Coimbra, Coimbra, Imprensa da Universidade de Coimbra, 1918, p. 139.

Pero no son estos los únicos datos que lo confirman. De sorpresa en sorpresa, regresamos hasta una de las causas de las perturbaciones invocadas referidas anteriormente: la producción de manchas solares, correspondientes a periodos más o menos definidos. Sin pretenderlo, nos hemos encontrado justo en el medio de la jurisdicción del fenómeno OVNI... Veamos: el investigador canadiense Wido Hoville estudió las diversas correlaciones entre los ciclos de actividad de las manchas solares y los avistamientos de ovnis[20]. El análisis del siguiente gráfico muestra que EL AÑO 1917 CONSTITUYÓ UN PICO EN LA ACTIVIDAD DE LAS MANCHAS SOLARES. Este dato apoya la conclusión a la que finalmente llegaremos.

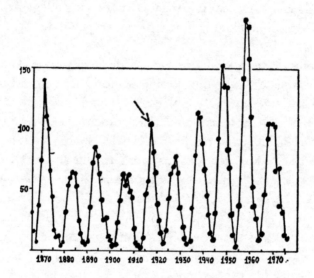

Figura 7. El ciclo de actividad solar entre 1870 y 1970 muestra un pico durante el año 1917
(fuente: Guy Lyon Playfair y Scout Hill).

De esta manera, nos sentimos cómodos concediéndoles la victoria a los psíquicos lisboetas, los cuales "canalizaron" una predicción sobre los sucesos del 13 de mayo. Su victoria trasciende la simple aceptación o el rechazo; es una victoria a pesar de sus creencias subjetivas y de lo que nosotros podamos pensar sobre las mismas.

---

[20] HOVILLE, Wido, "Phénomène UFO et Activité Solaire" [«Fenómeno OVNI y actividad solar»], in *UFO - Quebec*, n°. 17, 1er trimestre de 1979, pp. 7 et seq., y PLAYFAIR, Guy Lyon y HILL, Scott, *The Cycles of Heaven*, Pan Books, 1979, p. 59.

Continuamos en los dominios de la hipótesis, pero algo comienza a tomar forma. Con tantos hechos reunidos, de tan diversas fuentes, debemos dejar de considerar la plausibilidad de la premonición del 7 de febrero como una mera coincidencia.

Ciertamente, el grupo se había reunido de la misma forma en numerosas ocasiones anteriormente y nunca habían publicitado ninguna otra muestra de "escritura automática".

Así pues, ¿qué acto de magia sucedió para que este acontecimiento ocurriera exactamente en el momento preciso?

CAPÍTULO DOS

Radiografía de Fátima

En la parroquia de Nuestra Señora de los Placeres de Aljubarrota, apareció una misteriosa imagen de la Virgen.

"Se dice que en el suelo donde la imagen apareció nunca más creció hierba.

Carlos de Azevedo

Las futuras misiones de búsqueda de vida fuera de la Tierra deberían incluir, por necesidad, un exhaustivo mapa del área elegida para el primer contacto. Es más, así es como se han llevado a cabo las recientes misiones a Marte.

Cuando observamos la bacía de la explanada de Fátima, coronada por la basílica, diseñada en un espacio de 86.400 metros cuadrados —el doble de tamaño de la Plaza de San Pedro de Roma—, una pregunta nos viene a la cabeza: ¿Por qué en Cova da Iria?

Hagamos entonces una especie de "radiografía" del área local donde sucedieron las apariciones para anotar algunas de sus particularidades.

La región que rodea Fátima ha estado habitada desde tiempos prehistóricos. Según Arístides de Amorim Girão, existen artefactos del Neolítico y restos de fortificaciones castreñas y "numerosos vestigios de mampostería romana, todas ellas evidencias de la existencia de importantes centros de población en aquellos tiempos remotos"[1]. Hay también fósiles de dinosaurios esparcidos por toda la zona.

---

[1] GIRÃO, Aristides Amorim y SANTOS, Maria Lúcia dos Anjos, *Fátima – Terra de Milagre* [*Fátima – Tierra de milagros*], 2ª ed., Coimbra, 1958, p. 28.

57

El topónimo "Fátima" evoca la ocupación árabe de Portugal, en concreto a la hija del profeta Mahoma, nombre que el valido de Alcácer do Sal dio a una de sus hijas, en el siglo XII. Durante una de las muchas escaramuzas que ocurrían entonces, entre portugueses y musulmanes, el caballero portugués, Gonçalo Hermigues, capturó a la hija del váli (gobernador). Abrumado por su belleza, se casó con su prisionera. Fátima se convirtió al Cristianismo y cambió su nombre por el de "Oureana". Como regalo de bodas, el rey Alfonso Henriques les otorgó la aldea de Abdegas y las tierras circundantes. Los nombres de la novia fueron perpetuados en el lugar. Además de Fátima, el nombre de Abdegas se cambió después por Ourem, nombre que permanece en la actualidad.

Así, desde los tiempos más antiguos, dos civilizaciones adversarias, separadas por su religión y su cultura, se unieron por los misterios de la vida, dejando paso en la actualidad a un misterio de renombre mundial, pero de un tipo diferente.

ESCENARIO LOCAL Y GEOLOGÍA

A) **Condiciones geográficas.** Fátima se encuentra a 139 kilómetros al norte de Lisboa y a 26 kilómetros de Leiria. De acuerdo con María de Fátima Rodrigues, "está situada en la provincia de Beira Litoral, a una latitud aproximada de 39° 38' Norte y una longitud de 8° 40' Oeste. La zona de alrededor de Cova de Iria constituye el más nuevo desarrollo municipal de la Portugal metropolitana"[2].

Hasta 1917, Fátima fue una aldea oscura, perdida en un paisaje árido salpicado de molinos de viento. En torno al año 1585, las tierras de los alrededores eran propiedad de los monjes cistercienses de la diócesis de Leiria. En el siglo XIX, las tierras pasaron a formar parte del Patriarcado de Lisboa, hasta 1918, cuando una bula papal, con fecha de 17 de enero, devolvió las tierras a las autoridades de Leiria.

"Dispersas aquí y allá, algunas aldeas, todas semejantes, con sus casas, obedeciendo siempre al mismo tipo común: de un solo piso, cuidadosamente encaladas y con grandes chimeneas, que recuerdan a las del Algarve; y, en la prolongación, los anexos para el ganado". Este era el panorama local, tal y

---

[2]   RODRIGUES, Maria de Fátima Serafim, *Fátima - Problemas Geográficos de um Centro de Peregrinação* *[Fátima - Problemas geográficos de un centro de peregrinación]*, Centro de Estudios Geográficos, Universidad de Lisboa, 1974, pp. 45-46.

como lo describía la sobrina de una de las testigos principales de las apariciones de Fátima, Lucía, también llamada Maria Lúcia dos Anjos Santos[3]. Fue en una de estas casas de campo, en el pueblo de Aljustrel, donde nacieron los videntes.

Administrativamente, Fátima pertenecía y pertenece al concejo de Ourém, en el distrito de Santarém. Situada en la falda de una colina de la sierra del Aire, su altitud era de apenas trescientos cincuenta y dos metros sobre el nivel del mar.

B) Situación tectónica. Numerosas fallas cruzan el altiplano de Fátima en una orientación noroeste-sudeste, paralelas a los grandes accidentes de Alvados, Mira de Aire y Minde. Las principales se registran en la zona situada entre Reguengo do Fetal, Alqueidão da Serra, Alcaria, Vale de Barreiras, Mira de Aire, Corvão do Coelho, Minde y Moitas de Baixo. Las fallas citadas dan lugar a rechazos verticales importantes.

C) Situación sismológica. En los años 1755 y 1909 dos enormes terremotos afectaron a la región. En el terremoto de 1755, se ha verificado la existencia de un alineamiento sísmico de grado IX, de orientación SO-NE, justo a su paso por Fátima y Vila Nova de Ourem. En las áreas cercanas de Batalla y Reguengo do Fetal, la fuerza del terremoto fue de intensidad VII. Los resultados del terremoto de 1909 demostraron la existencia de una zona de intensidad VII-VIII a los largo de la falla de Reguengo, de orientación NS.

D) Situación hidrológica. La zona está plagada de cuencas cerradas así como de grutas, algares y riberas subterráneas. En el Mapa Cartográfico Portugués, del 20 de mayo de 1560, se mostraba un río que pasaba por Aljustrel, el cual desembocaba en un afluente del río Tajo. Las fallas, paralelas a las grandes fracturas transversales de Mira-Minde y a las fracturas longitudinales paralelas a la cuenca, permiten una importante circulación de agua de esos ríos subterráneos, que desembocan en un macizo calcáreo, desde el cual el río Almonda emerge con fuerza, cerca de Casais Martanos[4].

---

[3] GIRÃO, Aristides Amorim y SANTOS, Maria Lúcia dos Anjos, *Fátima – Terra de Milagre, op. cit.*, p. 19.
[4] ZBYSZEWSKI, G, MANUPPELLA, G. y FERREIRA, O. da Veiga, *Carta Geológica de Portugal [Mapa geológico de Portugal]*, 1/50,000, *folio 27/A – Vila Nova de Ourém* [representación de la localidad de Vila Nova de Ourém), Lisboa, Servicios Geológicos de Portugal, 1974.

E) Las dolinas. En esta región, los rasgos topológicos dominantes son numerosas y pequeñas dolinas que los paisanos llaman "covas". Algunas de ellas están asociadas con antiguas leyendas, siendo la más excepcional, por supuesto, la asimétrica Cova da Iria, donde sucedieron las apariciones de Fátima. La dolina o "cueva", que en aquel tiempo tenía unos doscientos metros de diámetro, con una profundidad máxima de cerca de diez metros, donde hoy se asienta la capilla de las Apariciones, ya no existe, debido al enorme trabajo llevado a cabo durante la construcción del Santuario.

A. Fernandes Martins sugiere que esta "cueva" quizás fuera la de mayor diámetro entre las formas elementales[5].

Una "dolina" puede definirse como "una depresión topológica, propia de las regiones calcáreas, que suele tener forma circular, más larga que profunda, resultado de la erosión fluvial. Con frecuencia, los residuos de arcilla se acumulan en la parte inferior, como consecuencia de la disolución calcárea. Otras veces, en la parte inferior de las dolinas pueden existir grutas o cavernas subterráneas, que originan algares"[6].

F) Las cuevas y las grutas. En la parroquia de Fátima, en un lugar llamado Charneca, hay un grupo de lugares subterráneos —Algar da Águia— situado a unos trescientos metros de la iglesia local. A unos setecientos metros de ese lugar, hay una gruta de unos cien metros de diámetro. Además, a trescientos metros de la misma iglesia está la gruta más importante de todas, compuestas de varias salas, muy similar a la gruta de Betharran, cerca de Lourdes, en Francia[7].

Arístides Amorim Girão, al hablar sobre la prehistoria de la zona de Fátima, describe el llamado "Cabezo de la Murada" situado a 497 metros. "La Murada está en una posición castreña, prehistórica. En las piedras calcáreas, se abren numerosas grutas, sobre todo en la parte en la que da el Sol. Pero la Murada no es el único reducto fortificado de los tiempos antiguos que

---

[5] "Maciço Calcário Estremenho" ["Macizo calcáreo extremeño"], 1949, citado por RODRIGUES, Maria de Fátima Serafim, *Fátima - Problemas Geográficos de um Centro de Peregrinação*, op. cit., p. 35.

[6] *Enciclopédia Luso-Brasileira de Cultura* [*Enciclopedia Luso-Brasileña de Cultura*], vol. VI, Lisboa, Verbo, 1967, p. 1196.

[7] COSTA, Américo, *Dicionário Corográfico de Portugal Continental e Insular* [*Diccionario Cartográfico del Portugal Insular y Continental*], vol. VI, Porto, 2ª ed., 1929, p. 624.

podemos encontrar allí. En la continuación de la gruta de la zona de la falla, sobre la cual se asienta, y ya rebasado el valle de la Quebrada (...) surge como baluarte natural otro cabezo. Ese cabezo se llama Caramulo (de una altitud de 423 metros) por la forma de cúpula que, de hecho, presenta. Las grutas de piedra caliza asentada, cortadas en ocasiones bruscamente, rodean al cabezo casi por todos los lados: las llaman las "plumas". En una de las grutas de mayor tamaño, se encuentra un manantial de agua. *Allí se talló una especie de altar, en el cual se había celebrado misa en cumplimiento de votos*[8].

ESBOZO DEMOGRÁFICO E HISTÓRICO DE LA REGIÓN

Retrato de la evolución demográfica. Cova da Iria era uno de los 32 pueblos que había en Fátima. Su nombre, Iria, se refiere a una mártir portuguesa, la cual, de acuerdo con la leyenda, nació a pocos kilómetros de allí, en el área de Reguengo. El martirio de esta dama se asocia con una triste historia de amor relacionada con la religión. Aunque ella era monja, un noble ordenó que la mataran poseído por los celos. Su cuerpo se encontró en el río Tajo, cerca de Santarém. Iria tiene el mismo significado que Irene, y Santa Irene es la raíz lingüística del nombre del lugar, Santarém, ciudad distrito de Fátima.

Fátima significa "señora" en árabe. Irene significa "paz" en griego. Estos dos nombres femeninos han venido a constituir el fundamento, en la literatura católica, de los conceptos expresados por el ser conocido como "Nuestra Señora de la Paz".

Cova da Iria era descrita por Mario Godinho en julio de 1917 como "un lugar aislado, lleno de cercas amuralladas de piedras sueltas, un paisaje triste y yermo, salpicado de encinas sombrías de aspecto sediento". Este ingeniero agrónomo más tarde describiría "El Milagro del Sol" del 13 de octubre, como "un disco magnético de cristal sin pulir, iluminado desde detrás, irisado en la periferia y que mantenía un movimiento rotatorio". Esta es una descripción extraña de una estrella como nuestro Sol, pero muy similar a varios de los testimonios que habría en el futuro sobre los avistamientos de objetos espaciales no identificados.

---

[8] GIRÃO, Aristides Amorim y SANTOS, Maria Lúcia, *Fátima- Terra de Milagre*, Coimbra, 1958, pp. 28 et seq.

En términos de población, podemos decir que la zona era prácticamente un desierto. El primer nacimiento registrado en Cova da Iria está fechado el 4 de febrero de 1924, aunque en el "Rol dos Confessados" —el registro parroquial de residentes locales— aparezca el primer núcleo de población entre 1922 y 1926, como mantiene Maria de Fátima Rodrigues[9].

Figura 8. El ingeniero Mário Godinho, testigo de "El Milagro del Sol", que definió la estrella como "magnética" y como de "cristal sin pulir". (Revista *Stella*, enero 1962).

En esta tierra inhóspita, se cultivaba el trigo, el maíz y la avena. Abundaban las rocas y faltaba el agua y ambos factores obligaban a los granjeros a dejar los terrenos en barbecho durante varias estaciones. Por esta razón, predominaban los olivos, las encinas y otros árboles salvajes. Y fue una encina el árbol escogido por la "Señora-menina" el 13 de mayo de 1917.

---

[9]   RODRIGUES, Maria de Fátima Serafim, *Fátima - Problemas Geográficos de um Centro de Peregrinação*, op. cit., pp. 45-46.

De acuerdo con el censo de 2001, 84 años después de la aparición, había solo 17 pueblos en la zona de Fátima. En esta publicación, el lugar llamado Fátima ha absorbido muchos de los otros lugares. Aljustrel, la aldea cercana en la que nacieron los tres pastorcillos que presenciaron las apariciones, ni siquiera aparece en la lista. Cova da Iria tampoco está consignada, aunque corresponde a Fátima, no solo en lo que concierne a sus habitantes, sino también porque fue el lugar donde sucedieron las históricas apariciones. En 2001, la parroquia de Fátima era la localidad con mayor población en el concejo de Ourém, com 10.302 habitantes, 4.590 hombres y 5.712 mujeres. Había registradas 90 familias, 2.528 personas viviendo en alojamientos colectivos y 3.140 familias "clásicas".

Según los datos de este mismo censo, en las 17 localidades agrupadas en la parroquia de Fátima, había 3.079 edificios con 5.114 habitaciones, 118 de los cuales eran alojamientos colectivos.

En cuanto a Cova da Iria, este pueblo, anteriormente desierto, comenzó a estar habitado muchos años después de las apariciones. Los datos de habitación son los siguientes y se refieren a la población residente.

Tabla 2

Población de Cova da Iria en 2001						
Población residente	Hombres	Mujeres	Familias Tradicionales	Familias Institucionales	Casas	Edificios
7.788	3.336	4.452	2.306	89	4.035	2.018

Fuente: INE, Census 2001

Por consiguiente, incluso aunque en 1917 Cova da Iria era solo una tierra de pasto, 84 años después excede a los otros 16 pueblos en población residente. De un total de 10.302 individuos, al pueblo en el que sucedieron las apariciones pertenecen 7.788 habitantes, un 75,6% de la población total de la parroquia. No hay ningún otro dato similar de crecimiento de población en todo Portugal. Y todo esto es resultado del "milagro" de la aparición celestial.

Las apariciones terminaron causando problemas en Ourém, que quedó sin recursos para poder administrar la tierra del "El Altar del Mundo".

OTRAS APARICIONES MARIANAS EN LA REGIÓN

Carlos de Azevedo, en su obra *Porque Apareceu Nossa Senhora em Fátima* [*Por qué se apareció Nuestra Señora en Fátima*], narra la historia de otras apariciones en la región. El autor defiende que Nuestra Señora de Fátima no eligió esa localidad por mera casualidad, ya que era una región que poseía una larga tradición en visiones marianas. Nos cuenta que de los 57 pueblos de la diócesis de Leiria, 27 de ellos tienen como patrona oficial a Nuestra Señora, aunque con diversos nombres diferentes. Añade: "No hay un solo pueblo en esta diócesis en el que Nuestra Señora no sea particularmente venerada. No hay ninguna iglesia o altar en la que no haya una imagen para el culto" [10].

Esto puede no resultar extraordinario ya que, en los tiempos modernos, el culto a la Virgen ha proliferado de tal forma que podemos ver cómo se la invoca en todo el mundo cristiano. Pero no estamos hablando de un culto simple. A través de los siglos, ha habido en esta zona un sorprendente número de informes sobre apariciones de brillantes "señoras". Ellas han pedido la construcción de numerosas capillas, concediendo a cambio fuentes de agua "milagrosa" o lugares de curas "sobrenaturales".

Nuestra Señora de las Arenas. Esta aparición sucedió en la localidad de San Vicente de Aljubarrota. Según Carlos de Azevedo, alrededor de 1630, una paisana del pueblo de Chãos salió de su casa a la hora de la puesta de sol para ir a buscar agua. En algún lugar del camino, perdió sus llaves, por lo que se sintió preocupada, ya que su marido era un hombre "terrible y de mal carácter".

Durante su infructuosa búsqueda de las llaves, se le apareció un ser femenino, sentado sobre una piedra, que le preguntó: ¿Mujer, por qué lloras? ¿Qué sucede?".

Al principio la mujer no respondió, pero finalmente le explicó la situación. La Señora le aconsejó que volviera a casa y buscara las llaves en un lugar concreto. Para su sorpresa, las llaves estaban en el lugar que le había indicado la Señora. Con gran alegría, la mujer volvió al lugar donde había encontrado a la Señora "preciosa y brillante" y la encontró sentada sobre la misma piedra.

Esta vez, la Señora se presentó:

> Soy la Madre de Dios y quiero que les digas a los habitantes del pueblo que construyan una iglesia para mí, que se llame "Nuestra Señora de las Arenas"; y di a aquellos que vayan allí que invoquen mi nombre, para que así pueda aliviarlos de sus fiebres y dolencias.

---

[10] AZEVEDO, Carlos de, *Porque Apareceu Nossa Senhora [Por qué apareció Nuestra Señora]*, Leiria, Gráfica, 1944, p. 26.

En aquellos tiempos supersticiosos, muchas personas fueron hasta la piedra para picarla con el fin de obtener pequeños trozos de roca y de arena para hacer infusiones con ellos. El obispo, Dinis de Melo, intervino y ordenó que la piedra se llevara a la casa en la que él residía, en el pueblo de Aljubarrota. Sorprendentemente, poco después el obispo informó de que la piedra había desaparecido y se había encontrado en su lugar original en el campo. Convencido de que alguien había robado la piedra, ordenó que la situaran en su dormitorio, de forma que la pudiera guardar mejor de los intrusos. Imaginemos su sorpresa cuando la roca desapareció de sus habitaciones y reapareció de nuevo en el mismo lugar del campo en el que se encontró, justo como había sucedido la primera vez.

Nuestra señora del Hilo. Este caso no tiene que ver con una aparición, sino con una imagen bastante extraña que apareció en la parroquia de Nossa Señora dos Prazeres de Aljubarrota, en 1568. No hay nada especialmente raro en el lugar, excepto que presentaba condiciones análogas a otras áreas afectadas por fenómenos relacionados con ovnis. *"Se dice que la hierba no volvió a crecer en el suelo sobre el que se apareció la imagen"*[11].

¿Cómo era esta imagen para que recibiera el nombre de Nuestra Señora del Hilo? Descubierta por el sacerdote local, Afonso Pires, en una aldea llamada Cruz da Pedra. La imagen, diminuta y *metálica*, tenía "solo el tamaño de un dedo". Como recuerdo de las prehistóricas figuras de las diosas de la fertilidad, el autor nos dice que era "costumbre llevar la imagen de Nuestra Señora para ayudar a las mujeres durante el parto".

Nuestra Señora de la Luz. Esta aparición sucedió en la aldea de Cós, cerca de Aljubarrota. En palabras de Carlos de Azevedo:

> El nombre de la anciana y pobre testigo era Catarina Anes, nacida en Juncal, en la diócesis de Leiria. Un día, mientras recolectaba leña en un lugar llamado el Valle de Dios, cerca de la localidad de Castanheira, una Señora se le apareció y le dijo: "¿Catarina, quieres que te ayude en tu duro trabajo?".

> "La pobre mujer no podía creer lo que había escuchado y continuó recolectando leña. La Señora se le apareció de nuevo, esta vez acompañada por Santa Marta, que tenía una capilla cerca de allí, y le dijo: "Catarina, sígueme". Pero la anciana

---

[11] Ibid., p. 108.

continuó ignorando lo que estaba viendo y escuchando. No podía pensar que fuera real. No obstante, la Señora se apareció una tercera vez y dijo: 'Ven aquí Catarina. Quiero darte la llave que has perdido'.

'Perdí una llave en el bosque', contestó Catarina. '¿Cómo es posible que la hayas encontrado para devolvérmela?'.

La Señora procedió a tenderle la llave a Catarina. Catarina la siguió, aunque estaba determinada a no creer en la extraña Señora.

Continuaron caminando hasta que llegaron al pie de una montaña. Nuestra Señora ordenó a Catarina que cavara un agujero en la ladera de la montaña, de aproximadamente medio metro de profundidad. Así que ayudó a la Virgen con sus propias manos. De aquella cavidad, surgió una preciosa y abundante fuente de agua cristalina.

En este caso no se solicitó la construcción de una capilla, pero la Virgen le dijo a la testigo: "Ahora le dirás a los habitantes de tu tierra que podrán encontrar aquí el remedio para sus enfermedades".

Pedro Castilho, obispo de Leiria en aquel tiempo, al conocer los acontecimientos fundó una iglesia. El primer milagro sucedió en 1601. El agua del manantial curó a ciegos, paralíticos y epilépticos.

Es interesante mencionar que había cerca "un roble" gigante, que daba sombra a una amplia zona".

Esta referencia es un resto de las antiguas tradiciones mitológicas, siendo la encina parte integrante de los cultos de los druidas. Según la psicóloga Gilda Moura, San Bernardo alertó a la gente de que rezara en bosques de encinas para así conseguir una conexión más rápida con Dios. Ella añade:

> Los encuentros con los dioses en la antigüedad, sucedían con frecuencia cerca de encinas. La variedad más famosa de encinas en Portugal es la que pertenece a la familia *Quercus ilex*[12]

Los relatos sobre fuentes milagrosas se encuentran en todas las civilizaciones. Cuentos sobre una "Señora Celestial" que rescata a las mujeres y dota de un poder mágico de "curación" a las aguas, constituyen el grueso de las apariciones sucedidas desde el siglo XVII y nos conducen forzosamente a Lourdes, a Fátima

---

[12] MOURA, Gilda, *O Río Subterrâneo. A história de um caminho [El río subterráneo. Historia de un camino]*, Río de Janeiro, Nova Era, 1999, pp. 102 y 133-134.

y a otras "médicas" brillantes que se manifiestan, en estos dos últimos siglos, con una sorprendente frecuencia.

Nuestra Señora de Reguengo do Fetal. Uno de los más antiguos y célebres santuarios de la región está situado en el área de Reguengo do Fetal y es la iglesia de Nuestra Señora de la Fe o do Fetal. La leyenda, que dio origen al templo, dice lo siguiente:

> En un tiempo de hambre y sequía, una joven pastora acompañaba a su disminuido rebaño y suspiraba. En el medio de estos hechos, una mujer se le apareció y le preguntó:
>
> "¿Por qué lloras, pequeña?".
>
> "Tengo hambre".
>
> "Ve a pedirle pan a tu madre".
>
> "Ya se lo he pedido, pero no tiene nada para darme".
>
> "Ve, vuelve a tu casa y pídele de nuevo pan a tu madre; dile que una mujer te ha dicho que mirara en el arcón, que allí hay pan".
>
> Obedeciendo a la Señora, la niña fue a casa y le dio el mensaje a su madre, la cual abrió el arcón en el que normalmente se guardaba el pan y lo encontró lleno de un pan "tan precioso y sabroso que no parecía amasado en la Tierra".
>
> Una vez satisfecha su hambre, la alegre pastora volvió al lugar de la aparición, donde después se levantó la Capilla de la Memoria, y de nuevo encontró a la Señora, la cual le dijo:
>
> "Di a los habitantes de tu aldea que soy la Madre de Dios y que quiero que construyan una iglesia en este helechal, en el cual seré venerada".
>
> La niña transmitió el mensaje de la Señora a la gente de su tierra. La gente, que entendió la importancia de lo sucedido, se dirigió hacia el lugar de la aparición, donde encontraron una pequeña y preciosa imagen de la Santísima Virgen y, cerca de ella, una fuente milagrosa. Levantaron una pequeña ermita y muchos milagros se produjeron por aquella agua. No se conoce el momento en que sucedió esa aparición ni tampoco cuando se construyó la primitiva capilla de Nuestra Señora de Reguengo do Fetal[13].

Nuestra Señora de la Ortiga. En esta tradición, el testigo es de nuevo una pastorcilla, pero esta vez muda.

---

[13] *Enciclopédia Luso-Brasileira de Cultura*, vol. XXIV, op. cit., p. 847.

Un día, estaba cuidando de su rebaño en la aldea de Fátima cuando una Señora se le apareció y le pidió una oveja. La pastorcilla, que nunca había podido hablar, se encontró capaz de responder a la Señora, le dijo que tendría que ir a pedirle permiso a su padre y se fue. Cuando su padre la vio, se sorprendió de que su hija pudiera hablar. El padre creyó en la veracidad de la aparición y le dijo a la niña que no solo le diera la oveja a la Señora, sino todo lo que le pidiera. Radiante de alegría, la pastorcilla volvió al lugar en el que se había encontrado con la Señora, la cual le pidió que construyeran una pequeña capilla en su honor.

Pero la historia no acaba aquí. En un artículo titulado, "El pueblo de Fátima, dos veces trono de la Madre de Dios", Paulo António Dersé cuenta que cuando el padre llegó a aquel lugar, encontró un tosco icono de la Virgen entre las ortigas. "Era allí donde la Madre de Dios deseaba que se construyera la capilla".

El padre, que conocía bien la región, no pensó que ese fuera un buen sitio para construir una capilla. "Seguramente Nuestra Señora no se preocupará sobre si se construye en la cima de una colina o en un valle protegido; lo último sería mejor tanto para ella como para los devotos, ya que en esta colina hace mucho viento".

Recogió el icono de la Virgen y volvió a casa. Llamó a sus amigos carpinteros y eligieron un buen sitio en la zona de Casal de Santa María; mientras, guardaron el icono en una hornacina provisional.

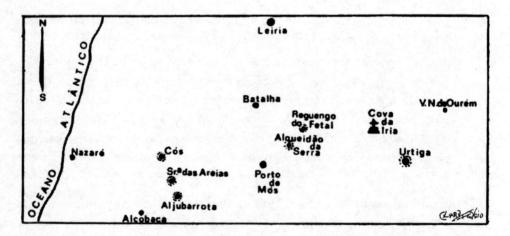

Figura 9. Localizaciones de las apariciones de "Nuestra Señora" en la región circundante a Cova da Iria, entre los siglos XVI y XX (escala= 1 : 480.000).

"Pero al día siguiente el icono había desaparecido… ¿Quién podría ser el ladrón?". Dersé escribe: "Los enfadados aldeanos rebuscaron arriba y abajo buscando el pequeño icono"[14].

El icono había vuelto por sí mismo al ventoso lugar encima de la colina, lleno de ortigas. De esta forma, el padre de la pastorcilla se vio obligado a construir la capilla en ese lugar tan expuesto. Esta encantadora historia atravesó el mundo y llegó, finalmente, a Roma. El papa Pío VII (según otra versión, Pablo III[15]) declaró, desde ese momento, que en el primer domingo de junio se celebraría un solemne jubileo en esa capilla, que contaría con indulgencia plenaria.

Todas estas apariciones acontecidas en la zona de Fátima presentan aspectos comunes:

- El ser que se aparece es descrito como "Señora".

- Los testigos contactados son, invariablemente, mujeres.

- Los seres solicitan la construcción de capillas en lugares específicos, los cuales a veces están situados en zonas poco convenientes para los lugareños.

- Los seres siempre ayudan a los testigos e interfieren con el conocimiento local, por ejemplo, tratando enfermedades que la ciencia médica del momento era incapaz de curar.

¿Escondían estos lugares escogidos algo especial? No lo sabemos, pero es interesante anotar que los lugares visitados por "Señoras" son, con frecuencia, sitios donde han aparecido inexplicables objetos aéreos brillantes. Es bien sabido que en el pueblo de Algoz, en el Algarve, el 10 de junio de 1960, Carlos Sabino y su perro observaron un objeto volante y a seres humanoides alrededor de un extraño aparato[16]. Curiosamente, también en esa zona, hace siglos, se apareció allí una "Señora", idéntica a las que después se verían en la región de Fátima. Ataide de Oliveira nos cuenta la siguiente leyenda, que ya nos suena muy familiar:

---

[14] DERSÉ, Paulo António, "A freguesia de Fátima duas vezes assento da Máe de Dues" ["El pueblo de Fátima: dos veces trono de la Madre de Dios"], en *Fátima Missionária [Fátima Misionaria]*, nº. 4, Julio-Agosto 1958, pp. 26 et seq.

[15] MARCHI, Joáo, *Era uma Senhora mais Brilhante que o Sol [Era una Señora más brillante que el Sol]*, Fátima, Missões Consolata, 1966, p. 42.

[16] Periódico *Diário Ilustrado*, 12 Junio de 1960.

Una pequeña mujer, que se había quedado prácticamente ciega, se encontró un día en su camino a la Señora del Pilar, quién le aconsejó que se lavara sus ojos enfermos con el agua de la fuente de Nuestra Señora del Pilar.

En ese momento, no existía tal fuente en la cima de aquella colina y así se lo dijo la pequeña mujer, a lo que la Señora objetó:

"Sí, la hay. Ve a la capilla y en el muro occidental excava el suelo con tus propias manos. El agua aparecerá, podrás lavarte los ojos con ella y se curarán por completo".

A la mañana siguiente, la pequeña mujer subió a la colina y procedió como le había indicado la desconocida Señora. El suelo comenzó a humedecerse y el agua manó con fuerza. La mujer enferma se lavó los ojos y la enfermedad desapareció.

La noticia se propagó y la gente se congregó junto a su sacerdote para subir hasta la capilla y dar gracias a la Virgen por la gracia concedida[17].

El mismo autor nos cuenta que desde ese día hay un pozo en la sacristía adyacente a la capilla, cuya agua se considera que cura las enfermedades de los ojos.

ENERGÍA TELÚRICA Y CULTOS EN CUEVAS

Telurismo. La palabra "telurismo" deriva del latín, *tellus, uris,* que significa "Tierra, o la fuerza que emana de la Tierra". Ciertos investigadores la definen como la "influencia de la Tierra en las mentes de los habitantes locales, los cuales notan la existencia de corrientes telúricas que, por ejemplo, interfieren las comunicaciones telegráficas". Estos autores "paralelos", como Bruce Cathie, Nick Begich, Jeane Manning y otros, defienden que se han llevado a cabo estudios secretos sobre la energía telúrica y sus efectos en los habitantes de una zona, tanto en Estados Unidos como en la antigua Unión Soviética.

En cualquier caso, la absorción de esa especie de fluido "exige un ascesis", o sea, una condición primordial de devoción y penitencia, presente en ciertos tipos de curas registradas en lugares de "apariciones". Así, el fondo de las grutas es considerado como un depósito telúrico altamente benéfico, habiéndose convertido por ello tanto en templos de devoción matriarcal, como en lugares de culto a Vírgenes cristianas.

---

[17] Citado por COSTA, Américo, *Dicionário Corográfico de Portugal Continental e Insular,* op. cit., p. 665.

Los cultos en santuarios y grutas. El culto en las grutas se basa en la idea de que un lugar concreto es sagrado. De forma gradual, una mayor complejidad se impone sobre esta idea fundamental y lleva a la creación de un santuario. Maurice Guinguand y Beatrice Lanne mencionan que los milagros más grandes de la Edad Media sucedieron "directamente en lugares en los que había vetas beneficiosas" de energía telúrica[18].

En las Islas Canarias, aún se conservan vestigios de un santuario dedicado a la Gran Madre. Si abandonamos la capital, Las Palmas, en dirección hacia Galdar y Punta Sardina, llegamos al Cenobio de Valerón.

El convento de Hari Maguadas surge de repente entre el paisaje. En la lava rocosa solidificada, se pueden ver 350 celdas, llamadas "cuevas". Sacerdotisas de una antigua civilización matriarcal habitaron esas cuevas una vez, en las que adoptaban una posición fetal, en el interior de aquella especie de huevo, mientras invocaban a la Diosa Madre[19].

Esta misma posición fetal nos recuerda otro santuario de la región de Fátima, en Reguengo do Fetal. Ya hemos visto que en este lugar, en el sitio de Malhadoiro, innumerables grutas excavadas en la roca calcárea formaban una especie de inmenso palomar. Mantengamos esa imagen en la cabeza y apliquémosla al Cenobio de Valerón; la composición geomórfica es idéntica. Ni siquiera falta en Reguengo do Fetal el tosco altar excavado en la piedra. ¿Son las analogías lingüísticas meras coincidencias o existe una relación más profunda? Maurice Guinguand y Beatrice Lanne añaden que en Francia se realizan peregrinaciones en el mes de agosto en honor de Nuestra Señora de Fenestre, que es "la Virgen negra venerada durante siglos, la divinidad femenina de las fuerzas telúricas positivas, recordatorio de las riquezas subterráneas".

Concluyendo: en el mundo occidental existen dos grandes centros marianos, Lourdes y Fátima. En el caso de Fátima, definimos el ser como "Ouraniana", ya que se manifestó en el exterior de la Tierra[20]. En el caso de Lourdes, el ser apareció

---

[18] GUINGUAND, Maurice y LANNE Beatrice, *O Ouro dos Templários [El oro de los templarios]*, Amadora, Bertrand, 1975, p. 214.

[19] TARADE, Guy, *Les Portes de l'Atlantique [Las puertas del Atlántico]*, París, Robert Laffont, 1976, pp. 81 et seq.

[20] Sobre "Ouranos", palabra griega para "dios de los cielos". Además de aceptar que "Nuestra Señora de Fátima" descendió del cielo, Fátima, la hija del gobernador moro (valido) de Alcácer, adoptó el nombre de "Oureana", el cual es el origen del nombre de la actual localidad de Ourém.

71

en el interior de una gruta. Tanto la Iglesia católica como la cultura occidental en general consideran esas dos manifestaciones como dos representaciones de la misma Señora, la Virgen María. Pero, ¿no podría tratarse de dos entidades diferentes, a las cuales nuestro entendimiento lineal ha agrupado en la misma tipología? ¿No estaremos delante de las reminiscencias de los antiguos cultos que vieron a las diosas madres como protectoras de la naturaleza en la superficie de la tierra y, al mismo tiempo, como divinidades en el mundo subterráneo?

Fallas geológicas y fenómenos luminosos. De acuerdo con nuestra investigación y la de otros, ciertas condiciones geológicas aparecen asociadas con las manifestaciones de fenómenos luminosos.

El autor francés Bozzonetti formula la hipótesis de que un factor importante en la creación de un fenómeno luminoso es la conductividad eléctrica del suelo, que está especialmente presente en suelos húmedos[21]. Bozzonetti propone que las fallas geológicas subterráneas drenan los acuíferos cercanos y provocan la existencia de "corredores húmedos". La mayor incidencia de fenómenos aéreos no identificados se da en áreas cercanas a los ríos y lagos y a otros lugares saturados con agua.

Respecto a la conductividad eléctrica del suelo y el subsuelo del planeta, debemos referirnos al trabajo del académico ruso Pospelov, de Novosibirsk, quien propone que "las profundidades de la Tierra contienen un generador magneto-hidrodinámico que produce corriente eléctrica". Según este científico, citado por Elquine, en las profundidades subterráneas:

> Existe un movimiento continuo de gases, corrientes de plasma, elementos que se fusionan, masas sólidas que se licuan, todo como resultado de las altas temperaturas y de la presión. La mayor parte de estos elementos es electrolítica. En movimiento con el campo magnético de la Tierra, o con sus propios campos magnéticos, crean fuerzas electromotoras, que siguen las bien conocidas leyes físicas[22].

---

[21] BOZZONETTI, Yvan, "La propulsion des soucoupes volantes: enigme resolue? » ["¿La propulsion de platillos volantes: un enigma resuelto?"], revista *Ouranos*, edición especial, Bohain, 1975.

[22] ELQUINE, J., "Seismic Activity and Electrical Energy in Geology", ["Actividad sísmica y energía eléctrica en Geología] *Annals of the Geological Society of Belgium,* T. 96, Bruselas, 1973, pp. 121-127.

Hasta ahora, la verdadera naturaleza de esas "luces" anómalas es desconocida, aunque suceden en varios lugares geológicamente sensibles del planeta, como por ejemplo, en el valle de Hessdalen, en Noruega. Allí, los equipos de científicos escandinavos han registrado la manifestación periódica de este tipo de luces[23].

CONCLUSIÓN: HACIA UNA MICROESTRUCTURA DEL ÁREA DE FÁTIMA[24]

Las condiciones y factores de la región en cuestión que la predisponen para que sucedan fenómenos aparicionales pueden agruparse de la siguiente forma:

Factor histórico/mitológico. El culto en las cuevas y su asociación con los mitos matriarcales (p.ej. las Islas Canarias y la gruta de Malhadoiro).

Factor tectónico/sismológico. La abundancia de fallas geológicas y de otros accidentes geológicos y la potencialidad sismológica del área (p. ej., alineamiento sísmico de orientación SO-NE, de grado IX, y pasando por Fátima y Vila Nova de Ourém).

Factor hidro/geológico. La elevada conductividad eléctrica del suelo y la naturaleza específica de este fenómeno (p. ej., ríos subterráneos, la presencia de reputadas arcillas curativas, cuya importancia analizaremos, especialmente en relación con las "curas milagrosas").

Estos factores sugieren una fuerte propensión de la región de Fátima hacia ciertos tipos de fenómenos inusuales, los cuales se han manifestado de diferentes formas a través del tiempo, de acuerdo con las condiciones naturales que conformaban cada periodo.

---

[23] CLARK, Jerome, "Hessdalen Lights", ["Luces de Hessdalen] en "UFOs in the 1980's", en *The UFO Encyclopedia, vol. 1*, Detroit, Omnigraphics, 1996, pp. 131-134.

[24] FERNANDES, Joaquim, *Microestrutura do Fenómeno Ovni - um Caso Português [Microestructura del fenómeno OVNI – Un caso portugués]*, ponencia presentada en el Primer Congreso Ibérico de Ufología, Octubre 7-8, 1978, Oporto. Definimos la "microestructura" del fenómeno OVNI como un "grupo integrado de diversas manifestaciones físicas no identificadas, que representan una morfología coherente local y cultural que se reproduce durante un largo periodo de tiempo".

Capítulo Tres

Mensajeros de "otro lugar"

"No veo ninguna imposibilidad en la existencia de diferentes seres, que sean prodigiosamente superiores a nosotros, que puedan habitar otros cuerpos celestiales".

Voltaire

Los videntes de Fátima fueron tres niños: Lucía, de diez años, Jacinta, de siete años, y Francisco, que tenía nueve. Eran hijos de sencillos agricultores y los tres eran analfabetos en el momento de las apariciones. Solo Francisco iba al colegio, ya que no había escuela para niñas en el pueblo.

Lucía era hija de Maria Rosa y de Antonio dos Santos. De Maria Rosa se decía que era una mujer práctica, que al principio se mostraba escéptica en el tema de las apariciones. "Era una criatura ejemplar, llena de dignidad y de brío, como saben ser las mujeres de la sierra", dice Costa Brochado, añadiendo que era "una esposa compasiva y madre modelo, una diligente y dura trabajadora. Debido a las circunstancias, se vio obligada a gobernar su casa con una cierta autoridad matriarcal, que evitó el derrumbamiento de la pareja"[1].

António dos Santos es descrito como un "hombre aficionado al vino", aunque quizás esto es un poco exagerado. Quizás sea más preciso decir que la religión le era indiferente. Pensaba que las apariciones eran "historias de mujeres" y

---

[1]   BROCHADO, Costa, *As Aparições de Fátima [Las apariciones de Fátima]*, Lisboa, Portugália Editora, 1952, p. 14.

Figura 10. Maria Rosa, madre de Lucía (ilustración por Claro Fângio).

pasaba su tiempo libre en un colmado jugando a las cartas con poco dinero[2]. Según el administrador del Municipo local, decía que no creía a su hija porque ella era una "embustera"[3]. La verdad es, sin embargo, que el padre nunca se mostró violento con su familia, nunca echó a los miles de personas que visitaban sus tierras en Cova da Iria y nunca vendió su propiedad ni parte de ella. Murió en 1919 y, por ello, no jugó ningún papel en la saga de apariciones.

Si al padre de Lucía la religión le resultaba indiferente, no puede decirse lo mismo de Manuel Pedro Marto, el padre de Jacinta y Francisco. Su madre, Olímpia de Jesús (era hermana de António dos Santos y por ello los testigos eran primos), jugaría un insignificante papel en la propagación de los acontecimientos, pero Manuel Marto fue un agente muy activo y negó devotamente cualquier refutación de la autenticidad de las visiones. En su declaración ante el patriarcado de la

---

[2] *Memórias da Irmã Lucía, II [Memorias de la Hermana Lucía, II]*, Fátima, Vice-Postulação, 1996, p. 131.
[3] "Interrogatórios de Artur de Oliveira Santos" ["Interrogatorios de Artur de Oliveira Santos"], Doc. 53, en *Documentação Crítica de Fátima, I [Documentación crítica de Fátima, I]*, Santuario de Fátima, 1992, p. 375.

iglesia, el párroco explica que no pudo interrogar meticulosamente a los otros dos testigos, como había hecho con Lucía: "porque el padre era demasiado devoto (por no decir alucinado). La primera vez que le pedí que le dijera a su esposa que llevara los niños a mi casa, en vez de venir la madre o él con los hijos, viene él solo y me dice que sí los mandaría, pero que los creyera y que no abusara"[4].

Figura 11. Los padres de Jacinta y Francisco.

Lucía fue la protagonista real de las apariciones. Francisco no escuchó nada y Jacinta afirmaba cosas que no tenían sentido para el párroco. El día después de la tercera aparición, en julio (durante la cual, según Lucía, el segundo secreto fue revelado), el párroco registró en sus notas que Jacinta describió una Señora que vestía una falda blanca "dorada y hasta la rodilla: el dorado era en los cordones que la atravesaban y en los cordones de los picos; un abrigo blanco, todo dorado…

---

[4]   "Processo Paroquial de Fátima" ["Proceso parroquial de Fátima"], Doc. 31, in *Documentação Crítica de Fátima, 1*, op. cit., p. 271.

Cuando se marchaba, el cielo se abría, y los pies quedaban entallados y su cuerpo ya estaba oculto". El párroco simplemente ignoró su testimonio, pero el padre Lacerda, director de *O Mensageiro* [*El mensajero*], hizo una copia del mismo probablemente el 19 de octubre de 1917, aunque no se publicó hasta 1992[5].

Figura 12. Los tres testigos de Fátima.

Parece que Lucía se habría mostrado a la altura, pues hablaba con la "Pequeña Señora" de forma desenvuelta, haciendo preguntas concretas e inteligentes. Ella pidió curas y conversiones; le hizo preguntas sobre la administración del dinero que el pueblo donaba y le preguntó detalles sobre la violenta guerra que asolaba Europa. Solicitó favores, más para otros que para sí misma (sobre ella, solo preguntó si iría al Cielo) y pidió un milagro que todo el mundo creyera. La "Señora"

---

[5] "Interrogatórios do Pároco de Fátima" ["Los interrogatorios del párroco de Fátima"], Doc. 31, in *Documentação Crítica de Fátima, 1, op.* cit., p. 16.

le prometió que lo tendría cuando pasaran tres meses y, por supuesto, esto llegó a suceder cuando el "milagro" terminó siendo publicitado por los periodistas más importantes del momento, que eran escépticos y ateos.

La primera y principal cuestión es: ¿por qué estos niños podían verla y no le era posible a ninguno de los miles de testigos potenciales que estaban presentes en ese mismo momento y lugar?

El hecho es que ninguno de los tres "contactados" vio exactamente lo mismo. Lucía pudo ver la aparición y escucharla y hablar con ella, aparentemente, en portugués. Jacinta la vio y la escuchó, pero el interrogatorio revela que entendió muy poco de la conversación. Y Francisco, vio a la "Señora" hablar, pero sin mover "Sus labios".

Independientemente de los orígenes o la naturaleza del "contacto" o del ser que se apareció en Fátima, pensamos que estos testigos habían sido *preparados previamente* para tener esta "visionaria" experiencia con la "Señora" que descendió de los cielos. Naturalmente, esta preparación no podía documentarse de la misma forma que lo fueron las predicciones en la prensa. Pero en 1917, existen algunos testigos que hablaron de "pre-apariciones".

En sus *Memorias*, escritas veinte años después (y publicadas en 1942), Lucía sacó a la luz algunas manifestaciones de "ángeles", que posteriormente también serían venerados en Fátima, "ángeles" que nadie había mencionado antes, en 1917.

Parece ser que se registraron dos tipos de "pre-apariciones":

- Descripciones de las personas que vivían con Lucía en aquel momento.
- Descripciones tardías de la misma Lucía.

Las primeras pueden considerarse "pre-apariciones" históricas. En cuanto a las "visiones" de Lucía, no tenemos más elección que evaluarlas desde dos perspectivas:

- O como imaginaciones de la vidente.
- O como experiencias válidas, considerando que esas pre-apariciones de "ángeles" le anunciaban y la preparaban para su futura misión, que sería la de ver y hablar con una "Ouraniana", aunque el recuerdo de esas "pre-apariciones" se bloqueara de forma temporal.

Es importante recordar que Lucía escribió, con su propia mano, sus diálogos con la Señora del Cielo, en 1922. Y en ningún lugar menciona a los "ángeles".

En 1924, fue sometida a un interrogatorio oficial muy riguroso por parte de las autoridades eclesiásticas. Durante el mismo, también omitió cualquier referencia a los "ángeles". Al finalizar se le permitió leer su declaración para hacer las correcciones que deseara. Se le tomó juramento sobre las Sagrados Evangelios de que no había visto nada más "hasta hoy". O mintió (y los Sagrados Evangelios no significaban nada para ella), o en 1924 todavía no recordaba haber sido "preparada".

En este punto, llegamos a un callejón sin salida. Ni la historia ni otras disciplinas sociales humanísticas pueden explicar el fenómeno de los "ángeles". Solo lo puede explicar otra fenomenología. Pero los explica o intenta hacerlo, sin reconocer que sean "ángeles" del Cielo católico, sino mensajeros de "otro lugar".

LAS PRE-APARICIONES

Tenemos cuatro referencias a las "pre-apariciones". Se enumeran a continuación, en orden cronológico de publicación:

- El 15 de noviembre de 1917, en el periódico *O Mensageiro*.
- El 18 de noviembre de 1917, en el *Concelho de Mação* [*Periódico del Concejo de Mação*].
- En 1921, en el libro del padre Formigão, investigador eclesiástico.
- En 1923, en los interrogatorios oficiales, con el testimonio de la madre de Lucía, publicado en 1992.

Las declaraciones de Lucía al padre Lacerda. Vamos a comenzar con las declaraciones de Lucía al padre Jose Ferreira de Lacerda, director del periódico *O Mensageiro*.

¿Quién era el padre Lacerda? Según la obra *Documentación crítica de Fátima I. Interrogatorios a los testigos*, 1917, el padre Lacerda (1881-1971) "se ofreció como capellán voluntario de la Unidad de Expedicionarios portugueses durante la Primera Guerra Mundial, y partió hacia Francia el 2 de mayo de 1917"[6].

---

[6] Publicado por el Santuario de Fátima, esta obra presenta un análisis crítico con el patrocinio de la Facultad de Teología de la Universidad Católica Portuguesa. El obispo de Leiria, D. Alberto Cosme do Amaral, solicitó este estudio. Después, se constituyó una comisión científica, en la cual participaron profesores de varias universidades portuguesas y que coordinó el Dr. José Geraldes Freire de la Universidad de Coimbra. Esta obra, importantísima en el ámbito del análisis histórico, se convirtió también en importante para nuestro estudio.

El padre Lacerda interrumpió su periodo de servicio para volver a Portugal para resolver cuestiones relacionadas con "su parroquia de los Milagros en la diócesis de Leiria, pero con la intención de regresar al frente". Llegó el 25 de septiembre. No fue testigo de las apariciones pero como el periódico que fundó y dirigió era "órgano de la campaña para la restauración de la diócesis de Leiria" (cuyo primer número apareció el 7 de octubre de 1914), buscó a los testigos con el objetivo de interrogarlos[7].

El padre Lacerda fue a Aljustrel con una lista de preguntas seguidas de un espacio para las respuestas en una "pequeña agenda negra". El libro de notas se encontró en 1982, el mismo año que se publicó nuestro primer libro sobre estas apariciones marianas.

Ahora bien, esta agenda no contenía ninguna cuestión sobre las "pre-apariciones". Lucía ofreció la información sin que el clérigo le preguntara. La siguiente frase aparece en el cuaderno:

Pregunta: ¿Qué hicieron después de ver a la Señora?

Respuesta anotada: "Ellos vinieron aunque ella no se lo contó a nadie. *Ella había visto algo el otro año*, se lo contó a su madre y ella la regañó. La primera vez que ella vio algo fue en un lugar llamado Estrumeiras".

Lacerda anotó: "El año pasado ella vio a la misma Señora en un lugar llamado Estrumeiras y se lo dijo a su madre. La madre le gritó y la amenazó con golpearla. Por ello, esta vez no dijo nada".

Sobre esta información, los historiadores responsables de escribir el volumen titulado *Documentación crítica de Fátima* registraban:

Está anotado que Lucía la había visto "el otro año", algo que no llega a aclarar. Ahora sabemos que esa visión fue de "una figura envuelta" o del "Ángel de Portugal". El padre Lacerda, sin embargo, en su redacción literaria, al no tener la información completa, entendió de forma incorrecta que había visto a Nuestra Señora el año anterior...[8]

Pudiera parecer por las palabras "entendió de forma incorrecta" que los autores católicos también lo entendieron de forma equivocada. De hecho, Lucía no habla de una visión de Nuestra Señora. El padre Lacerda dedujo este hecho lógicamente, ya que el tema de la entrevista era la aparición de la Virgen de Fátima. Tampoco

---

7   *Documentação Crítica de Fátima, 1, op.* cit., pp. 329-330.
8   Ibid., p. 341.

Lucía afirmó nada en aquella ocasión sobre haber visto ángel alguno y, mucho menos, el pomposamente designado "Ángel de Portugal". Es más razonable deducir que ella había observado algo que no sabía cómo identificar.

El interrogatorio realizado por Joaquim Gregorio Tavares. De cualquier forma, esta "incorrecta interpretación" no fue tomada en cuenta por los autores de *Documentación crítica de Fátima* cuando publicaron las notas del interrogatorio realizado por Joaquim Gregório Tavares[9]. Supimos de este autor por su artículo del 18 de noviembre de 1917, publicado en el periódico *Concelho de Mação*, cuyo manuscrito original se legó al Santuario de Fátima en 1978.

En este manuscrito original, podemos leer:

> Defendían que *dieciocho meses antes*, mientras los tres paseaban con su rebaño de oveja en un lugar aislado a dos kilómetros de su casa, *se les apareció una Señora muy bella*, la cual no dijo nada, y que las ovejas permanecieron quietas en cuanto vieron a la Señora, y que después [las ovejas] se escondieron detrás de un poco de trigo apenas Ella desapareció…

Esta vez, se anota: "El autor se reporta a mayo de 1916. Posiblemente aluda a ciertos vagos informes que en aquel momento hubo sobre un "bulto blanco", aunque lo que dice es "una Señora muy bella".

¿Había Lucía realmente realizado estas afirmaciones o el entrevistador se equivocó? ¿La entenderían mal dos personas adultas y responsables?

De cualquier forma, encontramos que la observación de que las ovejas "permanecieron quietas" —o quizás estaban paralizadas— es de gran interés, especialmente la idea de "un bulto blanco" que tuvo el efecto de paralizar a las ovejas; un "ángel" que las mantuvo quietas durante las apariciones. Lo mismo que la preciosa "Señora" que ejercía el mismo efecto en los animales, vista un año antes de las apariciones oficiales. Todos esos efectos son muy similares a los consignados en los informes sobre "contactados" seglares modernos.

El ángel de la investigación de Formigão. El 27 de septiembre, el canónigo Formigão le preguntó a Lucía: "Se dice que la Señora se te apareció el año pasado. ¿Qué verdad hay en ello?".

---

9   Joaquim Gregório Marques vivió en Tornar en la época de las apariciones y trabajó en la oficina de correos de allí. *Documentação Crítica de Fátima-I*, op. cit., Doc. 57, pp. 401-406.

"No se me apareció el año pasado, ni nunca antes de mayo de este año; eso no puede decirlo nadie", contestó Lucía.

Por esta pregunta, podemos ver que el prelado había escuchado hablar de las "pre-apariciones". No quedó convencido de la respuesta de Lucía y por ello vuelve a insistir, el 19 de octubre:

"¿Qué fue lo que viste hace casi un año? Tu madre dice que tú y los otros niños visteis una figura envuelta en una sábana blanca que no dejaba ver su rostro. ¿Por qué me dijiste el mes pasado que no era nada?

Lucía permaneció callada.

"¿Esa vez huiste?".

"Supongo que huí".

El canónigo Formigão publicó solo este corto pasaje, pero dejó inédito otro interrogatorio realizado el 2 de noviembre sobre el mismo tema:

> Formigão: Has evitado decirme lo que viste el año pasado. Probablemente pienses que carece de relevancia o que no es importante para la investigación. Bueno, estás equivocada. Necesito saber qué viste y qué sucedió. ¿Es cierto que se te apareció esa figura envuelta en una sábana blanca?
>
> Lucía: Sí.
>
> Formigão: ¿Dónde?
>
> Lucía: Vi a esa figura en Cabeço, en Estrumeiras, y al pie de Cova da Iria.
>
> Formigão: ¿Cuántas veces la viste?
>
> Lucía: No recuerdo cuántas veces.
>
> Formigão: ¿La viste en el suelo o sobre un árbol?
>
> Lucía: La vi sobre una encina.
>
> Formigão: ¿Qué aspecto tenía?
>
> Lucía: Parecía una persona envuelta en una sábana.
>
> Formigão: ¿Te habló?
>
> Lucía: No dijo nada.
>
> Formigão: ¿Estabas sola o acompañada por alguien?
>
> Lucía: La primera vez, estaba con Teresa, la hija de José Matias de Casa Velha, y con Manuel, el hijo de Justino Pereira.
>
> Formigão: ¿Ellos lo vieron también?
>
> Lucía: Dijeron que sí.

Formigão: ¿Quién estaba presente la segunda vez?

Lucía: Manuel, el hijo de José das Neves, de Aljustrel, y Manuel, el hijo de Maria de Jesús, de Casa Velha.

Formigão: ¿Y la tercera vez?

Lucía: La tercera vez solo estaba yo y João Marto, que dijo que no lo vio.

Formigão: ¿Estaba la figura siempre en el mismo árbol?

Lucía: Apareció cada vez en un árbol diferente.

Formigão: ¿Cómo estaba vestida?

Lucía: Estaba vestida de blanco. *No pude ver sus brazos ni sus pies.*

Formigão: ¿Quién vio primero a la figura?

Lucía: Los otros la vieron primero y me lo dijeron.

Figura 13. João Marto, que acompañaba a Lucía, afirmaba que nunca vio nada (foto de Claro Fângio, 1978).

Formigão: ¿Cuánto tiempo se quedó?

Lucía: Muy poco.

Formigão: ¿Te dijo algo?

Lucía: No dijo nada.

Formigão: ¿Qué piensas que era aquella figura?

Lucía: No sé lo que era.

Formigão: ¿Era Nuestra Señora?

Lucía: No creo que fuera Nuestra Señora.

El canónigo Formigão concluye:

Viendo estas vagas afirmaciones que podían comprometer el admirable trabajo que ya se había llevado a cabo en relación a la Aparición de la Virgen Santísima, aconsejé a Lucía que mantuviera silencio sobre este asunto y yo no busqué más información sobre este particular[10].

De su transcripción se puede deducir que:

- Lucía vio una figura que no sabía cómo describir ni cómo identificar.
- No era ni Nuestra Señora ni un ángel.
- Sucedió en 1916.
- Apareció sobre un árbol.
- La vio junto a otros niños.
- Ni Jacinta ni Francisco estaban presentes.
- El canónigo Formigão le aconsejó que guardara silencio sobre esta "figura".

Los interrogatorios oficiales de 1923 a la madre de Lucía. En estos interrogatorios, se puede leer: "El año anterior a las apariciones, escuchó que su hija Lucía y otros habían visto a una persona envuelta en una sábana en otra localidad. No se prestó atención a estas palabras". Cuando escuchó hablar de la aparición de Nuestra Señora en mayo de 1917, "dio por sentado que nos estába-

---

[10] MARTINS, António Maria, *Novos Documentos de Fátima [Nuevos documentos de Fátima]*, Oporto, Livraria Apostolado da Imprensa, 1984, p. 355.

mos refiriendo a los acontecimientos sucedidos el año anterior y se sorprendió cuando le hablamos de cosas tan antiguas"[11].

Por tanto, podemos resumir las "pre-apariciones históricas" como:

- Dos visiones de Nuestra Señora y dos de "figuras" que parecían "estar envueltas en una sábana".
- Todas estas visiones sucedieron en 1916.
- No hay referencias, en absoluto, a "ángeles" de ningún tipo.

LAS PRE-APARICIONES SEGÚN LUCÍA

Las primeras anotaciones en la que se menciona la aparición de ángeles en las *Memorias* de Lucía están escritas el 7 y el 21 de noviembre de 1937. Galamba de Oliveira no lo publicó hasta 1942.

Estas nuevas apariciones, descritas veinte años después, crearon controversia incluso dentro de la comunidad de investigadores católicos. Entre aquellos que previamente habían aceptado las apariciones como genuinas manifestaciones de la Virgen, estas nuevas "revelaciones" se recibieron con un cierto grado de cautela. Sin embargo, la "infalibidad" de Lucía triunfó y, como resultado, finalmente se levantaron estatuas de este nuevo ser, nuevos lugares se declarados sagrados y las memorias de Lucía se promocionaron en todo el mundo.

La figura envuelta en una sábana. "Puedo calcular que fue más o menos en 1915 cuando vimos la aparición, de la cual yo pensé que era un ángel al que no le estaba permitido manifestarse por completo. Por los recuerdos que tengo del tiempo que hacía, debió ocurrir entre los meses de abril y octubre de 1915"[12].

En otra sección de sus *Memorias*, Lucía nos proporciona los siguientes detalles:

> Alrededor del mediodía, comimos un tentempié y después invité a mis amigos a rezar el Rosario conmigo, a lo que asintieron con alegría. *Acabábamos de empezar a rezar* cuando, delante de nuestros ojos, suspendida en el aire sobre un pequeño árbol, apareció una pequeña figura que parecía una estatua hecha de nieve. Cuando le alcanzaron los rayos del sol, pareció hacerse transparente.

---

[11] *Documentação Crítica de Fátima - I [Documentación crítica de Fátima - II]*, Doc. 4, Santuário de Fátima, 1999, p. 84.

[12] *Memórias e Cartas da Irmã Lucía [Memorias de la Hermana Lucía]*, "Quarta Memória", Oporto, 1973, p. 317.

"¿Qué es eso?", me preguntaron mis amigos un tanto asustados.

"¡No lo sé!", respondí.

Continuamos rezando, manteniendo nuestros ojos fijos en la figura la cual, *tan pronto como terminamos nuestras oraciones, desapareció.* Como era mi costumbre, no discutí esto con nadie, pero tan pronto como mis amigos llegaron a casa les contaron a sus familias lo que había sucedido. Las noticias se extendieron y un día mi madre me preguntó:

"Se rumorea que viste algo. ¿Qué viste?".

"No lo sé", y sin saber cómo explicarlo, añadí: *"Parecía una persona envuelta en una sábana".* Tratando de explicar que no pude distinguir sus rasgos, dije. "No parecía tener ojos ni manos".

Mi madre hizo un gesto de desprecio y dijo:

"¡Tonterías de chiquillos!".

Pasó el tiempo, volví con los chicos al mismo sitio y la misma aparición se repitió. Mis amigos se lo volvieron a contar a todo el mundo. Después volvió a suceder de nuevo. Esta fue la tercera vez que mi madre escuchó a la gente hablando de este asunto sin habérmelo oído mencionar a mí en casa.

Un día me llamó, ahora de forma agradable, y me preguntó:

"Vamos a ver. ¿Qué es eso que decís que veis allí fuera?".

"No lo sé, madre. No sé lo que es", respondí.

Mi conclusión es que esta aparición dejó una impresión en mí que yo no sabía cómo explicar. Lentamente, esta impresión fue desapareciendo y creo que si no fuera por los acontecimientos que sucedieron después, hubiera olvidado todo lo que pasó entonces[13].

Las apariciones del Ángel. Lucía hace referencia todavía a más "pre-apariciones" en 1916. Esta vez, señala que Francisco y Jacinto la acompañaban:

Un día precioso, fuimos con nuestro pequeño rebaño a una de las propiedades de mis padres. Allí, a media mañana, comenzó a caer una lluvia ligera, un poco más que rocío. Trepamos hasta la ladera, seguidos de nuestras ovejas, en busca de un

---

[13] *Memórias e Cartas da Irmã Lucía [Memorias de la Hermana Lucía]*, "Segunda Memória", op. cit., p. 111.

peñasco que nos pudiera servir de protección... Vemos entonces que desde encima del olivar se encamina hacia nosotros la misma figura de la que ya he hablado. Jacinta y Francisco no la habían visto antes y yo no les había contado nada sobre ella.

La misma "figura", que antes había referido Lucía, era el bulto envuelto en una sábana.

"A medida que se aproximaba, comenzamos a distinguir sus rasgos: un joven de catorce ó quince años de edad, más blanco que la nieve, que se hacía transparente como el cristal cuando le tocaban los rayos del sol y era increíblemente bello".

El "joven" se identificó como "el Ángel de la Paz" y "nos hizo repetir tres veces" algunas oraciones. "Sus palabras se grabaron en nuestras mentes, de tal forma que nunca las olvidamos. Pasamos mucho tiempo postrados, repitiendo esas palabras, hasta que caímos exhaustos de cansancio"[14].

En 1941, nos dice que había sido "durante la primavera de 1916 cuando el Ángel se apareció en nuestra zona, en Cabeço" y después añade:

> Después de merendar y de rezar, comenzamos a ver, a cierta distancia sobre los árboles, extendiéndose hacia el este, una luz más blanca que la nieve, con la forma de un joven transparente, más brillante que un cristal atravesado por los rayos del sol. A medida que se aproximaba, comenzamos a distinguir sus rasgos. Nos sentimos sorprendidos y de alguna forma superados por lo que estábamos viendo y no pronunciamos ni una palabra.

El Ángel "de rodillas sobre la tierra, curvó la frente hasta el suelo. Controlados por un impulso sobrenatural que nos llevaba a imitarle, repetimos las palabras que le oímos pronunciar: "¡Dios mío! Yo creo, te adoro, espero y te amo. Te pido perdón por aquellos que no creen en Ti, que no esperan y que no te aman". Después de repetir esto tres veces, se levantó y dijo: "Rezad de esta forma. Los corazones de Jesús y de María están escuchando vuestras voces suplicantes" y desapareció[15].

Ninguno de los testigos habló en casa sobre este incidente, lo cual es extraño, a menos que consideremos que hubo algún tipo de amnesia en este momento de su "preparación". Veinte años después, Lucía, la única testigo que permanecía

---

[14] Segunda Memória", en MARTINS, António Maria, *Documentos de Fátima, pp.* 112-118.

[15] Quarta Memória", in MARTINS, António Maria, *Documentos de Fátima*, op. cit., pp. 318-327.

con vida, sigue describiendo la escena, diciendo que el Ángel se les apareció una segunda vez a principios de verano, detrás del pozo que había cerca de su casa:

De repente, vimos al mismo Ángel a nuestro lado:

"¿Qué hacéis? ¡Rezad! ¡Rezad mucho! Los corazones de Jesús y María tienen sobre vosotros designios de misericordia. Debéis ofrecer constantemente al Altísimo oraciones y sacrificios".

"¿Cómo debemos sacrificarnos?", pregunté.

"Con todo lo que tengáis, ofreced un sacrificio como un acto de reparación por los pecados que le hayan ofendido y suplicad por la conversión de los pecadores. ¡Además, para haya paz en vuestro país! Yo soy un Ángel de Su Guardia. Debéis aceptar, resistir y someteros al sufrimiento que el Señor pondrá en vuestro camino.

Figura 14. El edificio de las Doroteias, en Pontevedra, es considerado hoy un "santuario". Fue donde, de acuerdo con Martin dos Reis, vivió Lucía entre 1925 y 1926 y entre 1934 y 1937. Aquí escribió sus dos primeras "memorias" presentando la apariciones de seres masculinos, como Jesús Niño y varios "ángeles" (foto: Frederica Claro de Armada, 2001).

Estas palabras del Ángel quedaron *grabadas en nuestra alma*, como una luz que nos hacía entender quién es Dios; cómo nos ama y cómo desea ser amado; el valor del sacrificio, que le es agradable, y cómo, por medio de él, podría convertir a los pecadores…

Ahora, vayamos hacia la tercera aparición del Ángel, que sucedió, según Lucía, a finales de septiembre o en octubre:

Se nos apareció por tercera vez, trayendo en su mano un cáliz y sobre él una hostia, de la cual caían, dentro del cáliz, algunas gotas de sangre. Dejando el cáliz y la hostia flotando en el aire, se postró en el suelo y repitió, por tres veces, la oración: "Santísima Trinidad, Padre, Hijo y Espíritu Santo, te adoro profundamente y te ofrezco el Preciosísimo Cuerpo, Sangre, Espíritu y Divinidad de Jesucristo, presente en todos los sagrarios de la Tierra, en reparación de los ultrajes, los sacrilegios y las indiferencias por las cuales Él es ofendido. Por las infinitas cualidades de Su Santísimo Corazón y el Inmaculado Corazón de María, te ruego la conversión de los pobres pecadores". Después, levantándose, tomó de nuevo el cáliz y la hostia en sus manos. *Me dio la hostia a mí y ofreció a beber del cáliz a Jacinta y Francisco* mientras decía: "Tomad y bebed el cuerpo y la sangre de Jesucristo, terriblemente ultrajado por la desagradecida humanidad. Reparad sus crímenes y consolad a Nuestro Dios". De nuevo, se postró en el suelo y nos repitió, tres veces más, la misma oración: "Santísima Trinidad, etcétera" y desapareció.

Análisis crítico de los "ángeles" de Lucía

Desde la perspectiva de la credibilidad histórica, los ángeles de Lucía despiertan muchas reservas:

- El vocabulario de su discurso sería ininteligible para los niños rurales portugueses de 1917.
- No hay otros testigos que corroboren estas visiones.
- No hay documentación histórica que apoye estas visiones, excepto aquella que se refiere a la "figura envuelta".
- Las oraciones que Lucía pone en boca del "Ángel" son similares a las que aparecen en los libros del padre Álvares de Moura, de Braga.

Véase:

Tabla 3

"Ángel" de Lucía, 1941	Padre Álvares de Moura, 1855[16]
"Santísima Trinidad... Te adoro profundamente..."	"Santísima Trinidad, yo te adoro profundamente..."
"Te ofrezco el Preciosísimo Cuerpo, Sangre, Espíritu y Divinidad de Jesucristo..."	"Te ofrezco los mejores propósitos, acompañados de las cualidades y de la sangre de Jesucristo..."

Y todavía más:

"Ángel" de Lucía, 1941	Padre Álvares de Moura, 1878[17]
"Santísima Trinidad... Te ofrezco el Preciosísimo Cuerpo, Sangre..."	Ofrecemos a la Santísima Trinidad las cualidades de Jesucristo, en agradecimiento por la preciosísima sangre..."

Una de dos: o el padre Álvares de Moura inspiró a Lucía o el padre de Moura inspiró al Ángel...

Otra fuente de inspiración para el lenguaje expiatorio del angélico ser fue Vigário do Olival:

> Nos enseñó la forma de agradar a Nuestro Señor en todo y la manera de ofrecerle innumerables pequeños sacrificios. "Si una comida te apetece, mis pequeños niños, dejadla y en su lugar comed algo diferente y ofreced a Dios este sacrificio; si deseáis jugar, no lo hagáis y ofreced a Dios este otro sacrificio; si os interrogan y no podéis excusaros... ofrecedle también ese sacrificio". Su Rev. no volvió a perder de vista mi alma y de vez en cuando se dignaba a pasar por allí o se servía de una piadosa viuda... Sin yo comprender nada de dirección espiritual, puedo decir que fue mi primer director.[18]

---

[16] MOURA, padre Joaquim José Álvares, *Horas de Devoção à Santíssima Virgem ou Exercícios em Louvor do Coração Imaculado da Mãe de Deus, para todos os Sábados do Ano* [*Horas de devoción de la Santísima Virgen, o ejercicios para rezar al Inmaculado Corazón de María, para todos los sábados de año*], Braga, Tipografia Lusitana, 1855, pp. 36 y 16.

[17] MOURA, padre Joaquim José Álvares, *Pequena Biblioteca Religiosa ou Instruções Teóricas e Práticas para Conhecer e Cumprir os Deveres que a Religião Impõe a Todo o Cristão* [*Pequeña biblioteca religiosa o Instrucciones teóricas y prácticas para conocer y cumplir los deberes que la religión impone a todo cristiano*], Oporto, Imprensa Commercial, 1878, p. 78.

[18] "Segunda Memória", 1937, en MARTINS, António Maria, *Documentos de Fátima*, op. cit., 1976, pp. 170-172.

Para un análisis histórico, sería necesario que los otros niños testigos presentes corroboraran su testimonio, dado que Lucía da nombres.

Sin embargo, nunca hablaron los otros niños de ninguna clase de ángel, ni siquiera al canónigo Formigão. Si vieron al Ángel de Portugal en 1916, Jacinta era incluso más joven en ese momento, tendría seis años de edad. Si le habló a su madre de la aparición de Nuestra Señora un año después, seguramente le hubiera hablado también sobre un ángel que hasta le ofreció algo de beber... Es extraño que Lucía, en 1935, en la primera parte de sus memorias, escribiera: "En cuanto a los hechos de 1917, excepto por los lazos familiares que nos unían, ningún otro afecto me hacía preferir la compañía de Jacinta y Francisco…".

¿Y ella "recordó" a los ángeles solo dos años después?

Hasta la visión de la figura envuelta —descartada inicialmente por su madre como "tonterías de chiquillos"—, Lucía afirma que no estaba sola, es más, habla de sus "compañeros" y nos menciona a Teresa Matias, a su hermana Maria Rosa Matias y a Maria Justino.

¿Es cierto que vieron algo? Si es así, ¿qué es lo que vieron?

Solo el padre João de Marchi se refiere a ellos, en estos términos: "Los afortunados acompañantes de Lucía eran tres niños de la misma edad, *que todavía recuerdan, aunque con cierta confusión,* aquello que ocurrió hace veinte años en la ladera de Cabeço"[19]. Sin embargo, no comparte con nosotros esos vagos recuerdos y a nosotros nos parece que el hecho de ver a un Ángel debería ser algo (por ejemplo, el Cuarto Testigo) que no se olvidara. Añade: "Una de las compañeras, cuando volvió a casa, le dijo a su madre lo que había visto sobre un árbol, una cosa blanca que parecía *una mujer sin cabeza*".

El angélico ser continúa volviéndose más y más extraño. ¡No tiene ni manos, ni ojos ni pies, y acaba por no tener cabeza! Además de carecer de cabeza, cambia de género y se convierte en un ser femenino. (Parece que la discusión bizantina sobre el sexo de los ángeles tenía sentido al fin y al cabo…).

El canónigo Martins dos Reis también fue a Fátima a investigar estos acontecimientos[20]. Allí, encontró a un pastor, Manuel Pereira Carvalho, que es el tal

---

[19] MARCHI, João de, *Era uma Senhora mais Brilhante que o Sol,* op. cit., 1966, p. 71.
[20] REIS, Sebastião Martins dos, *A Vidente de Fátima Dialoga e Responde pelas Aparições [La vidente de Fátima dialoga y responde sobre las apariciones],* Braga, Franciscana, 1970, pp. 64-65.

"Manuel, hijo de Maria de Jesús de Casa Velha", quien Lucía aseguraba que fue uno de los testigos de la segunda visión de la figura envuelta:

> Los niños habían estado jugando toda la tarde. Cuando fue hora de volver a casa, él ya había separado su pequeño rebaño, ya que tenía que ir en una dirección diferente. Todos escucharon un sonido inesperado y extraño pero él solo pudo verlos señalando y exclamando, con un tono entre temeroso y exultante: "¡Allí! ¡Allí! ¡Mira! ¡Allí! ¡Oh!". Pero Manuel Pereira Carvalho no vio absolutamente nada.

Figura 15. Manuel Pereira Carvalho y su esposa Carolina, hermana de Lucía (en hermana Maria de Belém, *Una familia de Fátima*).

Como se casó con la hermana de Lucía, Carolina, Manuel acabó convirtiéndose en el cuñado de Lucía. Él tenía una hija, Maria de Belém, una monja que escribió un libro titulado *Una familia de Fátima*. Según esa hija:

> Entrevistaron varias veces a mi padre sobre este asunto y ella lo citaba diciendo. "Poco antes de llegar a casa, de repente escuchó un extraño sonido. Vio a las niñas señalando y gritando, en parte alegres y en parte con miedo: "¡Mira! ¡Allí! ¡Allí! ¡Oh!". Como él no vio nada, les pregunté a ellas qué era. Ellas me dijeron que era una figura blanca, del tamaño de una persona, suspendida sobre un árbol"[21].

---

[21] BELÉM, Maria de, *Uma Familia de Fátima [Una familia de Fátima]*, Lisboa, Instituto Missionário Filhas de São Paulo, 1996, p. 42.

Sin embargo hubo otro autor que sí atrapó a los acompañantes de Lucía, Manuel Eládio Laxe. En su libro, *Las dos caras de Fátima*, el español dije que le escribió a Teresa de Jesus Matias[22]. Recibió una carta en respuesta de su marido (quizás ella no sabía escribir), la cual proporcionaba la siguiente versión de estas "pre-apariciones": "Mi esposa dice un día estaba arreando a sus ovejas en Estrumeiras con Lucía y otros pastores. Había allí una enorme encina, de la que parecían caer piedras. Llenos de miedo, los niños se fueron corriendo. Lucía les dijo a todos que rezaran el Rosario".

Manuel Eládio Laxe continúa:

> Como el relato es muy sucinto, le pregunté por más detalles y aclaraciones, a lo que respondió que además de Lucía y su esposa, "Maria Justino y cuatro o cinco pastores más estaban jugando en Estrumeiras" y que "las piedras cayeron a sus pies y nadie supo quién las tiraba y que tenían miedo y Lucía dijo: 'Vamos, el que tenga un rosario, que lo saque y vamos a rezarlo' y todos ellos se dirigieron hacia sus casas, incluida Lucía". En otro pasaje de la carta, explica: "Mi cuñada, Maria Roas, no estaba allí cuando mi esposa, porque cuando una iba la otra se quedaba".

El mismo autor nos cuenta que Maria Justino "emigró cuando era joven a Brasil, donde murió".

Hasta hoy, *no hay ni un solo testigo directo que haya corroborado la historia de Lucía sobre la primera "pre-aparición"*.

- Para Pereira Carvalho, fue un sonido extraño, pero no vio nada.
- Para Teresa Matias, fue una lluvia de piedras.
- Rosa Matias no estaba allí.
- Maria Justino murió sin ser entrevistada públicamente sobre la presunta visión.

¿Qué queda de esto?

Lo único que permanece son analogías que quedan fuera del rango de la verificación histórica. Desde una perspectiva parapsicológica y dentro del dominio de los OVNI, encontramos varios casos similares. Investigaciones recientes, lejanas al territorio de la religión popular, nos pueden ofrecer preciosas pistas, en términos comparativos, en la búsqueda de elementos recurrentes, más allá de las alegorías y las representaciones visuales que hay dentro de su discurso.

---

[22]   Lisboa, Editorial Império, 1987, p. 20.

Pensamos que es importante que la aparición se manifestara sin una forma definida cuando los testigos rezaban. Los efectos de la oración continúan siendo poco comprendidos, pero, hoy en día, se están abriendo nuevas perspectivas científicas en relación a la capacidad del cerebro humano de "materializar" campos mentales (como, por ejemplo, la hipótesis propuesta por el biólogo Rupert Sheldrake sobre que el cuerpo humano posee un campo morfogénico).

Entre otros clásicos fenómenos "psi", como los poltergeist, manifestados en su mayoría en chicas en su primera adolescencia, un fenómeno concreto de esta clase puede ser la raíz de estas "figuras" indeterminadas[23]. Con esto en mente, es interesante anotar que de acuerdo con los testimonios clásicos, muchas "Señoras" comienzan a brillar con fuerza y a definirse más claramente *en cuanto los testigos comienzan a rezar*. Esto es lo que ocurrió en Calvados, Francia, el 1896, y en Kerrytown, Irlanda, en 1939 y 1946 respectivamente[24].

En los seculares relatos de visiones de seres humanoides, también encontramos descripciones de seres sin cabeza.

- *Kent, Standing Park, Inglaterra, 16 de noviembre de 1963*

  Cuatro jóvenes caminaban por un campo cuando vieron una oscura silueta después del vuelo de un brillante objeto sobre el área local. Les pareció que el ser era completamente negro, del tamaño de un hombre, *pero sin cabeza*[25].

- *Aveyron, Alcorn, Francia, 25 de junio de 1975*

  M. Marie vio a un humano indefinido desde su patio. Era una figura delgada, de aproximadamente un metro y medio de altura, vestida con brillantes y coloridas ropas amarillas y rojas, que parecían llamas. Esta figura se movió a lo largo del muro, aparentemente sin tocar el suelo. *El testigo no pudo apreciar ni su cabeza ni sus extremidades*[26].

En cuanto a las fechas, Lucía confesó que no podía ser más precisa porque en aquel momento todavía no podía contar los años, ni los meses, ni siquiera los días

---

[23] BOURRE, Jean-Louis, *Les Enfants Extrasensoriels et leurs Pouvoirs [Las habilidades de los niños extrasensoriales]*, París, Tchou, 1978.

[24] TIZANÉ, E., *Les Apparitions de la Vierge, op.* cit., p. 161.

[25] BOWEN, Charles, *En quête des humanöides [En búsqueda de humanoides]*, París, J'Ai Lu, 1974, p. 20.

[26] BOURRET, Jean-Claude, *Le Nouveau Défi des Ovni [El nuevo desafío de los OVNI]*, France-Empire, 1976, p. 140.

de la semana. Ella no sabía, pero los adultos sí. Por tanto, podemos aceptar que "el año anterior", en otras palabras, la primavera de 1916, como el principio de la "Operación Fátima".

LO QUE LUCÍA PUDO HABER VISTO

El 11 de julio de 1978, en Ibiza, España, dos niños de 10 y 11 años observaron un ser que parecía llevar una túnica sobre su cabeza. Los niños describieron el ente como "un hombre alto". Estaba acompañado por otro ser diferente, cerca de un algarrobo. A una altura de menos de un metro del suelo, los testigos vieron un objeto luminoso y grisáceo, con forma de huevo.

Observando la imagen de la figura 16, se podría decir:

- "Parece una persona envuelta en una sábana".
- "Una mujer sin cabeza".
- Parece "Nuestra Señora".
- "No tenía ojos ni manos".

Figura 16. Un típico ser mariano, asociado con un objeto oval, visto cerca del suelo en Ibiza, España, el 11 de julio de 1978 (documentado por Vimana).

- "No pude ver sus brazos ni sus pies".
- "Un hombre alto".
- "Un ángel".

En Ibiza, los niños se refirieron a un objeto; pero en Fátima Lucía no lo hizo. No obstante, en todas estas apariciones indeterminadas parece que sucedió algo real.

Aunque con serias dudas sobre la "realidad" de los ángeles invocados por Lucía en 1916 debido a la ausencia de confirmación documentada de estas visiones, sigue siendo interesante destacar algunas de las reacciones físicas de las que informaron los testigos. Sean o no subjetivos, también se informa de estos efectos en otros relatos que describen la presencia de seres desconocidos.

LOS EFECTOS PRODUCIDOS POR EL ÁNGEL DE LUCÍA

Lucía fue bastante explícita al hablar sobre los efectos producidos por el ángel:

> Se levantó un fuerte viento que azotó a los árboles y nos hizo mirar para ver qué estaba pasando, ya que el día había sido muy tranquilo... A medida que él se acercaba, comenzamos a distinguir sus rasgos, que eran los de *un joven de 14 o 15 años de edad, más blanco que la nieve*, que se volvía transparente como el cristal al alcanzarle los rayos del sol, un ser de increíble belleza[27].

Lucía continúa su historia: "*Sus palabras se grabaron en nuestras mentes*, de forma que nunca las olvidáramos". Después de esto, los niños permanecieron "*postrados, repitiendo estas palabras, hasta que caímos exhaustos de cansancio*". Lucía se refiere a la sensación de extrañeza que el ser provocó en ella. "La atmósfera sobrenatural que nos envolvía era tan intensa que *casi no nos dimos cuenta del largo rato que permanecimos en la misma postura*, en la que nos dejó, repitiendo la misma oración una y otra vez". El día siguiente, los pastorcillos todavía se sentían como si estuvieran "*envueltos por el espíritu de esta atmósfera, que desapareció muy lentamente*".

Durante el abrasador verano de la montañosa región, el mensajero de cristal apareció por segunda vez ante los niños: "De repente, vimos al mismo ángel a nuestro lado", el cual se identificó como el "Ángel de Portugal", en otras palabras "Miguel, el protector de las naciones".

---

[27] *Memórias e Cartas da Irmã Lucía*, op. cit., p. 115.

Francisco se quejaba de que él no había escuchado al ángel y decía que solo le vio hablar con Lucía; por su lado, Jacinta se desahogaba: "No sé qué sentí. *No podía hablar, ni cantar, ni jugar; no tenía energía para hacer nada*". Francisco repetía esas sensaciones, mientras Lucía afirmaba, a propósito del tema: "*No sé lo que sentí cuando hablamos con el Ángel*".

Cuando los testigos se dirigían desde Pregueira hasta Lapa, el Ángel los interceptó por tercera vez. "Vimos sobre nosotros una luz desconocida", escribió Lucía. El Ángel traía en su mano un cáliz y sobre él una hostia, la cual, durante un tiempo, mantuvo *suspendida en el aire. Después le dio la hostia a Lucía y el contenido del cáliz a los otros dos*. Francisco estaba ligeramente confuso sobre la bebida y le preguntó a Lucía: "El Ángel te dio a ti la hostia, pero ¿qué nos dio a Jacinta y a mí?".

Después de esta aparición, "*permanecimos en la misma postura, diciendo las mismas palabras y cuando nos levantamos vimos que era de noche* y, por tanto, momento de regresar a casa". Debieron estar de esa forma durante horas y fue Francisco, aparentemente menos afectado por las circunstancias, el que se dio cuenta de que estaba cayendo la noche y el que pensó que lo mejor era llevar al rebaño de ovejas a casa.

Lucía confiesa: "La fuerza de Dios era tan intensa que *nos absorbió y casi nos aniquiló por completo. Parece como si nos hubiera privado de nuestros sentidos físicos durante un largo periodo de tiempo*". En sus tareas diarias se sentían como si estuvieran controlados telepáticamente por el ser que los impulsaba. "No sé por qué", continúa Lucía, "las apariciones de Nuestra Señora producían efectos muy diferentes en nosotros. El mismo recocijo interior, la misma paz y la misma alegría y en vez de esta depresión física, una cierta agilidad expansiva; en vez de esta aniquilación por la divina presencia, un placer exultante; en vez de esta dificultad para hablar, un cierto entusiasmo comunicativo".

La significativa comparación culmina con un comentario de Francisco: "Me gustó ver al Ángel; *pero lo peor vino después, ¡cuando me sentía incapaz de hacer nada! ¡Ni siquiera podía caminar!* No sé qué me sucedía"[28]. Este estado supino es idéntico a ese de innumerables místicos quienes, en sus celdas monásticas, accedían a un estado de "éxtasis", fuera de sus cuerpos y de este mundo. Estos estados son también extremadamente parecidos a las "parálisis" que se documentan en los fenómenos de "abducción alienígena".

---

[28] "Quarta Memória" en MARTINS, António Maria, *Documentos de Fátima, op.* cit., p. 255.

Si creemos que fueron ángeles que vinieron a la Tierra, quizás sería interesante conocer los ingredientes que contenían la hostia y el cáliz. Una hostia todos sabemos lo que es, pero un cáliz en la liturgia acostumbra a contener vino.

Observemos el siguiente diálogo:

"El Ángel te dio la hostia, pero ¿qué nos dio a Jacinta y a mí?"

"¡También era la Santa Comunión!", replicó Jacinta, llena de alegría. "¿No viste que era la Sangre, que cayó de la hostia?"[29].

La doctrina oficial, que acepta la veneración de los "ángeles" de Lucía, omite que:

- En el Catolicismo, está prohibido para cualquiera, incluso para un ángel, dar la Comunión a niños que no hayan sido preparados para recibirla, que no han aprendido la doctrina necesaria para este acto.

- ¿En qué consistía la "Comunión" dada a Jacinta y Francisco? ¿En sangre? ¿No sería vino? Improbable. Fuera lo que fuese no era ni sangre, ni vino, ni agua.

Por ello, la explicación de esta extraña "Comunión" sucedida en 1916 solo puede encontrarse:

- Fuera de la doctrina católica oficial.
- Fuera de la teoría histórica clásica.

Quizás la explicación solo pueda hallarse en una "tercera" realidad, una en la que la preparación de los testigos de Fátima comenzó al menos un año antes. Esto justificaría el que ellos hubieran visto "algo" que los otros miles de testigos presentes no pudieron ver. Además, ellos participaron en el "contacto" cada uno de forma diferente a los demás: Lucía con una sustancia sólida y los otros con algo líquido. Analizaremos después los aspectos pertinentes de esta selección.

LA GALERÍA DE LOS ÁNGELES

La palabra "ángel" deriva del griego *angelos*, que significa, en su primera y más importante acepción, "mensajero". El primer humano que puso un pie en la Luna fue un *angelos* de la Tierra. El astronauta Neil Armstrong dejó un mensaje en la superficie lunar que otros seres extra-planetarios quizás encuentren algún día, un símbolo que Arthur C. Clarke y Stanley Kubric representarían como un monolito negro en su novela: *2001, una odisea en el espacio.*

---

[29] "Quarta Memória" en MARTINS, António Maria, *Documentos de Fátima*, op. cit., p. 257.

A lo largo de los siglos, los ángeles han sido considerados un orden especial de criaturas, presumiblemente reales y palpables, y no relegados por completo al campo espiritual. La Iglesia católica, a través de las voces de San Juan de Damasco, San Gregorio de Niza y de otros, ha atribuido a los ángeles una forma material. La descripción del comportamiento de los ángeles bíblicos refleja con precisión esta condición.

Los *angelos* quizás correspondan a unos estados que son más complejos que aquellos que se refieren a la dicotomía de los conceptos de "materia" y "espíritu". Hoy en día, cuando conocemos cosas como la creciente taxonomía de las partículas subatómicas (ya se han descubierto más de 100), la palabra "campo" se usa con mayor frecuencia que la palabra "materia". La física cuántica está comenzando lentamente a habituarnos a una visión de la realidad no lineal, no material.

Como observó I. Radunskaia: "Por segunda vez en 50 años, la física teórica se encuentra en un cruce de caminos, afrontando la necesidad de enormes cambios…"[30]. Las teorías definidas por los "gnósticos de Princeton" (un movimiento que congregaba físicos, astrónomos y biólogos académicos de Pasadena y Monte Palomar) perfilaron una visión holística del Cosmos[31].

Invariables en un análisis comparativo. Sabiendo cómo le gustaba a Lucía "inspirarse", no estamos seguros de si, en su descripción de los efectos que experimientó, no se dejó influir por los libros bíblicos, como, por ejemplo, *El libro de Daniel*. De todas formas, pensamos que a lo largo de la historia, la "aparición de ángeles" ha provocado ciertos efectos secundarios en los humanos.

Quizás sea útil volver los ojos hacia la historia y comparar cuatro relatos de estos *angelos* o mensajeros, que han jugado un papel crucial en la génesis de las creencias de las religiones universales. En orden cronológico, analizaremos los presuntos ángeles que se les aparecieron a Daniel, a Mahoma, a Joseph Smith y a Lucía, para ver si conseguimos hacer una síntesis.

La visión del primero de ellos se describe en *El libro de Daniel*, capítulo 10. En las orillas del río Tigris, un hombre se le aparece a Daniel, vestido con ropas de lino y ciñendo su cintura con un cinturón de oro puro. Su rostro es tan brillante como un relámpago.

---

[30] RADUNSKAIA, I, *Dialéctica do Conhecimento na Física Moderna* [*Dialéctica del conocimiento en la física moderna*], Lisboa, Estampa, 1974, p. 133.
[31] RUYER, Raymond, *La Gnose de Princeton* [*Los gnósticos de Princeton*], París, Fayard, 1974, p. 430.

Descripción de los efectos. "Y ninguna fuerza permaneció en mí: el color desapareció de mi rostro y quedé sin fuerzas. Entonces escuché el sonido de sus palabras y caí al suelo con el rostro en la tierra.

En su relato, el historiador Ibn Khaldun cuenta que el ángel que inspiró a Mahoma apareció "en forma de hombre, manteniéndose en el aire sobre el horizonte". Este mensajero le dice al profeta que lea de un paño cubierto de palabras escritas.

Descripción de los efectos. " 'Me sentí atrapado y sin fuerza, postrado en el suelo; sentía a veces como un zumbido, a veces como el eco del martilleo dentro de una campana, lo cual me cansaba inmensamente...'. En el mismo momento, sintió una luz celestial que iluminaba su conciencia... Cuando despertó, parecía como si las palabras hubieran sido esculpidas en su corazón... 'Vi al ángel y estuve mareado durante mucho tiempo después'"[32].

Joseph Smith, fundador de la Iglesia mormona, recibió una visita del ángel Moroni en la noche del 21 de septiembre de 1823. El ángel se le apareció de repente en su dormitorio, "su rostro como un rayo de luz", suspendido en mitad del aire, rodeado de luz, y diciéndole que encontrara los archivos históricos de los antiguos pueblos del continente americano.

Decripción de los efectos. "La visión abrió mi mente y pude ver el lugar donde estaban depositados los manuscritos, y fue tan esclarecedor y diáfano que supe el lugar cuando lo visité".

Efectos después de una visión posterior. "Cuando recuperé la conciencia, me encontré echado de espaldas, mirando hacia el cielo... Me encontré tan exhausto que era completamente incapaz [de trabajar]... Intenté incorporarme con la intención de ir a casa; pero... mis fuerzas me abandonaron, caí incapaz al suelo y durante un tiempo perdí la conciencia de todo"[33].

Revisando las descripciones de los seres angélicos que aparecieron en Fátima, saltan a la vista las siguientes coincidencias entre los cuatro casos:

- Profundos efectos hipnóticos consecuencia del uso de palabras repetitivas o de imágenes que son inculcadas directamente en la mente de los contactados.

---

[32] DIAS, Eduardo, *Árabes e Muçulmanos [Árabes y musulmanes]*, vol. I, Lisboa, Clássica Editora, 1940, p. 10; MAMEDE, Suleiman Valy, *Maomé e o Islamismo [Mahoma y el Islam]*, Braga, Pax, 1967, p. 20; MUHAMAD, *Introdução ao Alcorão [Introducción al Corán]*, traducido por Bento de Castro, Lourenço Marques, 1964.

[33] *O Livro dos Mórmons [El libro del Mormón]*, 6ª ed., São Paulo, Centro Editorial Brasileiro, 1975, pp. 7 et seq.

- Parálisis y depresión física, con periodos de desvanecimiento, fatiga, dificultad para hablar y contracciones musculares.

- Disminución o estrechamiento del campo de la conciencia, que en hipnosis se obtiene por medio de palabras u otro estímulo sensorial rítmico[34].

El comportamiento de los seres "celestiales"

A la luz de la acumulación de descripciones de seres de aspecto extraño que encontramos en la literatura de los "contactados" en las décadas anteriores, algunos especialistas han intentado clasificar los comportamientos de estos seres y su influencia en los ocasionales observadores humanos.

El trabajo del investigador brasileño, Jader U. Pereira, cataloga sistemáticamente 230 visiones de "seres extraños" en todo el mundo[35].

Por ejemplo, el estudio registra 29 casos de parálisis en los testigos. En otros 22 casos, las personas sienten que sus cuerpos han sido secuestrados, que algo les obliga a ejecutar movimientos o a tomar actitudes que no estaban en completo acuerdo con su voluntad. El término "parálisis" se refiere al hecho de que los testigos permanecieran en su lugar, incapacitados para moverse o actuar.

En 20 casos, los seres portaban un "arma" e hicieron uso de la misma en 12 de esos casos. En 18 casos, no se veía ningún tipo de "arma" pero los testigos sentían el efecto de algún tipo de emisión. En tres casos, luces luminosas, que emitían luces multicolores, condujeron a los testigos a la pérdida de su fuerza.

En resumen, en estos 20 casos se describen los siguientes efectos:

Tabla 4

Efectos	Número de casos
Síntomas de parálisis	14
Pérdida de fuerza	6
Caídas	4
Desvanecimientos	3
Rigidez en el pecho	3
Pérdida de peso	2
Muerte	1

[34] *Enciclopédia Luso-Brasileira de Cultura, vol. X, op.* cit., p. 222.
[35] PEREIRA, Jader U., "Les extraterrestres" ["Los extraterrestres"], *Phénomènes Spatiaux [Fenómenos espaciales]* revista, edición especial n°. 2, París, GEPAN, 1974.

Casi todos estos efectos se sintieron de forma inmediata. Los efectos de más larga duración normalmente fueron los que resultaron de la emisión de rayos de luz que producían una intensa somnolencia. Respecto a los detalles físicos de los seres, en 123 casos se dijo que su altura estaba entre unos 70 centímetros y 1 metro sesenta (1,60 cm).

Se informó de un efecto paranormal sobre los testigos en 11 de estos casos. Esta influencia se presentaba de dos formas: primero, con una cierta telepatía, o, alternativamente, como una forma de manipulación mental en la cual el testigo es forzado a moverse y a adoptar puntos de vista en contra de su voluntad. Estos efectos podían estar acompañados por una alteración en la percepción del entorno del sujeto. Por otra parte, en 40 casos, los seres de otros mundos conversaban con los testigos en sus propias lenguas.

La Sociedad Brasileña de Estudios sobre Platillos Volantes (SBEDV) hizo un análisis del comportamiento de 40 humanoides observados en Brasil. Sus descubrimientos son interesantes para nosotros en relación con el relato de los "seres celestiales" de Fátima[36].

- En 6 casos, los aliens flotaban en el aire.
- En 3 casos, esto se logró con el uso de rayos de luz; en dos de estos casos, los rayos tenían forma de hélice; en un caso, el rayo era recto.
- En 3 casos, los aliens desaparecieron justo delante de los observadores.
- En 10 casos, se informó de una parálisis temporal de los testigos debido a rayos o campos de energía.
- En un caso, después del contacto, se informó de debilidad muscular.

LAS APARICIONES DE FÁTIMA Y LOS AVISTAMIENTOS EN FRANCIA

Para concluir, señalamos una interesante correlación, establecida por un sacerdote de la sede de Évora, entre los aspectos aparentemente tecnológicos de los fenómenos contemporáneos "no identificados" y la aparición del "Ángel" en Fátima.

El 8 de diciembre de 1915, "en la gran zona entre Lisieux y el Alto Marne", se observaron extraños fenómenos aéreos[37]. El periódico *La Croix e Le Pelerin* [*La*

---

[36] Special bulletin from SBEDV, Rio de Janeiro, 1975.

cruz y el peregrino] publicó los reportajes el 13 de enero de 1916. Los fenómenos se observaron entre las 11:00 y la 1:00 de la tarde.

El cielo estaba "azul, sin una sola nube a la vista", cuando un espléndido y extraño arco pudo ser observado y contemplado en el cielo... El arco era circular y completamente visible como una forma redonda". En Chàlere, se observó "medio círculo, puntiagudo en los extremos".

Parece ser un típico informe sobre un fenómeno no identificado y aparentemente anómalo. Esta es la opinión, aunque desde una perspectiva religiosa, de Sebastião Martins dos Reis, prelado de la sede de Évora, licenciado en Teología en la Universidad Gregoriana y en las Santas Escrituras en el Instituto Pontificio Público de Roma.

"Es obvio que no se puede sacar ninguna conclusión de este fenómeno solar. Desafortunadamente, carecemos de una descripción objetiva y detallada del acontecimiento", escribió Martins dos Reis. "De todas formas, si tomamos la fecha, 8 de diciembre de 1915, quizás no sea completamente arbitrario considerar la hipótesis de que este suceso se pueda relacionar con la primera aparición del Ángel en Fátima".

Además de considerar lo que sucedió aquel día en Francia como "un fenómeno solar", afirma en sus palabras, con las que estamos de acuerdo, que para él, el Ángel de Fátima estaba relacionado con el "arco de forma circular y forma redonda cuando era completamente visible". Estamos seguros de que los fenómenos de "encuentros" en la era moderna, y los fenómenos relacionados del "contacto con extraterrestres" y la "abducción" tienen el mismo origen que los seres de Fátima. En el fondo, es la misma opinión expresada desde la perspectiva de dos épocas.

Encontramos apoyo a esta conclusión en las palabras de Martins Reis, el cual defiende su hipótesis como sigue:

> Como es sabido, estas apariciones [las de la figura envuelta, a la que él llama Ángel], sucedieron tres veces en 1915, se repitieron otras tres veces en 1916, con la diferencia de que en 1915 los seres no estaban definidos y Jacinta y Francisco no los vieron, mientras que los de 1916 eran claros y brillantes y los tres testigos pudieron verlos.
>
> Una relación positiva, aunque sea remota y escondida, entre este fenómeno y las primeras apariciones del Ángel sería, ciertamente, difícil de probar; sin embargo,

---

[37] REIS, Sebastião Martins, *Na órbita de Fátima [En la órbita de Fátima]*, Évora, D. Manuel M. C. Santos Study Center, 1958, p. 87.

tampoco hay ningún argumento que pueda desechar por completo esta posibilidad. Los lazos entre los dos grupos de acontecimientos *se basan en el hecho doblemente cierto de estos fenómenos solares relacionados con Fátima,* por lo que deberían verificarse los que tuvieron lugar en 1915, cuando sucedieron las primeras apariciones del Ángel. Podemos decir que la coincidencia en las fechas, como mínimo, invita a reflexionar y apoya esta idea.

Sus pensamientos sugieren que, hoy en día, los tres niños podrían muy bien haberse clasificado como "contactados".

APARICIONES DEL ÁNGEL Y ACTIVIDAD SÍSMICA

Los ángeles de Lucía merecían otra investigación. Este estudio fue llevado a cabo por un ingeniero, A. Varela Cid, y se presentó antes del Congreso Mariológico celebrado en 1951[38].

Este trabajo analiza los acontecimientos telúricos que sucedieron en 1916, durante el tiempo en el que el ser llamado "ángel" se aproximó a los pastorcillos en Cova de Iria. Siguiendo la magnífica línea trazada por el autor (con motivos, evidentemente, diferentes a los nuestros), se confirma que en las fuentes que él cita de sus *Memorias,* Lucía indica las fechas aproximadas de las tres apariciones "angélicas", así como las condiciones meteorológicas correspondientes de aquellos días.

Está claro que Lucía no podía recordar los momentos exactos de los hechos de 1916. Ella escribió: "No puedo ser más precisa en las fechas, porque en aquel momento yo todavía no podía contar los años, ni los meses ni siquiera los días de la semana. Me parece que la primera vez que se apareció el ángel debía ser la primavera de 1916"[39]. Ella menciona, sin embargo, una "ligera lluvia" que cayó alrededor de mediodía y también otras circunstancias.

Varela Cid siguió estas pistas e identificó los días en los cuales las circunstancias mencionadas por Lucía fueron registradas en el boletín que editaba el Observatorio Meteorológico de Coimbra. Fue capaz de identificar el 8 de mayo siguiendo la premisa de que "no se habían dando circunstancias similares ni antes ni después"[39]. Una vez descubierto este dato, continuó utilizando los mismos métodos

---

[38]   *A Mensagem de Fátima e a Paz [El mensaje de Fátima y la paz],* conferencia pronunciada en el Congreso Internacional sobre el mensaje de Fátima y la paz; programas, hipótesis, conferências, Lisboa, 7-10 de Outubro, 1951.

[39]   "Quarta Memória", en MARTINS, António Maria, *Documentos de Fátima,* op.cit., p. 319.

analíticos para encontrar las fechas en las que se registraron unas circunstancias similares a las descritas en la segunda y la tercera aparición. Con algo menos de confianza, conjetura que las fechas posibles son el 9 de julio y el 29 de septiembre.

Con estas fechas en la mano, surgen nuevas correlaciones: el 9 de julio es el día del año en el que el ritual bracarense celebra el Ángel Guardián de Portugal. Respecto a las otras fechas, podemos señalar lo siguiente:

- En el boletín publicado por el Observatorio Meteorológico de Coimbra[40], las grabaciones de los faros de Cabo da Roca, Montedor y Nazaré, e incluso reportajes periodísticos publicados, describen que el mar estaba tan revuelto como para impedir el tráfico marítimo en el puerto de Lisboa y en otros, ya que las maniobras de atraque podían resultar peligrosas.

- En mismo boletín, registra el 8 de mayo actividad sísmica que incluía las oscilaciones de onda larga de las que caracterizan los terremotos de tipo-L, como se recoge en el péndulo horizontal de Milne. En esta fecha, hubo un terremoto entre las 6:44:20 y las 18:49:35 de la tarde, que duró 5 minutos y 15 segundos. El 29 de septiembre se registró otro terremoto, uno que comenzó a las 19 horas y 7 minutos y terminó una hora después, a las 20:07.

Según estos datos y desde su fe católica, Valera Cid concluye que el Ángel fue San Miguel, porque la antífona del Primer Nocturno de la Santa Liturgia del 29 de septiembre canta: "El mar fue sacudido y la tierra tembló cuando el Arcángel San Miguel descendió de los cielos". Por tanto, afirma Valera Cid, como el mar estaba tempestuoso y hubo terremotos, fue seguramente San Miguel (el Arcángel Patrono de Portugal) el que se le apareció a los pastorcillos y, probablemente, en las fechas indicadas.

En cuanto al 9 de julio, Varela Cid afirma que debido a que no había las mismas circunstancias meteorológicas y sísmicas: "los tres pastorcillos no le vieron descender de los cielos, como en la primera y tercera aparición. Lo vieron de repente a su lado, como si hubiera permanecido con ellos en un estado invisible y después se hubiera atrevido a mostrarse".

---

[40] *Observações Meteorológicas, Magnéticas e Sísmicas [Observaciones meteorológicas, magnéticas y sísmicas]*, vol. LV, Observatório Meteorológico de Coimbra, Coimbra, Imprensa da Universidade de Coimbra, 1916.

Para resumir, de acuerdo con Varela Cid, ingeniero y devoto asistente a congresos católicos, el Ángel usó dos procesos diferentes para aparecerse. Sin embargo, cuando *descendía de los cielos*, causaba terremotos.

Por tanto, la Iglesia católica y ciertos investigadores de la fenomenología anómala de la zona relacionan, en algunos casos, la actividad sísmica con el descenso de los cielos de seres no terrestres...

Capítulo Cuatro

El testimonio de la cuarta vidente.
El pequeño humanoide telepático

"Eh, Conceiçao, ¿no sientes una voz dentro de ti...? Yo escucho una voz que me dice que vaya allí y rece tres avemarías".

Cuarta vidente

En el libro, *Mensagem de Fátima*, del doctor Luciano Guerra, que es el actual rector del Santuario de Fátima, podemos leer:

> 1917: La aparición de un Ángel (según la explicación dada por Nuestra Señora en la cuarta aparición) a una tal Carolina, de 12 años, y a una pequeña niña de Espite[1].

Ahora, Lucía nunca se referirá a este diálogo con la Ouraniana. En 1947, el futuro obispo de Viseu, José Pedro da Silva, quizás extrañado por este inexplicable silencio, preguntó expresamente a la vidente:

> Una señora llamada Maria da Capelinha dice, en su testimonio oficial, el cual ratifica hasta hoy, que su hija, Carolina, vio un ángel deambulando por Cova da Iria, el cual le pedía que rezase tres avemarías... y que, después, Maria da Capelinha te pidió que le preguntaras a Nuestra Señora qué era "aquello"; y que tú preguntaste a Nuestra Señora, en los Valinhos, obteniendo la respuesta de que era un ángel... ¿Qué hay de cierto en todo esto?

"No lo sé. No recuerdo nada"[2].

---

[1] Direcção-Geral da LUCF - Liga Universitária Católica Feminina, Fátima, p. 5.

[2] REIS, Sebastião Martins dos, *A Vidente de Fátima Dialoga e Responde pelas Aparições [La vidente de Fátima dialoga y responde por las apariciones]*, op. cit., p. 61.

Es extraña esta respuesta de la vidente. ¿No recordaba nada? ¿Y sí se acordaba de esos discursos largos y secretos llenos de palabras que ella desconocía en aquella época? ¿O fue este elemento —al que el futuro obispo se refiere de forma intencionada como "aquello"— eliminado del cerebro de Lucía?

Figura 17. Carolina Carreira (foto proporcionada por ella misma).

El testimonio oficial, al que se refiere José Pedro da Silva, se encuentra dentro del documento conocido como *El interrogatorio oficial de 1923*. Fue escrito por el Vizconde de Montelo y consiste en lo siguiente, reproducido íntegramente del original:

En los Valinhos, Lucía le preguntó a Nuestra Señora, a petición del deponente, si se le había aparecido a alguien más en Cova da Iria. Nuestra Señora contestó que no había sido ella sino un Ángel, la figura que habían visto Carolina, la hija más pequeña del deponente, de doce años de edad, y la pequeña de siete años de

110

Espite, el 28 de julio, junto a la encina, de pequeña estatura, de cabello rubio, de gran belleza; figura que después Carolina vio encima de la encina[3].

Al final, la documentación oficial de Fátima nos cuenta que, además de Nuestra Señora, otros seres visitaron Cova da Iria, y que hubo más videntes además de los tres conocidos por todos. Por esta razón, llamamos a Carolina Carreira *la cuarta vidente de Fátima*.

Esta cuarta vidente tuvo una larga vida, prácticamente olvidada y en un completo anonimato[4]. Nos dijo que no recordaba a nadie, ni siquiera a un sacerdote, que la hubiera interrogado antes que nosotros. Solo habló sobre su vida hogareña con su madre y hermanos. Si el canónigo Formigão no hubiera convocado a su madre para tomarle declaración, sus observaciones se hubieran perdido por completo.

Aunque el anonimato también tiene sus ventajas. Si se hubiera hecho famosa por su relación con Fátima, hubiera vivido acosada por la veneración de los devotos y también es muy posible que hubiera sido enviada a un convento. En vez de eso, Carolina se casó (su marido todavía vivía cuando la entrevistamos); no tuvo hijos propios, pero tenía hermanas y sobrinos que la trataban con cariño. Su vida fue normal, sin necesidad de realizar sacrificios extremos. Por ejemplo, no tuvimos necesidad de solicitar autorización del obispo de la diócesis ni de Roma para hablar con ella.

Naturalmente, grabamos todo su testimonio, el cual tomamos en la mañana de sábado llena de sol del 22 de julio de 1978. Aquí está, por tanto, lo que nos contó la cuarta vidente de Fátima:

> Estaba lejos. Estaba cuidando el ganado de mi patrón. Él le había pedido permiso a mi madre para que me dejara ir a su casa hasta que encontrara a una criada para cuidar a su rebaño. Mi madre me dejó ir allí, esperando que el patrón, el dueño del ganado, encontrara una criada. De esta forma, ¡encontró una criada de la zona de Coimbra! La joven vino a su casa para que yo le enseñara la hacienda, los vallados, etc. Un día, estábamos sentadas vigilando al ganado (eran ovejas), que estaban

---

[3] Folio, 18 v., en el original, citado por ARMADA, Fina d', *Fátima -O Que Se Passou em 1917 [Fátima – Lo que ocurrió en 1917]*, Amadora, Bertrand, p. 358.

[4] Murió el 19 de mayo de 1979, casi 10 meses después de concedernos la entrevista. En ese momento ya estaba paralítica, pero lúcida. Si tenía 12 años en 1917, entonces falleció con 74 años.

"perezosos" debido al calor. Un carro de mulas que se dirigía hacia el norte pasó delante de nosotras. Ese día había una feria en los pueblos del norte, de Santa Catarina para arriba. Como el ganado estaba tan apacible, le dije a la niña:

'Oye, Conceição, vamos a subir hasta la carretera (porque el ganado estaba abajo, en una cueva) para ver cómo va el carro desde Cova da Iria hasta arriba'.

Así que subimos hasta la carretera y observamos al carro subir. Después yo dije: 'Conceição, vamos a volver, a ver si le va a pasar algo malo al ganado, que el patrón tiene muy mal genio'.

Figura 18. Carolina Carreira en su quintal. (Foto cedida por la testigo).

Vinimos hasta aquí arriba y miramos hacia la encina. Y la encina estaba (un suponer) como de aquella pared hasta aquí. Hacía como una esquina. Había un pequeño muro que mi madre (que Dios tenga en su gloria) había hecho para cercar la

112

encina. Cuando miramos abajo, vimos andando a un niño pequeño, de no más de 10 u 11 años. El niño estaba paseando dentro del pequeño cercado que mi madre había hecho para proteger la encina. Era un niño de 8, 9 o 10 años que vestía de blanco. Entonces me pareció escuchar dentro de mí: 'Ve allí y reza tres avemarías; 've allí y reza tres avemarías', unas cuantas veces. Le dije esto a la niña:

'Oye, Conceição, ¿no escuchas una voz dentro de ti? Yo siento como una voz que me dice que vaya allí y rece tres avemarías. ¿No sientes nada dentro de ti?'.

'Yo no. Yo no siento nada'.

'Bueno, tenemos que irnos; si no lo hacemos, le puede ocurrir algo al ganado y tendremos problemas con el patrón'. (Era muy buen hombre pero tenía muy mal genio. Si algo malo le ocurría a su ganado, ¡tendríamos que oírle!). Después regresamos junto a las ovejas. Cuando llegamos, todavía estaban adormecidas y dije:

'Conceição, el ganado sigue tranquilo, vamos a subir de nuevo y comprobemos si vemos lo mismo y si siento que escucho la misma frase. Vamos'.

Nos vimos de nuevo, en el mismo sitio que antes, pero ahora había una imagen sobre la encina.

'¿Una imagen?', preguntamos. 'Entonces, ¿no era el mismo ser que viste antes?'.

'No sé si era la misma cosa. Supongo que tenía que ser lo mismo, porque Nuestra Señora le dijo a Lucía que no había sido ella quien se había aparecido allí, ¡dijo que había sido un Ángel…! Estaba sobre una pequeña encina, una imagen…'.

'¿La misma encina donde Nuestra Señora acostumbraba a aparecerse?', quisimos saber.

'Sí, en la misma. Entonces tuve aquella sensación. 'Ve allí y reza tres avemarías; ve allí y reza tres avemarías'. Me giré para preguntarle a la niña: 'Conceição, ¿no sientes eso? ¿No sientes una voz dentro de ti?'.

'Yo no'.

Yo dije así: Mira, hace poco me parecía que me decían "ve allí y reza tres avemarías". Y ahora parece que oigo dentro de mí: "Ven aquí y reza tres avemarías". Pero yo, siempre con el mismo azoramiento, teniendo miedo de que le pasara algo malo al ganado, pronto...

—Entonces, nunca llegaste a ir y a rezar las tres avemarías…

—No, a no ser que fuera más tarde. Ahora no estoy segura de si recé o no. Todo lo que sé es que volví junto al rebaño con la niña.

113

—Este Ángel, ¿cómo tenía el pelo?

—Rubio.

—¿Cómo de largo?

—En la distancia, parecía que le llegara hasta el cuello.

—¿Tenía el aspecto de los ángeles?

—Parecía un niño de por aquí con un traje blanco y con el pelo rubio.

—¿Llevaba algo atado alrededor de la cintura?

—No, pero estábamos a cierta distancia, en lo más alto de la carretera.

—¿Recuerdas algún detalle sobre sus pies, como si iba calzado…?

—No lo sé. El niño estaba detrás del muro, así que no pude ver si estaba descalzo o llevaba zapatos.

—¿Tenía aspecto de hombre o de mujer? ¿De niña o de niño?

—Parecía un niño…

—¿Pero un niño o una niña?

—¡Bueno! —dijo comenzando a reírse—. Realmente no tuve tiempo de fijarme…

—¿Era luminoso?

—No, paseaba de un lado hacia otro.

—¿Caminaba de forma normal, como cualquier otro niño?

—Sí, como cualquier otro niño. Caminaba de lado a otro dentro de las piedras… de forma que de las piedras hacia abajo no se le veía el traje; las piedras lo tapaban.

[Le enseñamos una postal ilustrada en color de la estatua del Ángel de Valinhos y le preguntamos si su Ángel tenía un aspecto similar].

—No podría decirlo. El pelo parecía más largo pero… quizás se pareciera… Supongo que se parecía.

— ¿Y cuando viste una señora sobre la encina…?

—Sobre la encina vi aquella imagen…

—¿Y el vestido, de qué color era?

—El vestido era casi igual que el de una imagen que tenemos en nuestra iglesia de Fátima, un manto púrpura y una corona sobre su cabeza, como la que tenemos de Nuestra Señora de los Dolores, en nuestra iglesia de Fátima. Era comparable.

—¿Dónde viste eso?

—Sobre la pequeña encina.

—Y el vestido, ¿cómo era?

—Como he dicho, como el de Nuestra Señora de los Dolores, desde arriba hasta abajo, a lo largo.

—¿Hasta los pies?

—Eso no lo sé. No se veía bien y no podíamos ver los pies, estábamos a cierta distancia, bajo la carretera pavimentada.

—¿Viste algo en su cabeza?

—Bueno, Nuestra Señora de los Dolores tenía una corona en su cabeza. —Entonces, le preguntó a su hermana, que estaba allí—: ¿No tiene Nuestra Señora de los Dolores, en la iglesia de Fátima, un manto azul oscuro y una corona en su cabeza?

—La hermana contestó—: Sí, pero se han realizado muchas obras en la iglesia últimamente.

—¿Y la imagen que viste tenía esa corona? —le preguntamos—. ¿No recuerdas la forma?

—No la recuerdo. ¡Hace tantos años!

Figura 19. Casa de Carolina Carreira, en Fátima, lugar en el que nos concedería la entrevista, en 1978. (Foto Claro Fângio).

115

—¿Y no recuerdas cómo era esa coronita?

—No emitía ninguna luz. Era una coronita redonda.

[Insistimos en nuestro intento de que definiera la forma de la corona, pidiéndole que la dibujara, pero Carolina fue incapaz de proporcionarnos ningún otro detalle].

—¿Viste su pelo?

—Tenía un manto sobre su cabeza que parecía oscuro. No sé si llevaba un vestido, solo vi el manto, pero podría ser. Es mejor que no digáis que vi a Nuestra Señora de los Dolores. ¡Nuestra Señora dijo que lo que vi fue un ángel…! Esa noche fui a dormir a casa de mi madre. Llegué a casa y dije: 'Hola madre, vi esto y aquello en Cova da Iria. No sé qué era; parecía un niño de 9 o 10 años. Ella contestó: ¡Eres una lianta, solo sabes mentir! Tú esto, tú lo otro, prosiguió. Oh, madre, no miento, lo vi. Yo lo vi y Conceição también.

—¿Está Conceição todavía viva? —interrumpimos—. ¿Cuál era su apellido?

—Oh, no lo sé. Era de muy lejos, del norte, de Espite. Aún así me fui a la casa de mi madre y ella todavía permaneció en la casa del patrón. Nunca la volví a ver. No conozco ningún otro nombre más que el de Conceição. Después, por la noche, mi madre le dijo a mi hermano mayor, que moriría más tarde por la epidemia de neumonía: 'Escucha, Carolina, tu hermana pequeña, está diciendo que vio a un niño de 9 o 10 años en Cova da Iria, en el pequeño muro que cierra la encina. No sé si está mintiendo o no'. Mi hermano comenzó a meterse conmigo: 'Bobita, estás tonta, ¿qué viste allí?'. Yo dije: 'Yo vi, vi…', y me levanté y les conté lo que vi. Después, mi madre dijo, 'De acuerdo, déjalo, le pediré a Lucía que pregunte a Nuestra Señora el 13 del mes que viene si ella vino aquí hoy…'.

—…Día 28 de julio. Está escrito que viste a ese ángel el 28 de julio —interrumpimos.

—Pudo ser, supongo. Solo recuerdo que fue el día de la feria del norte. Después, mi madre le contó la historia a Lucía y más tarde Lucía le dio a mi madre la respuesta de Nuestra Señora: que la aparición no era ella, sino un ángel.

—¿Ni siquiera la segunda vez te acercaste un poco más, cuando la imagen te pareció Nuestra Señora de los Dolores?

—No, no me acerqué.

—¿Sentiste algo extraño aquel día?

—No, solo estaba preocupada por las ovejas.

—¿Te sentiste cansada?

—Nada. Solo me pareció escuchar que la voz del ángel me decía: 'Ven aquí y reza tres avemarías; ven aquí y reza tres avemarías'. Eso fue lo único extraño que sentí.

—¿Recuerdas sobre qué hora del día sucedió la aparición?

—Debía ser sobre las 9 o las 10 de la mañana.

Figura 20. Reconstrucción del pequeño ser observada por "la cuarta vidente", Carolina Carreira, el 28 de julio de 1917, en el mismo lugar que el resto de las apariciones.

UN IGNORADO "ENCUENTRO INMEDIATO DE TERCER GRADO"

Fueron precisos sesenta y un años para dar con la pista y confirmar la existencia de este testimonio vivo, primordial para fortalecer nuestra tesis: la presencia en Fátima de seres antropomórficos, descritos en los relatos actuales de "encuentros"

117

y experiencias con objetos voladores no identificados. Este testimonio, quizás olvidado a propósito por las autoridades, se convierte en una fuente de indicios que nos ayudan a distinguir, con progresiva nitidez, el verdadero ambiente vivido durante aquel tiempo, aislándolo de la esfera religiosa hacia la que fue fatalmente conducido.

De ahí que, por su naturaleza, la experiencia de Carolina con la pequeña niña de Espite tendría que permanecer en el más rancio anonimato de una simple deposición, lejos de todo y de todos, neutralizado por su "incongruencia". Felizmente, conseguimos ir más allá de esta discreta pista y obtener un testimonio oral de la "cuarta vidente", testimonio que viene a confirmar un conjunto universal de observaciones de este tipo sobre entes de pequeña estatura. Y lo más importante es que nos trae una confirmación anticipada —tampoco aquí podría haberse inventado algo tan "insólito"— de una de las constantes de la "Operación Fátima": la manipulación mental experimentada por la testigo principal el día 28 de julio de 1917.

Este tipo de manipulación o de control remoto es un elemento constante en las actuales y numerosas observaciones catalogadas en los "encuentros" con seres no identificados.

Biotipología del ser observado

El "niño" que Carolina y su acompañante vieron paseando cerca de la encina, soporte central de las apariciones mensuales de los días 13, no es extraño en los anales de la ufología actual, aunque sí lo fue en su tiempo para los sacerdotes encargados de registrar tan importante testimonio. La función básica de este "niño", de pelo largo hasta los hombros, vestido de blanco y que aparentaba 10 años de edad, parecía ser la de controlar el comportamiento de los testigos, en este caso, la joven Carolina...

"Me parecía que escuchaba dentro de mí: 'Ve allí y reza tres avemarías...'". Esta insistente frase pretendía guiar los pasos de la testigo hasta una pequeña encina. ¿Para qué? "Una voz dentro de mí", era una sensación absurda, repetidamente sentida y subrayada por nuestra entrevistada.

Este informe sobre una "orden interior" no es nada nuevo. Se trata, de hecho, de una auténtica manipulación mental, como se entiende en el estudio del transcurso de los encuentros con seres relacionados con ovnis. De ahí la riqueza de esta inédita experiencia descrita... y casi perdida.

En el citado catálogo del investigador Jader Pereira, recogido con el propósito de catalogar el comportamiento de los seres extraterrestres, se mencionan seis casos de telepatía y siete de manipulación mental sobre los testigos humanos[5]. Estos últimos se verifican a lo largo de varias décadas, desde Teherán, en Irán, el 13 de octubre de 1954, pasando por Indian Head, en los Estados Unidos, el 19 de septiembre de 1961, hasta San Lorenzo, en Argentina, el 30 de junio de 1968. Pero muchos más casos de "presión mental" han sido estudiados y publicados por aquel investigador, aunque recurriendo a otros medios[6].

Tampoco la designación de "ángel" se ha usado exclusivamente dentro del contexto religioso de Fátima. Curiosamente, en otro típico caso de comunicación mental que sucedió en Garganta la Olla, en España, en la provincia de Cáceres, en 1934, una anciana utilizó exactamente la misma expresión para definir a un ser de pequeña estatura vestido con un traje brillante. La mujer se encontraba trabajando en el campo cuando, además de ver cómo el mencionado ser se acercaba a un despeñadero que había cerca, de repente escuchó una voz en su cabeza que le decía que se fuera a casa, que su nieta había nacido. Cuando se quiso acercar al ser, este comenzó a correr y desapareció. Cuando hubo llegado a casa, la mujer confirmó que estaba en lo cierto. Entonces le puso el nombre de "ángel" a la recién nacida, creyendo que la noticia de su nacimiento había sido enviada por un mensajero de Dios[7].

Los actos de Carolina, como hemos visto, pueden contener la prueba "de que la testigo fue teledirigida en movimientos y actitudes que estaban en contra de su voluntad"[8]. Por ejemplo, ¿qué era "la voz dentro" de la mente de Carolina sino una traducción de esa manipulación extrasensorial? La orden que le dio el "niño rubio" de Fátima entraba en conflicto directamente con su voluntad. ¿Cuáles eran los verdaderos designios de este pequeño ser?

Los "niños rubios" de Magonia

Antes y después de 1917, pequeños seres dotados de poderes sobrenaturales aparecen en la memoria de la gente, que, a cada paso, los registran en la mitología

---

[5] PEREIRA, Jader U., "Les Extraterrestres" ["Los extraterrestres"], nº 2 especial de la revista *Phénomènes Spatiaux*, op. cit., p. 37.

[6] Idem, pp. 45-5 1.

[7] OLMOS, Vicente-Juan Ballester, *Ovnis: El fenómeno aterrizaje*, Barcelona, Plaza & Janes, 1978, p. 291.

[8] PEREIRA, Jader U., op. cit., p. 37.

popular, en el folclore, donde lo racional es derrotado y se transforma en un mensaje cifrado.

De ahí que resulte obligado hacer una comparación entre los seres de pequeña estatura que convergen en las leyendas urbanas del folclore contemporáneo, con detalles más o menos tecnológicos, y las criaturas de lo que Jacques Vallée llama "Magonia", un universo tan intangible como todos los universos posibles, que puede ser la fuente de las manifestaciones de lo "inexplicable". Volviendo a Vallée, este divide a estos pequeños seres en dos categorías: las criaturas negroides que se identifican con los gnomos medievales y las criaturas que se corresponden con los silfos y elfos de la Edad Media y que se encuentran en los "cuentos de hadas" del folclore de todo el mundo[9].

Pero este biotipo, rubio y telépata, nos hace recordar también a otro ser mitológico de la alta Edad Media: Oberon. Era una criatura parecida, cantada por Alfred de Vigny: "Era bello como el sol de verano", y telepático, porque lee los pensamientos, se teletransporta de forma automática y no envejece. También del Lutino, ser de pequeña estatura, se dice en las leyendas que tenía "una abundante cabellera rubia"[10].

La arqueología refuerza esta evidencia en ruinas de América del Sur, más propiamente en Cuzco, Perú, en un área preferencial para la observación de fenómenos celestes. En la misma zona, el 20 de agosto de 1965, fueron observados seres pequeños saliendo de un objeto discoidal. Por su parte, el gobernador de la ciudad de Santa Bárbara, en el mismo país, declaró solemnemente haber visto a dos pequeños seres caminando sobre la nieve en septiembre de 1965. Desaparecieron en medio de un ruido ensordecedor[11].

El biotipo de "niño rubio", sea el gnomo del folclore o el astronauta de las leyendas actuales, ha aparecido durante siglos. Fátima tampoco es novedosa en ese sentido, y ni siquiera tenemos que salir de nuestro rectángulo continental. Basta escuchar lo que dicen las gentes de la aldea de Malcata, en el concejo de Sabugal. Allí, en vez de ser "niños rubios" son "moritos" encantados que saltan en las márgenes del río Côa. Criaturas de pequeña estatura que, según las expresiones

---

[9] VALLÉE, Jacques, *Chroniques des Apparitions Extraterrestres [Crónica de las apariciones extraterretres]*, París, J'Ai Lu, 1969.

[10] BASTIDE, Jean, *La Mémoire des Ovni [Memorias OVNI]*, París, Mercure de France, 1978, p. 205.

[11] KEEL, John, *Strange Creatures from Time and Space [Extrañas criaturas del tiempo y el espacio]*, Nueva York, Sphere Books Ltd., 1976, pp. 154-169.

locales, eran "un encanto" y su presencia era considerada como un anuncio de la riqueza del subsuelo[12].

En esta breve descripción de diversos casos, que quizás sea más anecdótica que real, permanece constantemente la unión entre Oberon, los "moritos" de Malcata y los "niños rubios" de Fátima. Seres de otra naturaleza, quizás, pero concretos en su diversidad. No humanos, ¿para-humanos? No sabemos. Pero quizás estos seres estén más cercanos a nosotros de lo que creemos. Así, el "niño" de Carolina (o el "ángel" en la mencionada versión de la Señora) no puede, por eso, dejar de representar la convicción universal sobre la existencia de seres no identificados y de su presencia en las tierras de Fátima.

Clasificación de los seres celestiales observados en Fátima

La morfología de los alienígenas, en relación a su respectiva altura, también ha sido objeto de estudios estadísticos. Puede resultar curioso extraer algunos datos citados por el investigador español Vicente-Juan Ballester Olmos y que reprodujo Henry Durrant[13]. Sobre 15 casos, en los que se indica la altura de los humanoides observados en la Península Ibérica, Ballester Olmos refiere que diez de ellos, o sea, 2/3, informan de seres con una estatura inferior a lo normal, considerándose esta ser 1,50 metros.

El físico nuclear James McCampbell, autor de uno de los compendios científicos más completos sobre ovnis[14], analizó a su vez los datos biométricos de 217 casos de alienígenas del catálogo "Magonia" de Jacques Vallée, verificando que, en 119 casos, los seres observados se definen, cuantitativa y cualitativamente, como "enanos". Además, la estatura de la mayor parte de los pequeños seres se calcula entre 70 centímetros y 1,30 metros, en el límite de la normalidad para los humanos.

Recordamos también aquí un análisis realizado por Gordon Creighton, especialista británico, sobre la ola de aterrizajes OVNI en América del Sur en 1960. En 51 casos se mencionan "hombres pequeños" y en 12, entidades de unos 90

---

[12] FERNANDES, Joaquim, *Microestrutura do Fenómeno Ovni- um Caso Portugués*, op. cit.

[13] OLMOS, V. J. Ballester, "Dados Biométricos extraídos de dezanove casos de passageiros de Ovnis" ["Datos biométricos de 19 casos de testigos de pasajeros OVNI"], en DURRANT, Henry, *Primeiras Investigações sobre os Humanóides Extraterrestres [Primeras investigaciones sobre los humanoides extraterrestres]*, Lisboa, António Ramos, 1978, pp. 181 et seq.

[14] McCAMPBELL, Jarnes, *Ufology [Ufología]*, Belmont, Jaymac Company, 1973, pp. 102 et seq.

centímetros[15]. Ballester Olmos, comparando los casos compendiados por Jader Pereira y los del catálogo de Jacques Vallée, establece el siguiente cuadro[16]:

Tabla 5

Investigador	Muestra	Intervalo	Porcentaje
Jader Pereira	230 casos	hasta 1,60 m	63
Jacques Vallée	217 casos	hasta 1,60 m	55

Una vez definidas las especiales características de un cierto número de entidades, presentes en la fenomenología de las "apariciones" y contempladas en varios grupos de seres detectados en los avistamientos modernos de objetos tecnológicos, pasaremos a sistematizar los atributos del llamado "ángel" de Lucía y del "ángel" de la cuarta vidente.

Tabla 6

"Ángel" de Lucía	"Ángel de la cuarta vidente"
Joven, 14 años	Joven, 10 años
1,30/1,40 m de altura[17]	1,10/1,20 m de altura
traje entero y luminoso	traje entero y blanco
tez blanca	tez blanca
cabello por los hombros	cabello rubio por los hombros
transparente, de contornos "perfectamente definidos"[18]	cuerpo bien definido
evanescente, en un caso	
movimiento aéreo	movimiento terrestre

[15] BOWEN, Charles, *En quête des humanöides, op.* cit., pp. 101 et seq.

[16] OLMOS, Vicente-Juan Ballester, *Ovnis: el fenómeno aterrizaje, op.* cit., p. 291.

[17] Obviamente, en 1916, la altura de los niños que se comparaban con el «ángel» no se aproximaba a los de los jóvenes actuales de la misma edad. En las últimas décadas, debido a la alimentación en la primera infancia y a otros factores colaterales hemos asistido a un hiperdesarrollo de las estaturas de los adolescentes.

[18] "Interrogatorio de D. José Pedro da Silva", citado por REIS, Sebastiáo Martins dos, *A Vidente de Fátima Dialoga..., op.* cit., p. 56

Las correlaciones obtenidas entre estos ejemplos cruzados permitirán a los interesados verificar la validez de estas sugerencias. Para ello, bastará una consulta más exhaustiva de la bibliografía especializada, en la cual se reproduce una auténtica etnografía de los *seres luminosos, sin cabeza, evanescentes, paralizantes, angélicos, translúcidos,* etc., en el contexto de los modernos fenómenos profanos…

Capítulo Cinco

Comunicación. Universos al habla

¿La voz del Ángel tenía el timbre de una voz humana?
No, pero se entendía como si lo fuese.

Lucía al futuro obispo de Viseu

Entreabrimos ahora otra área de cuestiones, no menos importante, donde intentamos confrontar algunas de las constantes que caracterizan lo "ya sabido" —o mejor, "ya visto"— de las experiencias y "encuentros" con entidades celestiales de nuestra cultura contemporánea. Si, en 1917, se produjo en Fátima una comunicación/información efectiva, dividida entre dos seres ontológicamente diferentes, ¿cómo se podría haber procesado a su "traducción" humana, posible e inteligible; qué tipo de comunicación tendría que haber ocurrido en 1917, qué signos y símbolos traducirían, en una semiótica no identificada, en un diálogo entre dos eventuales psiquismos —aceptando esta hipótesis— inmersos en dos naturalezas o universos distintos?

EL SÍNDROME DEL "CONTACTADO"

Lucía testificó durante un riguroso interrogatorio que "la voz del Ángel de 1916 no tenía timbre humano, pero se entendía como si lo fuese", y, en relación con Nuestra Señora, ella la oía hablar mientras al mismo tiempo "una luz interior le hacía comprender el sentido de las palabras"[1].

---

[1] "Interrogatorio de D. José Pedro da Silva", citado por REIS, Sebastião Martins dos, *A Vidente de Fátima Dialoga e Responde pelas Aparições*, op. cit., pp. 55 et seq.

"Luz interior", pero no solo eso. También otra luz, menos figurada y más evidente, tendrá aquí su lugar, como veremos. Por ahora, sabemos que la relación "verbal/comunicativa" se asegura por canales paranormales próximos a la iluminación mística o a la posesión. El fenómeno del "contacto" en nuestros días es extremadamente complejo y haremos una síntesis con detalle del mismo más adelante. Nos centraremos, por ahora, en sus implicaciones en términos de efectos colaterales, psicofísicos.

"Los milagros bien investigados", adelanta John Keel, "han demostrado que la mente humana puede ser expuesta a alucinaciones inducidas y que esa información puede insertarse en la mente mediante algún mecanismo desconocido". Keel piensa que las manifestaciones exteriores son apenas un subproducto de este mecanismo, y defiende que los investigadores se han equivocado al aislar estas "manifestaciones" en categorías separadas. Defiende que los diferentes puntos de vista deberían estudiarse en el marco de un esbozo de *pantología* para entender la esencia de esta comunicación[2].

El "contactado" (ya sea por un ente humanoide o místico-religioso) no desarrolla sus actitudes de inmediato, como se supone, en el momento de la revelación. "Los síntomas del 'contactado', en general, comienzan a insinuarse en la infancia, aunque no establezca contacto hasta muchos años después"[3]. Podemos resumir como sigue las características de este estado especial, en el que se da la comunicación entre dos universos cognitivos que parecen, también, ocupar niveles de realidad tan diversos:

- Trance, inmovilidad o akinesia.
- Debilidad muscular general después del primer contacto.
- Proceso de comunicación por "iluminación mística" (vía contemplativa, transformativa o "metanóica").
- Precocidad o disposición del receptor o "contactado" que se manifiesta, muchas veces, a edades tempranas.

En el conjunto de la *comunicación* entre los videntes y las entidades "celestes" de Fátima —entendida no solo como una recepción del discurso sino más bien como la permanencia, el contacto físico próximo—, tenemos buenos motivos

---

[2] KEEL, John, *UFOs: Operation Trojan Horse [OVNI: Operación Caballo de Troya]*, Londres, Abacus, 1973, pp. 27 et seq.

[3] Idem, op. cit., pp. 302 and 269 et seq.

para sugerir la existencia de un "mecanismo" inductor de imágenes e ideas en el cerebro de los pequeños videntes, con toda una gama de efectos secundarios propios de la *manipulación mental*, que ya hemos mencionado antes, y que en el lenguaje médico se designa como *sofrología o inducción sofrológica*.

Si consultamos la documentación de Fátima, una de las testigos afirma: "Las personas que estaban junto a los niños contaban lo que les oían decir, la *transfiguración* de Lucía, en fin, era un intercambio de preguntas y respuestas". Otro testigo añade que, en el momento que hablaba con la aparición: "el rostro de la niña se embellecía, *se ruborizaba y sus labios se hacían más delgados*"[4].

Además, parece que en el momento de la comunicación, Lucía no solo se "transfiguraba", sino que tampoco recordaba, cuando era interrogada más tarde, las actitudes y posturas que ponía en ese tiempo. De esta forma, Maria Rosa Pereira, que había estado cerca de dos de los videntes, declaró al Vizconde de Montelo que Lucía: "inclinándose después hacia su madre, pero sin girarse para dirigirse a la audiencia congregada, dijo en voz alta: 'Dice Nuestra Señora que miréis al cielo, ya que desea manifestarse en los astros'"[5].

Interrogada por el mismo Vizconde de Montelo, el 19 de octubre, mantiene el siguiente diálogo con él:

—¿Ordenaste al pueblo que mirase al Sol el día 13 de este mes?

—*No recuerdo haberlo hecho.*

Sin embargo, el mismo día, los otros videntes declararon:

—¿Escuchaste a Lucía avisar al pueblo para que mirase al Sol?

—Sí la oí. Gritó a la gente que mirasen hacia el Sol (Francisco).

—Sí —declaró también Jacinta—. Les dijo en voz alta que mirasen al Sol.

Conclusión: Lucía *no recuerda* ese hecho ocurrido poco tiempo antes. Por tanto, este episodio sugiere *amnesia*.

La vidente mayor permanecía también como "fuera del mundo":

—¿Escuchas las conversaciones, los rumores, los gritos del pueblo durante el tiempo en que ves a la Señora?

—No, no los oigo.

—¿Oíste algún rumor, un trueno o un temblor de la tierra?

—Nunca los oí[6].

---

[4] Angélica Maria Pitta de Morais, revista *Stella*, Octubre 1961.

[5] Cf. *Arquivos Formigão [Archivos Formigão]*, testimonio de Maria Rosa Pereira, tomado el 13 de noviembre de 1917.

[6] Interrogatorios del Vizconde de Montelo, transcritos por REIS, Sebastião Martins dos, *A Vidente de Fátima Dialoga e Responde pelas Aparições*, op. cit., p. 89 et seq.

En el *Documento clave del Proceso Canónico*, de 1930, se concluye que "Lucía, algunas veces, durante el tiempo de la aparición, parecía ajena a todo lo que le rodeaba, sin tener conciencia de lo que se decía o hacía a su alrededor, encontrándose como fuera de sí"[7].

Por tanto, Lucía parece *no escuchar nada a su alrededor*. Pero no puede ser atribuido, pensamos, a ninguna deficiencia fisiológica. Disponiendo de estos nuevos datos, tracemos una síntesis general de los efectos psicofisiológicos sufridos por los testigos siempre que manifestaban la "presencia" próxima de las entidades contactantes en Fátima:

Tabla 7

Fisiológico	Psicológico	Efecto	Origen
Perturbaciones oculares	*	Simultáneo	Señora
Dolor muscular, fatiga general	*	Después	Ángel de 1916
Trance, rasgos faciales alterados, parálisis	*	Simultáneo	Ángel de 1916 y Señora
*	Hipnosis, inducción mental	Simultáneamente y después	Ángel de 1916 y ángel de la cuarta vidente, Carolina
*	Pérdida del sentido del espacio/tiempo	Durante y después	Ángel de 1916
*	Fascinación, apatía	Simultáneamente	Señora
*	Amnesia	Después	Señora
*	"Sordera"	Simultáneamente	Señora

El cuadro anterior representa, pues, una muestra significativa de la importancia de la fenomenología de Fátima y, más concretamente, de los efectos psicofisiológicos sentidos por los jóvenes testigos, dentro del conjunto de efectos sofrológicos enunciados más arriba y descritos por la ciencia médica. Sin embargo, es necesario subrayar que la distribución de los efectos en las categorías

---

[7]   ARMADA, Fina d', *Fátima - O Que Se Passou em 1917*, op. cit., p. 338.

"psicológica" y "fisiológica" no es rígida ni obedece a una lectura definitiva; efectos como la apatía, la "parálisis", entumecimiento, pueden definir más una respuesta psicosomática, que cualquiera de las dos en particular.

Una vez hecha esta salvedad, pasemos a los modelos explicativos para los efectos secundarios observados. Un análisis presentado por el grupo "Detector" de Ouranos, envuelve seis grupos o hipótesis de trabajo que podrían constituir las fuentes de las perturbaciones sentidas por los testigos en encuentros extraordinarios fuera de la realidad común:

- Radiaciones electromagnéticas.
- Seres humanoides.
- Infrasonidos y ultrasonidos.
- Ionización atmosférica.
- Factor de miedo y angustia.
- Inducción sofrológica o sofrónica[8].

En un breve esbozo, que los más interesados pueden ampliar en la bibliografía especializada, diremos que, partiendo del conocimiento de los efectos de las *radiaciones luminosas* sobre la fisiología humana, las perturbaciones oculares, los dolores musculares, la fatiga generalizada, el sueño y el entumecimiento podrían deberse a la acción de la luz blanca (los videntes estaban envueltos por el "canal luminoso" portador de la "Señora"), a la luz verde, a los ultravioletas y a la azul. Los informes de la fenomenología ovni nos dicen que los efectos registrados en estos casos corresponden a causas similares. La existencia de estos rayos luminosos se asocia muchas veces a la manifestación de *seres humanoides* y al factor de miedo/angustia que el "contacto" desencadena en el testigo.

Si supusiéramos que el "canal" luminoso de la Ouraniana entra en la categoría de "luz coherente", bien conocida y representada en la casuística aérea no identificada, puede ser que se haya verificado una *ionización atmosférica* en el "entorno" local. También este detalle justificaría el sueño, la apatía, el entumecimiento, como reacciones conocidas de la aéreo-ionización del ambiente.

---

[8]   Grupo Detector de CBRU Ouranos, "Les effets psychologiques provoqués par les Ovni" ["Los efectos psicológicos causados por los ovnis"], *Ouranos*, nº. 15, nueva serie, 4º trimestre de 1975, pp. 10-14. Cf. también FIGUEIREDO, José, *Manual dos Efeitos Psicofisiológicos provocados pelo fenómeno Ovni [Manual de efectos psicofisiológicos causados por el fenómeno OVNI]*, Oporto, CEAFI, 1979.

Otra propuesta elaborada con referencias conocidas es la del físico norteamericano James McCampbell. Este autor procede a un análisis de los efectos secundarios sufridos por los testigos de los "encuentros en el 2° y 3er grado", que él ha relacionado con la exposición a campos de microondas. Esta hipótesis continúa siendo estudiada por varios físicos, a los que nos referimos en trabajos anteriores[9]. De este modo, los síntomas de inmovilización ("parálisis), de flaqueza generalizada (astenia), de pérdida de consciencia, de perturbaciones oculares, de "sordera", de amnesia, adquieren un nuevo sentido cuando los vemos como indicadores de la exposición a la radiación electromagnética (entre los 300 y los 3.000 Mhz de frecuencia), que también podría ser la causa del resto de los efectos asociados con los fenómenos de fuerte luminancia[10].

LA INDUCCIÓN SOFRÓNICA Y LOS EFECTOS EXPERIMENTADOS POR LOS VIDENTES

Ya dijimos que no es fácil separar los efectos fisiológicos de los psicológicos y psicosomáticos. Sucede lo mismo con el carácter voluntario o premeditado del fenómeno, humanoide moderno y laico, que estará en el origen de síntomas idénticos. La cuestión es determinar: ¿se trata de una acción inherente, involuntaria, de los propios fenómenos, o es una (re)acción voluntaria e inducida en los testigos?

La *sofrología*, ciencia creada a partir de 1960 por el profesor Caycedo, de Barcelona, tiene el objeto de estudiar las modificaciones de los estados de conciencia con fines clínicos, científicos y filosóficos. La hipnosis solo es uno de los métodos que utiliza la sofrología.

Consideremos los factores clásicos de la sofrología clínica: miedo, fijación y fascinación, variación de los colores, modulación sonora, ionización del aire, sensación de extrañeza, relación entre el sofronizador y el paciente (testigo).

Quizás sea interesante relacionar las causas y sus correspondientes efectos, transponiéndolos al plano de los "encuentros" y de las experiencias humanas extraordinarias. Los síntomas registrados en las personas que *se sentían como "hipnotizadas"*

---

[9]   Cf. ARMADA, Fina d' and FERNANDES, Joaquim, *As Aparições de Fátima e o Fenómeno OVNI [Las apariciones de Fátima y el fenómeno OVNI]*, Lisboa, Editorial Estampa, 1995.

[10]   McCAMPBELL, James, *Ufology,* op. cit.

en la presencia de entidades humanoides o de aeroformas luminosas no identificadas estimularon nuestra curiosidad una vez más.

De este modo, la sofrología clínica es "transferida" hacia una auténtica *clipeosofronización* (del latín *clipeo*, en alusión a los *clípeos ardientes* de los antiguos romanos, que llamaban así a los fenómenos celestes de su tiempo), una designación adoptada por los investigadores Francis Windey y Guy Vanackeren[11]. Los síntomas de esta acción se sintetizan en lo siguiente:

> Catalepsia rígida; sistema nervioso central en estado de contractura y movimientos automáticos; alteración del ritmo respiratorio (por sugestión); efectos sobre los sentidos (vista, oído y olfato); fenómenos psíquicos: pseudo amnesia, aumento de la capacidad de producción onírica (por sugestión), activación de las alucinaciones, alteración de la realidad vivida; pérdida de la noción espacio-temporal, disminución del campo de la conciencia.

Nos parece, pues, bastante lógico pensar que el proceso de las apariciones de Fátima (que incluye la transmisión de un "discurso", o de un mensaje, en su traducción religiosa y redentora) habría de "pasar" por un proceso sofrológico (es decir, una *alteración del estado de conciencia de los pastorcitos*) para que pudiera ser concretado. Desconocemos, como es evidente, si las entidades contactantes *utilizaron* la sofrología tal y como la conocemos, pero no deja de ser incuestionable el paralelismo de los resultados...

"Lucía, algunas veces, durante el tiempo de la aparición, parecía ajena a todo cuanto la rodeaba, no teniendo conciencia de lo que se decía a su alrededor y encontrándose como fuera de sí", puede leerse en el *Documento Clave del Proceso Canónico*, redactado en 1930.

Esta frase constituye, en nuestra opinión, todo un diagnóstico. La ionización atmosférica, probablemente procedente de la "rampa" o "canal" luminoso envolvente, estaría en la base de la inducción sofrónica dirigida sobre Lucía, el soporte principal del "contacto". La fascinación es permanente; la atención de la joven es desviada hacia la manifestación extremadamente luminosa y, anteriormente, desencadenada por la observación de un *flash*, intenso. Los niños tuvieron *miedo*: un nuevo e importante criterio asociado.

---

[11] VANACKEREN, Guy and WINDEY, Francis, "Étude sur les effets physiologiques et psychologiques provoqués par les Ovni" ["Un studio sobre los efectos psicológicos y fisiológicos causados por los ovnis"], *Inforespace*, n°. 27, Mayo 1976, p. 30.

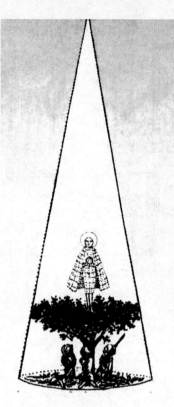

Figura 21. "Columna de luz" que transportaba a la Ouraniana y envolvía a los videntes, según Gilberto dos Santos. (Ilustración de Claro Fângio).

Las personas "hipnotizadas" ante la presencia de formas o fuentes luminosas, o de entidades humanoides se sienten compelidas a no reaccionar, forzadas *a ejecutar acciones que son independientes a su voluntad*: una acción de los "ángeles" de 1916 es un estupendo ejemplo de esta prerrogativa. Una oración repetida, mecánica, ordenada por la entidad a los tres pastores arrodillados, toma el lugar de una *excitación monótona*, que es un factor coadyuvante de la sofronización. Sobreviene, justo a continuación, *la pérdida de la noción espacio-tiempo*:

Los videntes despiertan mucho después, cuando vuelven por la noche a casa, de su oración colectiva. Están inmersos en una atmósfera en la que "pierden la conciencia de su propia existencia", que no es otra cosa que *la disminución del campo de conciencia*. Francisco es el que más se queja. *El sueño, el cansancio* que siente será un reflejo condicionado que sobreviene debido a la habituación. Este estado depresivo se prolongaría durante un espacio de tiempo posterior a la observación del "ángel", tal vez debido a la *sugestión verbal o telepática* (como piensan Windey y Vanackeren). Optamos por la primera hipótesis, que concuerda con el comportamiento de la entidad de 1916. La inmovilidad de los jóvenes pastores, la clásica *akinesia*, está también presente en el encuentro con el Ángel. Así como la dificultad para hablar, andar y la privación general de los sentidos...

En la presencia de la Aparición, además de la "sordera" y de la "amnesia" de Lucía, ni siquiera falta la inevitable aceleración de la circulación sanguínea, como se evidencia por el color del rostro de Lucía, además de la *alteración de su ritmo respiratorio*, con una consiguiente contracción de sus músculos faciales cuando entraba en *trance*. La madre de Jacinta testificó que, después de decir que Nuestra Señora había "llegado", su hija "empujó a Lucía y le dijo: Hablale, Lucía, que Nuestra Señora ya está aquí". *Lucía respiró dos veces como si le faltase el aire*. En seguida dijo: "¿Qué queréis de mí hoy?"[12].

Es interesante señalar que los niños no sufren los mismos efectos de manera uniforme: lo contrario no sería esperable, ya que se opondría a la idea que venimos desarrollando. Los investigadores del momento subliman el hecho de que, durante el mismo fenómeno, los diferentes testigos estuvieran sujetos a sensaciones diferentes. Esto también se verifica en otras experiencias laicas extraordinarias que se integran en nuestro caso.

Aunque somos conscientes de que no se trata de una sistematización definitiva, pero sí una aproximación que nos sirve como aliciente, exponemos algunos ejemplos típicos de la propuesta: *clipeo-sofronización*.

Inglaterra (Darlington, Durham), 1977 (fecha indeterminada). La señora Vera, jubilada, se levantó una noche sobre las 11, tras haber sido despertada por una bola de luz. Tres extrañas estrellas surgieron sucesivamente en la misma área para de forma súbita reunirse en una sola, que después lleno el dormitorio de pulsaciones luminosas. La testigo comenzó a sentirse como *"traspasada" por la luz* cada vez que surgía. Al hablar posteriormente del caso, la testigo pensaba que debía haber experimentado una especie de *trance hipnótico*[13].

Océano Índico (isla de Reunion), 14 de febrero de 1975. Un joven de 21 años observa a tres seres de pequeña estatura descender de un ingenio que no tocaba el suelo.

---

[12] *Los interrogatorios oficiales de 1923*, en *Documentação Crítica de Fátima, II [Documentación Crítica de Fátima - II]*, Santuário de Fátima, 1999, pp. 82-83.
[13] PICKETT, Christine y BENSON, Ron, "UFO with hypnotic effects" [OVNI con efectos hipnóticos], in *FlyingSaucer Review*, vol. XXV, n°. 2, Marzo-Abril 1979, p. 32.

'Lanzado a la tierra a través de un poderoso relámpago de luz emitido desde la parte superior del objeto, el joven fue encontrado en estado de choque, habiendo perdido la facultad de hablar. El hecho fue confirmado por un médico de la isla y por las autoridades policiales. El certificado médico decía: "Constaté un estado de *fatiga extrema, con postración, angustia, pérdida parcial del habla y fijación ocular*"[14].

LA PREPARACIÓN PARA EL "CONTACTO". RITOS Y SÍMBOLOS EN LA INGESTIÓN DE LÍQUIDOS Y SÓLIDOS

La *disminución del campo de conciencia* de la testigo de las experiencias y contactos descritos aparece, pues, como la principal constante de todos los incidentes aquí relatados. Lo más posible es que funcione como un medio, un proceso para conseguir un fin: la inducción de elementos o datos exteriores en el inconsciente del sujeto. De ahí, la *manipulación mental* del "contactado". Un hombre, secuestrado por los alienígenas en Brasil, *fue obligado a beber el líquido contenido en un vaso en forma de pirámide, y después de esto tuvo una visión mística.*

La "inteligencia" que le administró esa droga tenía un objetivo: *confiarle un mensaje.* Nos parece lógico concluir que la ingestión de la bebida tuvo alguna *función* en el proceso de comunicación entre el "secuestrado" y el "secuestrador". Todo esto puede sonar a un delirio de ciencia ficción, pero ¿cómo omitirlo?

En su tercera intervención en Fátima, el "Ángel" traía un cáliz con una *bebida* que Francisco, extrañado, no supo identificar. También aquí las ingestiones son diferentes, una bebida para Francisco y Jacinta, una "hostia" para Lucía. ¿Residirá aquí, igualmente, el grado de selectividad de funciones y participación de los videntes, incluyendo la capacidad de entender la comunicación de la Ouraniana y también la de dialogar con ella?

La *comunión, más allá de su profundo sentido simbólico,* ¿no podría haber sido un método práctico, objetivo, para "ajustar" al contactado, integrándolo en un auténtico sentido pan-religioso, para hacer posible la recepción de una información de una fuente ontológica diversa, de otra naturaleza?

Brasil (Curitiba), 4 de agosto de 1979. Iolanda Kuriecik, de 38 años, fue golpeada por un rayo de luz y transportada hacia el interior de un objeto volador, donde una "joven" le sirvió *en un pequeño cáliz, un líquido viscoso sin gusto*[15].

---

[14]   BOURRET, Jean-Claude, *Le Nouveau des Ovni*, op. cit., 1976.
[15]   Periódico *Gazeta do Povo*, Curitiba, Brazil, Agosto 27, 1979.

Figura 22. *"El Ángel a ti te dio la Sagrada Comunión, pero a mí y a Jacinta, ¿qué fue lo que nos dio?"*
Escultura de Fátima.

Francia (Aisne, Origny-en-Thierache), 28 de febrero de 1974. Un motociclista, que se dirigía hacia su trabajo, se encontró dos "cosmonautas" (término empleado por el testigo) en la carretera. Sin saber cómo, fue a parar a su vehículo encontrándose cara a cara con los "extraños", uno de los cuales le presentó *un trozo de una sustancia,* de cerca de un centímetro cuadrado, y le incitó, por medio de gestos, a comerla. Sintiéndose en el límite del pánico, el hombre lo hizo. Según él, se trataba de una sustancia marrón, parecida al chocolate, sin gusto aparente y de consistencia un poco blanda. Una vez en el trabajo, no se sintió bien, mostrando un comportamiento fuera de lo normal. Acabó por despertar la curiosidad de sus compañeros, a quienes confió el relato de su aventura[16].

Brasil (Minas Gerais, Bebedouro), 4 de agosto de 1969. El soldado José António da Silva fue llevado al interior de un extraño objeto donde fue rodeado por pequeños personajes, que intentaron entablar una conversación con él. De repente, uno de ellos interrumpió el "diálogo", *y le sirvió una bebida* amarga, de color oscuro, que el soldado ingirió después de ver que algunos de los presentes tomaban la misma droga. Después de eso, *cree que comenzó a entender mejor lo que uno de los seres quería decir.* Posteriormente, el hombre tendría la visión de una figura que le reveló cosas que no podría transmitir a nadie, sin haber recibido antes nuevas instrucciones[17].

EE.UU. (entre Nueva York y Nueva Jersey, sin fecha determinada). Los hermanos Robert y Jason Steiner (pseudónimos) fueron llevados, por unos pequeños seres que llevaban una especie de disco luminoso en la cintura, al interior de un ingenio volador. *Se les invitó a comer unos "frutos" que se encontraban en una taza,* con lo que acabaron sintiendo efectos similares al *hachís, una sensación de euforia, de confianza en sí mismos*[18].

Hay que señalar el simbolismo innegable que transluce en todos estos casos tipos: el acceso al diálogo, a la comunicación, *obligaría* a la ingestión de drogas, y sería una especie de vía de acceso a un plano extra-humano. Otro aspecto dominante es la participación de *seres de pequeña estatura* en estos episodios de "abducción" (secuestros humanos), como si quisieran confirmar un escenario coherente.

EL LENGUAJE DEL "CONTACTADO"

Recordemos que, mientras el "Ángel" se presenta como un preparador del contacto, la "Señora", mediante imágenes verbales y visuales, establece las condiciones y transmite lo que vendrá a ser el "mensaje" justificador del "encuentro".

---

[16] BOUGARD, Michel, *Des Soucoupes Volantes aux Ovni [De los platillos volantes a los OVNI]*, Bruselas, SOBEPS, 1976, pp. 52-53.

[17] Special bulletin of the SBEDV, op. cit., 1975, p. 49.

[18] PERRIN, Jack, *Le mystére des Ovnis [El misterio de los OVNI]*, París, Pygmalion, 1976, p. 49.

Resulta de nuevo curioso seguir las huellas del fenómeno humano tecnológico, sumado o no a manifestaciones de objetos voladores no identificados, y encontrarnos algunos ejemplos de entidades que se presentan, según los testigos, *llevando una bola luminosa en la mano.* Volvemos al trabajo de Jader U. Pereira[19], y reparamos en cuatro casos de entidades alienígenas que se caracterizan por llevar una *bola*, que a veces también es definida como arma. Aunque no la consideremos como tal, en el sentido ofensivo, creemos que puede tratarse de un eventual instrumento persuasivo que se utiliza en la manipulación del testigo. Como curiosidad, señalar que uno de los efectos sentidos por el testigo ante la referida bola fue sentir que *sus fuerzas le abandonaban…*

Si volvemos atrás, recordaremos que de la visitante de Fátima también se dijo que traía *una bola en la cintura, la cual tomaba en su mano de vez en cuando.* Una bola que despedía luz. Podríamos asociarla con una función inductora del estado sofrónico en que los testigos de Fátima parecían quedar inmersos, en especial la principal, ¿Lucía?

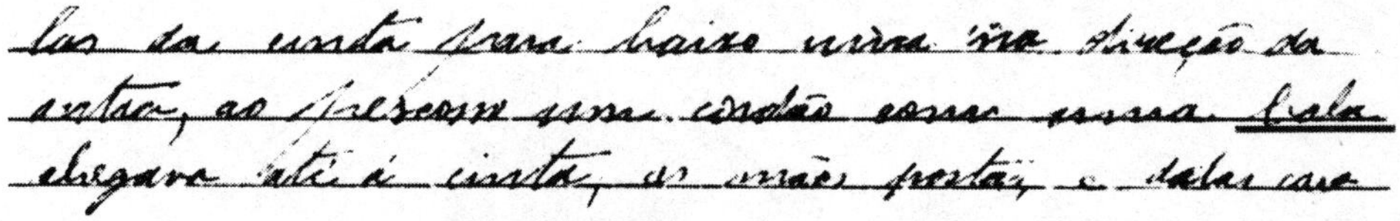
… da cinta para baixo uma … direção da
cintura, ao pescoço um cordão como uma bola
chegava até à cinta, as mãos postas e dalas caia

Figura 23. Texto de Lucía, redactado en 1922, en el que dice que *la Aparición traía una bola que le llegaba hasta la cintura (*en P. António Maria Martins, *Documentos de Fátima*).

Además, otro detalle que no se debe despreciar, recogido por el obispo D. José Pedro da Silva, completa esta deducción. A través de su ejemplar interrogatorio[20], llegamos a saber que *la luz* que Lucía decía sentir que penetraba en su pecho *salía de las manos de la Aparición.* La testigo no sabe cómo describirla. "Solo vi que estaba en la luz y que la luz se esparcía sobre la tierra. Algo parecido a como nos vemos en un espejo… *Con la diferencia de que, en esa luz, nos veíamos y sentíamos realmente dentro de ella*".

Sin perder de vista las virtudes de esta "luz", nos adentraremos un poco en el tiempo y regresaremos a 1957. Una noche, a unos 30 kilómetros de Saint-Étienne,

---

19 PEREIRA, Jader U., "Les extraterrestres" ["Los extraterrestres"], 2º nº especial de *Phénoménes Spatiaux*, p. 14.

20 *Interrogatorio de D. José Pedro da Silva*, en REIS, Sebastião Martins dos, op. cit., p. 59.

una pareja francesa (que solicitó permanecer en el anonimato) estaba de camping. "De repente, quedamos ciegos por la acción de una especie de proyector de una potencia imposible de describir. Nos encontramos bañados de luz, *¡con la sensación de estar siendo radiografiados, como examinados por la transparencia, como si la luz nos traspasase!*"[21]. ¿Hay alguna diferencia con Fátima?

Figura 24. La bola transformada en "corazón" en la capilla de la Congregación de las religiosas Doroteas en Pontevedra (dibujo de J.M. Núñez, 1980).

Será difícil separar el origen y producción de esta luz de la existencia y función de la "bola", y de su eventual papel en la transmisión/recepción (¿y transformación?) en lenguaje inteligible para los videntes, incluyendo "imágenes" y otros signos de la entidad para la testigo principal. ¿No podríamos ver en esa sofisticada "bola de cristal" la causa, por ejemplo, de la *visión del Infierno*, descrita igualmente por Lucía al mismo interrogador, que fue más tarde obispo de Viseu?

21 BOURRET, Jean Claude, *La nouvelle vague des soucoupes volantes [La nueva ola de platillos volantes]*, París, France-Empire, 1974, p. 132.

Fijémonos en los atributos de esa "visión":

Se apareció rápidamente, toda transparente, se situó cerca de ella, ella podía oír los gritos. Mientras estaba observando la visión, no veía la tierra y *la imagen temblaba*[22].

Parece que estamos ante una sucesión de "imágenes", que fueron inculcadas directamente en el cerebro de la vidente. ¿Magia? ¿Milagro? Tal vez sea más sencillo. Por ejemplo, el ingeniero sueco Gösta Rehn piensa que se podría extrapolar el efecto de las microondas moduladas, no solo sobre el nervio auditivo sino también sobre el nervio óptico. ¿Podría ser posible, con los conocimientos científicos actuales, la transmisión de "imágenes" falsas directamente al cerebro[23]? Ciertos aspectos de los casos típicos del fenómeno OVNI parecen asemejarse a una especie de proyección de "imágenes mentales". La visión "infernal" de Fátima entraría dentro de esta hipótesis. ¡Sin olvidar las imágenes junto al Sol que Lucía declaró haber visto, a la altura del "milagro" del 13 de octubre!

Esta experiencia sería, entonces, un prolongamiento de la manipulación mental, suponemos que voluntaria, por parte de una "inteligencia" manipuladora. Además, también los ya referidos Francis Windey y Guy Vanackeren sugieren que esa eventual "inteligencia" no-humana tendría posibilidades de implantar imágenes en la mente de sus cobayas humanas[24].

Otro aspecto que se destaca dentro de los testimonios de los pastorcillos son las características especiales de la transmisión verbal del discurso de las entidades de Fátima. Inicialmente, sabemos que no existe producción vocal normal, sino una especie de transmisión simultánea directa en el cerebro de los videntes. Algo muy próximo a la telepatía, pero no necesariamente telepatía.

En relación al "Ángel" de 1916, sabemos por Lucía que el *"no tenía timbre de voz humana,* pero que se le entendía como si lo tuviera". Tampoco se acuerda de que hiciera movimientos labiales. En relación a la "Señora", sabemos por Francisco que tampoco movía los labios y que se mantenía imperturbable, "una especie de muñeca", según el periódico *O Século*, de 23 de julio de 1917. Lucía dice, sin embargo, que la "oía hablar y que una luz interior me hacía comprender el sentido de sus palabras"[25]. Podríamos suponer que, en ambos casos, Lucía recibía en su

---

[22] Interrogatorio de D. José Pedro da Silva, op. cit., pp. 60-61.

[23] REHN, Gösta K., *Dossier Ovnis*, Lisboa, Litexa-Portugal, 1979, p. 110.

[24] VANACKEREN, Guy y WINDEY, Francis, "Ovni et manipulation du cerveau" ["OVNI y manipulación del cerebro"], *Inforespace*, n°. 35, Septiembre 1977, p. 20.

[25] Interrogatorio de D. José Pedro da Silva, op. cit., pp. 55 et seq.

cerebro una traducción verbal inteligible. Es probable que, en su "versión", hubiera participado el propio inconsciente de la testigo. Un hecho, además, emerge como una hipótesis interesante: *la transmisión o inducción mental parece selectiva e individual y se establece por iniciativa de la entidad comunicante.*

Figura 25. Figura observada el 4 de febrero de 1978, en Argentina. Repárese en la textura de su vestuario, con rayas "verticales y horizontales" y en la bola (documento de Ouranos).

¿En qué forma se presentan los diálogos ocasionales en el contexto de los fenómenos de "contacto" contemporáneos?

EE.UU. (Virginia Occidental, Parksburg), 2 de noviembre de 1966. W. Derenberger, representante comercial, vio un objeto oscuro cerca de la carretera. En ese momento, él observó un hombre vestido de azul, el cual le sonreía y le transmitía *la impresión de recibir un mensaje, aunque no se hubiera pronunciado ni una sola palabra*[26].

---

[26] VALLÉE, Jacques, *Chroniques des Apparitions Extraterrestres, [Crónicas de apariciones extraterretres]*, París, Denöel, 1972, p. 405.

Inglaterra (Aston, Birmingham), 18 de noviembre de 1957. Cynthia Appleton vio surgir en el interior de su casa la "imagen" de un hombre cuyos labios se movían como si hablase, aunque ella no entendía nada. Después, comenzó a sentir que *sus preguntas surgían en su espíritu y que ella le respondía mentalmente.* El extraño personaje le comunicó también, por un proceso en el que intervenían los gestos de las manos, *una imagen mental,* de un aparato tipo "disco" con una cúpula transparente[27].

La no utilización de la boca para producir sonidos y la traducción o inducción directa verbal, o mediante cualquier otro proceso en el cerebro de los testigos son detalles reiterados en las situaciones apuntadas. En general, tanto el "Ángel" de 1916, como la "Señora" y el "Ángel" de la cuarta vidente se comportan dentro de este esquema "extra-sensorial".

Algunos investigadores piensan que lo extra-sensorial puede ser una alternativa comunicativa no biológica. El ingeniero sueco Gösta Rhen, estudiando esta cuestión, está de acuerdo con el físico James McCampbell en lo tocante a la hipótesis de la radiación de microondas dirigida, de forma selectiva, a una parte del cerebro humano. Zonas hipnóticamente sensibles de la anatomía cerebral podrían ser afectadas: puntos de estímulo (engramas), centros o circuitos asociativos que corresponden a conceptos, mensajes o imágenes que el operador del "fenómeno" desea despertar. La telecomunicación se produciría aquí por medios completamente neurofisiológicos. El mismo autor adelanta que "esta comunicación y los efectos hipnóticos adjuntos de orden psicológico se producen sin la intervención de la telepatía o de otros 'milagros' PSI. Requiere, eso sí, frecuencias adecuadas, por el hecho de que también puede causar daños graves e irreparables, físicos y psicológicos"[28].

Vicente-Juan Ballester Olmos cotejó, igualmente, casos típicos de comunicación con presuntas entidades alienígenas en los que se registra la clásica inducción extra-sensorial de una información. Así, los testigos declaran oír una voz en su cabeza, se sienten atraídos hacia una fuente luminosa o un objeto volador insólito, o les parece que les estuvieran hablando[29].

Un típico caso de contacto, ocurrido en Brasil, nos conduce a lo que parece constituir el sustrato fundamental de todo un proceso fenomenológico: *su poderosa capacidad de atracción y su aspecto omnipresente.* Una fuerza que transforma a los

---

[27] BOWEN, Charles, *En quête des humanöides,* op. cit., pp. 18-19.
[28] REHN, Gösta K., *Dossier Ovnis,* op. cit., p. 110.
[29] OLMOS, Vicente-Juan Ballester, *Ovnis: el fenomeno aterrizaje,* op, cit., p. 272.

"contactados" en discípulos y prisioneros. Luis Henrique da Silva observó el 25, 26 y 30 de abril de 1959, en su patio trasero, un círculo en el aire, como hierro en la brasa, que desapareció en breve. Se durmió y posteriormente se despertó para encontrar, de nuevo en el patio trasero, una nota que le citaba para un encuentro para las tres y diez de la mañana del día siguiente. Ese día, fue a una fiesta y no se acordó de la hora indicada; sobre las tres de la mañana fue despertado y se acordó de la nota que estaba en el bolsillo de su abrigo. Se vistió y *se dirigió al patio como impelido por una fuerza desconocida*[30].

Una idéntica (¿o la misma?) fuerza atractiva estaba presente en los acontecimientos de Fátima. Lucía nos relata el hecho de esta forma: "Se aproximaba el día 13 de julio y yo dudaba de si iría. Pensaba: 'Si es el demonio, ¿para qué tengo que verlo? (…) Llamé entonces a Jacinta y a Francisco y les informé de mi resolución. Pero el día siguiente, al aproximarse la hora en que debía partir, *me sentí de repente impelida a ir, por una fuerza extraña, a la que no me era fácil resistirme*"[31].

De 1917 a 1977 poco había cambiado en los medios y en los fines perseguidos por las "inteligencias" no identificadas. El equivalente contemporáneo de Lucía lo podemos encontrar en el caso de Maria do Socorro, de Itaporanga, Paraiba, Brasil, que desapareció de su casa durante 22 horas. La joven contó que "corrió tras una luz que parecía ser una *Señora muy bonita que, cosa curiosa, no movía la boca al conversar…*"[32].

---

[30] Boletín especial de la SBEDV, op. cit., pp. 37-38.
[31] *Memórias e Cartas da Irmã Lúcia*, op. cit., pp. 137-138.
[32] Periódico *Noticias Populares*, 6 de julio de 1977.

PARTE SEGUNDA

SIGNOS CELESTIALES Y MILAGROS TERRENALES

CAPÍTULO UNO

Fátima después de 1917. La continuidad

El 13 de mayo de 1925, presencié unos fenómenos en el sol, que no puedo llamar milagro, pero que no puedo explicar de otra manera.

Padre Paulo Machado

Los acontecimientos de Fátima no se terminaron el día 13 de octubre de 1917. Sus consecuencias pueden detectarse y examinarse a varios niveles, en paralelo con el proceso lógico de desarrollo de ese centro generador de piedad y devoción popular mariana. Rastrearemos la continuidad de fenómenos subjetivos y objetivos en Cova de Iria y fuera de ella: en los días de las grandes peregrinaciones, en la inauguración de la primera imagen y también acompañando a la Virgen peregrina por el mundo. En ocasiones, se producirán exhibiciones milagrosas que sorprenderán a creyentes y curiosos. Es natural que posteriores fenómenos celestes extraños hubiesen sido comparados con el "Sol" de Fátima y fuesen, por ello, divulgados por los creyentes, convencidos del significado y de la identificación unívoca de tales señales. Por lo menos hasta 1955, muchas de las manifestaciones observadas en el cielo fueron, lógicamente, asociadas a la fenomenología de Fátima y, como tal, convertidas en noticias por sus órganos de comunicación.

Tal y como hemos procedido en otros capítulos de esta obra, solo presentamos testimonios directos o aquellos que nos merecen un mínimo de credibilidad.

Para aclarar la exposición, subdividimos estos relatos de observaciones después de 1917 en tres grupos:

1. *Fenómenos observados en Cova de Iria.*
2. *Fenómenos observados fuera de Fátima.*
    a. *En las proximidades.*
    b. *Con la presencia de la imagen peregrina.*
    c. *Ante otras imágenes de Nª Sr.ª de Fátima.*
3. *Fenómenos exteriores relacionados con Fátima*

1. Fenómenos observados en Cova da Iria

Fecha	Hora	Testigo	Tipo de fenómeno	Descripción
2-2-1918	15h	Jacinto de Almeida Lopes	Fenómeno solar	"...verificó en el Sol señales idénticas a las del día 13 de octubre"[1]
13-5-1918	?	María do Carmo Meneses	"Cabellos de ángel"[2]	"bolas blancas que descendían del cielo"[3]
13-6-1920	15h 30m	Gilberto Fernandes dos Santos	Fenómeno solar. Iluminación de la imagen; dos estrellas blancas	"...además de presenciar el fenómeno solar igual al del 13-10-1917, vi enfrente de mí, la imagen venerada completamente enfocada, de un dorado transparente, seguramente celestial. El rostro de la imagen se transformó por completo, por efecto del enfocado... todo azul celeste y la imagen era blanca. Enseguida encendí cuatro velas con otra vela. La vela de mi mano arrojaba una luz natural y las otras cuatro una luz encarnada, pero de un rojo bonito, como los fuegos artificiales. (...) Durante los rezos, se apagaron algunas velas por el viento. Encendidas por segunda vez, dieron luz de color rosa. Cuando terminó el rezo, se acabó también el fenómeno solar, la imagen perdió la iluminación y las velas comenzaron a dar luz natural. (...) Hubo quien dijo que durante el paseo de la imagen desde la carretera hasta Cova da Iria, la imagen iba acompañada por dos estrellitas blancas"[4].
13-10-1922	Durante la última parte de la misa al aire libre	Vizconde de Montelo	Fenómeno solar	Después de las exclamaciones de todo el pueblo: "decidimos dirigir la mirada hacia el cielo y, con gran sorpresa y estupefacción, vimos delante de los ojos el fenómeno del 13-10-1917, aunque con menos intensidad, durante menos tiempo y sin las explosiones luminosas de aquel día"[5]

[1] "Encuesta parroquial", testimonios del Archivo Formigão, ARMADA, Fina d', *Fátima - O que se passou em 1917*, op. cit., pp. 365 et seq.
[2] ARMADA, Fina d' y FERNANDES, Joaquim, *As Aparijões de Fátima e oFenómeno OVNI*, op. cit., pp. 112-137.
[3] Carta escrita al autor, por su hermano, en CRUZ, Marques da, *A Virgem de Fátima [La Vírgen de Fátima]*, Brasil, Melhoramentos de S. Paulo, 1937, p. 29.
[4] Carta escrita el 23 de junio de 1920, Archivo Formigão.
[5] Periódico *A Voz de Fátima*, 13 de noviembre de 1922.

(cont.)

Fecha	Hora	Testigo	Tipo de fenómeno	Descripción
13-5-1923	13h	Dr. Enrique Vieira Lima, cirujano de los Hospitales Civiles de Lisboa y otros	"Cabellos de ángel"	En el sol se veían "fenómenos magníficos de belleza y color. Después comenzó una lluvia abundante de pétalos... Caían desde gran altura... cuando llegaban cerca del suelo desaparecían... Lo vi con mucha nitidez y por dos veces... no existe ningún fenómeno natural así, ni conocido ni descrito"[6]
13-5-1924	?	Dr. Pereira Gens y Padre Oliveira Faria	"Cabellos de ángel"	Dr. Gens: "Vimos, muy nítidamente, pequeñas tiras blancas, descendiendo de lo alto... Parecían pétalos de margarita, o quizás más bien, flores de naranjo... Mirando hacia la parte superior de los olivos, se notaban perfectamente cómo los pequeños copos blancos se aproximaban a las copas y se perdían allí". Padre Faria: "Una lluvia de pétalos blancos (o algo parecido) caía suavemente sobre la multitud, desapareciendo antes de llegar al suelo"[7].
Entre 1923-25	?	Gilberto F. dos Santos	"Cabellos de ángel"	"Durante más o menos 15 minutos, observé que, sobre la imagen [de Nª Sª de Fátima], en un área de aproximadamente 20 metros alrededor, caían del cielo muchas florecillas blancas... y antes de tocarlo desaparecían"[8]
13-5-1925	?	Padre Paulo Machado	Fenómeno solar	"En esa ocasión presencié, así como todos mis compañeros del camión, unos fenómenos en el Sol, que no puedo llamar milagro, pero que no puede explicar de otra manera"[9].

[6] Testimonio escrito el 29 de junio de 1923, Archivo Formigão.

[7] GENS, José Pereira *Fátima. Como Eu a Vi e Como a Sinto* [*Fátima. Cómo La vi y cómo La sentí*], 1967, p. 122 y FARIA, P. O., *Perguntas sobre Fátima* [*Preguntas sobre Fátima*] y "*Fátima Desmascarada*" ["*Fátima desenmascarada*"], Oporto, 1975, p. 249.

[8] SANTOS, Gilberto F., *Os Grandes Fenómenos da Cova da Iria e a História da Primeira Imagem de N. Sr.ª de Fátima* [*Los grandes fenómenos de Cova da Iria y la historia de la primera aparición de Nuestra Señora de Fátima*], 1956, p. 81.

[9] Carta escrita en Condeixa, 16 de mayo de 1925, Archivo Formigão.

(cont.)

Fecha	Hora	Testigo	Tipo de fenómeno	Descripción
13-10-1925	?	João Ameal	Fenómeno solar	"Fijé la vista en el Sol sin que me doliesen los ojos. Parecía como si el sol estuviera temblando. El Sol se convirtió en un círculo finísimo, una especie de anillo de oro y, en el centro, se transformó en una esfera de sombra que rotaba velozmente"[10].
17-10-1957	Mañana	Varios	"Cabellos de ángel"	"De un cielo sin nubes y con un sol radiante, cayó sobre Cova da Iria una lluvia de copos blancos, de una sustancia desconocida"[11].
8-11-1957	18h 20m	Padre Aníbal Coelho, jefe de correos y otros	Objeto volador no identificado	"…un objeto que se movía en el espacio, al principio lentamente, después a gran velocidad en dirección oeste-este. El objeto —cuyos contornos no fue posible precisar debido a la enorme velocidad a la que se movía— no hacía ruido y emitía una luz intermitente. Las personas que fueron testigos del fenómeno afirmaron que no se trataba de ningún avión ni de una estrella fugaz"[12].

---

[10] *Jornal de Notícias*, Oporto, 20 de octubre de 1925.

[11] ARMADA, Fina d' y FERNANDES, Joaquim, *As Aparições de Fátima e o Fenómeno Ovni*, op. cit, pp. 120-12 1.

[12] *A Voz de Fátima*, Lisboa, 9 de noviembre de 1957.

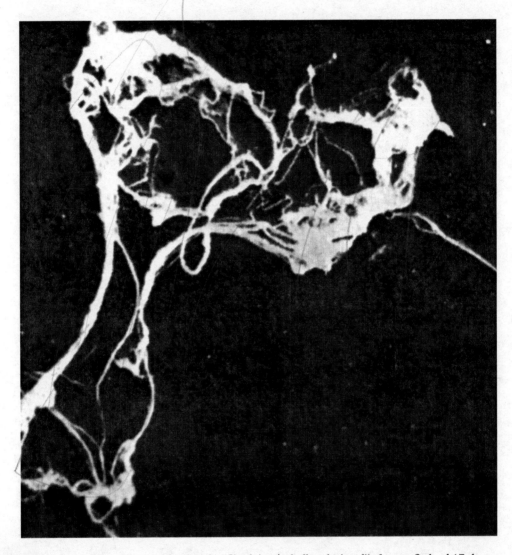

Figura 26. Ejemplar significativo de "fibralvina/cabellos de ángel", fotografiado el 17 de octubre de 1957, en Cova de Iria, y observado en asociación con los fenómenos aéreos no identificados en diversas partes del mundo. (Doc. *A Voz*).

2. Fenómenos observados fuera de Fátima

a) En las proximidades

Fecha	Hora	Lugar	Testigo	Tipo de fenómeno	Descripción
13-5-1922	16h	Atalaya de Santarém	Leonor Manuel, de Cascais	Fenómeno solar	"Vi cómo el Sol tomaba el color verde. Lo vi muy destacado en el cielo, con manchas amarillas aquí y allá, vi las caras de otras personas y todas las cosas tomaron aquellos tonos violáceos y amarillentos. No tenía, a mis ojos, aquel giro tan vertiginoso de la otra vez (13-10-1917), ni aquellos rayos luminosos que venían hasta el suelo. Cambiaba menos de color, conservándose siempre más acentuadamente verde... Después, una barrera densa de nubes lo tapó..."[13]
13-5-1923 y el lunes siguiente	?	Outeiro Grande	Padre Benevenuto, de Carrascos	"Cabellos de ángel"	Los copos "cayeron sobre todos los que estaban" en Cova da Iria "y junto a la iglesia parroquial, en el Outeiro" que distaba tres leguas. Allí, "lo presencié el siguiente lunes"[14]
13-8-1924	8h	Entre Cortes y Reguengo do Fetal	Articulista de la "Voz de Fátima"	Fenómeno solar	"...los extraordinarios fenómenos solares acostumbrados en los días 13, pero con menos intensidad que el 13.10-1917"[15]

13   Carta escrita en Cascais, el 16 de mayo de 1922, Archivo Formigão.
14   ARMADA, Fina d' y FERNANDES, Joaquim, *As Aparicoes de Fátima e o Fenómeno Ovni*, op. cit, pp. 114-116.
15   *A Voz de Fátima*, 13 de septiembre de 1924.

b) Con la presencia de la imagen peregrina

Fecha	Hora	Lugar	Testigo	Tipo de fenómeno	Descripción
Septiembre de 1949	?	Colombia	Multitud participante en una procesión	Fenómeno solar	Bajo una fuerte lluvia, "noté que la lluvia paró de repente y que el Sol modificaba su aspecto y cambiaba de color, tomando primero un color plata y después violáceo, grisáceo y rosa. Al mismo tiempo, una mancha de color oscuro aparecía y desaparecía continuamente en el centro del Sol"[16].
De septiembre de 1949 a inicios de 1950	Varias	Colombia	Multitud	Arco iris	Cuando la imagen llegó a la puerta del avión, "el cielo se limpió como por encanto y apareció sobre los montes un arco iris de vivísimos colores". Era "resplandeciente y bello y fue avanzando a medida que la imagen proseguía la marcha".
29-11-1949	?	Irichur (India)	200 niños	Proyección figurativa en el espacio	"...vieron en el cielo una Señora blanca con un rosario en las manos y tres pastorcitos a sus pies".
Dic-Ene, 1949-1950	Noche	Galicia (España)	Gente que seguía a la imagen	Variante de "cabellos de ángel"	La imagen "caminaba sobre una lluvia de estrellas centelleantes". Durante periodos de tiempo y de vez en cuando en el recorrido, en un área circundante de unos 10-20 metros, sobre superficies de arena o de hierba, "aparecían luces fosforescentes, algunas veces como simples puntos luminosos, otras como estrellas perfectamente formadas, ocasionalmente en forma de cruz. Las agarrábamos, las frotábamos y las deshacíamos". La fosforescencia continuaba con la misma intensidad durante algunos segundos y entonces desaparecía súbitamente"[17].

[16] Esta descripción y las dos siguientes en BRAGANÇA, Margarida Caupers, *As Pombas Brancas da Paz* [*Las palomas blancas de la paz*], Lisboa, 1951, resp. pp. 163, 158, y 93.

[17] *A Voz de Fátima*, 13 de junio 1950.

(cont.)

Fecha	Hora	Lugar	Testigo	Tipo de fenómeno	Descripción
Julio de 1950	Tarde	Ceilán	Católicos, budistas, hindúes y musulmanes	Fenómeno solar	"El Sol giró durante más de una hora. De tiempo en tiempo lanzaba colores: azul, blanco y sobre todo amarillo-dorado. Una de las veces también lo vimos descender. (...) El sol, como un disco plateado, giraba rápidamente. En un minuto o dos se convirtió en un nítido disco azul. Desapareció bajo la línea de visibilidad"[18].

c) Delante de otras imágenes de Nuestra Señora de Fátima

Fecha	Hora	Lugar	Testigo	Tipo de fenómeno	Descripción
9-10-1955	Durante una procesión	Francia (Vendée)	Varias	Fenómeno solar	"El Sol se tornó pálido, no deslumbrante, y permaneció de color azul, rodeado de una aureola multicolor y se puso a girar sobre sí mismo, mostrando movimientos de avance y retroceso"[19].

3. Fenómenos fuera de Fátima pero relacionados con ella

a) En las proximidades

Fecha	Hora	Lugar	Testigo	Tipo de fenómeno	Descripción
13-5-1924	Mediodía solar	Braga	José Maria Custódio (indirectamente)	Fenómeno solar	"Fui informado por una persona de toda confianza de que en el Colegio de la Regeneración fue observado un fenómeno solar por la mayor parte del personal de dicho colegio, inclusive el padre Airosa y la superiora"[20].

---

[18] *A Voz de Fátima*, 13 de octubre de 1950 y la revista *A Voz*, 5 de agosto de 1950.

[19] MISRAKI, Paul, "Apparitions Mariales et Soucoupes Volantes" ["Apariciones marianas y platillos volantes"], en *Inforespace*, n.° 11.

[20] Carta escrita el 25 de marzo de 1924, Archivo Formigão.

(cont.)

Fecha	Hora	Lugar	Testigo	Tipo de fenómeno	Descripción
13-5-1925	Mañana	Alcácer	Luís António Carraça y otros	Fenómeno solar	Ver esquema en puntos siguientes.
8-12-1946	Hora de Te-deum	Lisboa	Dos hermanas y el marido de una de ellas	Fenómeno solar	"Vio, de repente, al Sol girando sobre sí mismo e irradiando los mismos efectos de luz de colores, como si estuviese pasando a través de un prisma. Duró unos diez minutos"[21]
30-31 de Oct. y 1-8 de Nov. De 1950	16h	Vaticano	Pío XII	Fenómeno solar	"El Sol parecía un globo opaco, amarillento, todo rodeado en su contorno por un círculo luminoso. (...) Una nube muy tenue se encontraba delante. El globo opaco se movía hacia el exterior, ahora girando, ahora yendo de izquierda a derecha y viceversa. En el interior se veían con toda nitidez y sin interrupción fortísimos movimientos"[22]
11-10-1954	18h	Cerca de Salamanca	Padre John Loya, de Yonkers y otros	Fenómeno solar	"...aparecieron unas cintas cenicientas o blancas, como flechas, comenzando a recorrer la orla del sol... lentamente al principio y después más deprisa. La orla cambió a un color amarillo precioso, rojo fuerte, azul blanquecino, violeta y verde. El Sol, repentinamente, se separó del cielo y todavía girando vino lanzado y rápido, como una bala, en dirección a nuestro coche. De repente se detuvo. Después, rodando todavía, volvió a su lugar". Avanzaba "en la misma dirección en la que avanzábamos nosotros, siguiendo al coche en sus giros. En donde el Sol se pone, vi tres nubes comenzando a fluctuar hacia el este. Parecían tres largos peces. En una de las nubes vi la figura de una estatua con ropas fluctuantes. Me pareció la forma de Nuestra Señora sobre una nube..."[23]

[21] BRAGANÇA, Margarida Caupers de, *As Pombas Brancas da Paz*, op. cit., p. 97.
[22] VIDEIRA, padre Tomás, *Pío XII e Fátima [El Papa Pío XII y Fátima]*, Fátima, Verdade e Vida, 1957. p. 12.
[23] Los autores copiaron el testimonio y los dibujos directamente del manuscritos del Archivo Formigão.

Observaciones de Luís António Carraça, propietario de la Heredad de Ervideira, de su familia y de 15 trabajadores el 13 de mayo de 1925

"Fue un espectáculo tan sorprendente y majestuoso que no lo puedo describir. Para darle una pequeña idea de lo que vimos, aquí le envío un dibujo mal hecho… con las figuras que aparecían milagrosamente[24].

1ª Figura. Amanecer. Todos notamos que el sol no tenía una forma circular completa. Pero, poco después notamos que había tomado su forma natural, presentando la imagen que sigue.

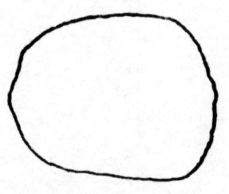

---

[24] Los testimonios y los dibujos fueron copiados, por los autores, directamente del manuscrito que se encuentra en el Archivo Formigão.

Luego, inmediatamente aparecieron una especie de glóbulos de color oscuro, que giraban apresuradamente de un lado para otro alrededor del sol, produciendo una figura así.

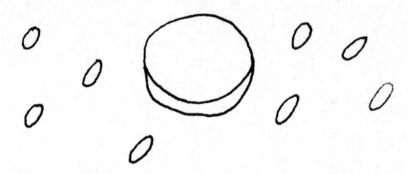

En esta figura se veía una especie de *medialuna con un brillo semejante al de un espejo, que giraba vertiginosamente* serpenteando alrededor del sol, lo cual, con el movimiento de los glóbulos al mismo tiempo, producía un efecto admirable. Poco después, se vio la figura que sigue.

Este cuadro que se formó alrededor del Sol, estaba teñido con los más bellos colores que mis ojos hayan visto".

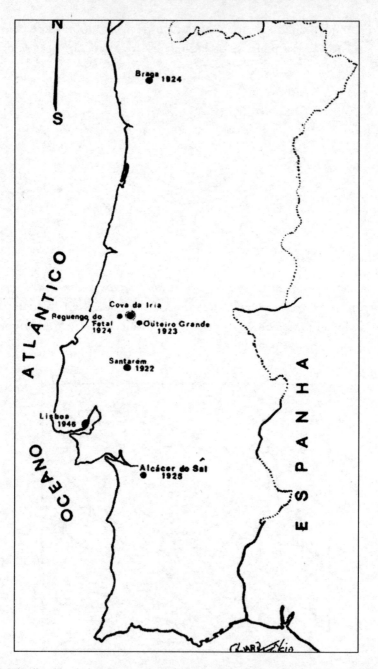

Figura 27. Distribución de las observaciones relacionadas con los fenómenos en Cova da Iria. A excepción de Outeiro Grande —con esa lluvia de "cabellos de ángel"— todas ellas se refieren a "milagros del Sol". (Escala ¼ 000 000).

CAPÍTULO DOS

Curaciones paranormales.
Diagnóstico de una herejía[1]

En 1919, una mujer paralítica dijo que Nuestra Señora se le apareció "recomendándole que se había de curar con el uso de la tierra del lugar de las apariciones de Fátima". Siguió sus instrucciones y se curó por milagro.

Vizconde de Montelo

En el universo religioso y principalmente en los ambientes ligados a los centros de peregrinación mundiales, de los que Fátima constituye un ejemplo, las nociones de "cura" y de "milagro" se confunden. Pasadas algunas etapas en la larga adquisición del saber humano, la moderna investigación médica va comenzando a comprender algunos de los mecanismos que rigen esas súbitas o progresivas alteraciones de un estado clínico, antes marcado por la enfermedad y por la postración. Es importante recordar aquí las remisiones inesperadas de las dolencias, por ejemplo, las "curas" instantáneas registradas en Fátima, cuando ocurrió el llamado "milagro del Sol", como ya tuvimos ocasión de referir en otra obra[2].

Nos encontramos con un conjunto de acciones de orden "paranormal" de cuya esencia solo ahora comienzan a ocuparse las más recientes investigaciones en medicina psicosomática y, de forma colindante, en la todavía incipiente medicina "energética". Se sabe que un cierto número de "curas" se produjeron en los lugares de las apariciones atribuidas a la Virgen María, aunque la Iglesia católica a

---

[1] Los autores desean dar las gracias al medico José Figueiredo por la revisión técnica de este capítulo.

[2] ARMADA, Fina d' y FERNANDES, Joaquim, *As Aparicões de Fátima e o Fenómeno Ovni*, op. cit., pp. 233-239.

veces les conceda un origen sospechoso. Un teólogo puede decirnos que "el demonio solo puede curar los males que él mismo provoca", afirmación que es un verdadero sofisma. La medicina psicosomática pretende analizar una infinidad de dolencias orgánicas directamente ligadas con la psique humana. Por ello, algún día dispondremos en el futuro de un gran cuerpo de datos para el análisis de estas manifestaciones y de aquello que, en otro tiempo, era considerado un milagro.

*   *   *

Dentro de la integración de procesos que es la base de las "curas paranormales", entendemos que estamos delante tanto de una eventual génesis que conduce al acto benéfico —cura—, como de su probable articulación entre sí. Cuanto más analizamos la participación de elementos naturales en la terapéutica directa de los "curados milagrosamente", por ejemplo, más nos afianzamos en la convicción de que, en el caso de Fátima, como en otros, el conocimiento pragmático del terreno del lugar de las apariciones, por parte de las entidades contactantes, es una constante imposible de ignorar. Bastará un análisis superficial de la casuística del milagro y de su geografía para asegurarnos en esta idea: *ya sea el suelo y sus potencialidades, o el agua de las fuentes ignoradas o secas hasta el momento, o mismamente la flora local, todos ellos son integrados en el proceso de "cura" por indicación expresa de las entidades ouranianas.*

El doctor Pereira Gens nos recuerda un ejemplo típico de ese conocimiento pragmático, resultado tal vez de una cohabitación tan larga como insospechada.

Él escribe[3]:

"Francis Trouchou, cuyos escritos seguimos en el estudio de las apariciones de Lourdes, escribe en *Bernardette Soubirous*: "Vieron a la niña, siempre arrodillada, extender los brazos hacia la cima del talud y arrancar tres puñados de hierba muy corta que sujetó entre los dientes (se piensa que esa hierba era *dorine*, una planta que crece entre las rocas húmedas de esas montañas). Esto lo hizo —aunque nadie podía sospecharlo entre los asistentes— porque *la Señora le había ordenado: "Ve a comer la hierba que encontrarás allí".*

En una nota, el autor aclara: "Vulgarmente, se le da el nombre de *dorine* a la *Chrysosplenium* de la familia de las saxífragas. Ahora se sabe que (según el *Diccionario Lello Universal*) "las saxífragas, *se consideran plantas medicinales*".

---

[3]   GENS, José Pereira, *Fátima - Como Eu a Vi e como a Sinto*, op. cit., p. 70.

La existencia de lugares a los que la población acude a procurarse curas para sus padecimientos no es moderna, ni siquiera un producto de la era cristiana. De hecho, *los santuarios* representaron, a lo largo de las diversas culturas, un punto de contacto con la "otra realidad", donde el sufrimiento terrestre buscaba un remedio diferente, una terapia irracional.

LOS SANTUARIOS PRE-CRISTIANOS Y LAS CURACIONES. EL ESPÍRITU DEL LUGAR

Un santuario es un lugar en el que la tierra ejerce sus virtudes curativas y al que se debe acudir de forma ritual. Desde la pre-cristiandad hasta nuestros días, enfermos y creyentes afluyen a estos centros a través de un camino común: el ritual, la ceremonia, la invocación, el sacrificio. Enunciemos algunos ejemplos:

- El *pozo sagrado de Saint-Breward* era célebre por la cura de las enfermedades de los ojos.

- La *fuente de la Vírgen, en Josselin*, Inglaterra, es famosa por la cura de los casos de epilepsia.

- Los *vestigios megalíticos* conocidos con el sobrenombre de Men-an-tol, en la costa oeste de Cornualles, pasan por ser un lugar de cura.

- Las *fuentes calientes de Bath* son reputadas por su poder curativo del reumatismo y de las enfermedades de la piel. Sus aguas eran apreciadas por los romanos, que construyeron allí un templo a Minerva, sobre un antiguo santuario celta que fue fundado por Bladud, discípulo de Pitágoras.

- La *Acrópolis de Atenas* con su cueva y su fuente sagrada. Era un santuario de Esculapio, dios de la medicina, al que sus adoradores llevaban ofrendas[4].

Pero Esculapio no era solo venerado por los creyentes en la agonía de su enfermedad, en el santuario de Epidauro. Otros templos, como los de Cós, Pérgamo, Naupacto, Atenas…, significaban entonces lo mismo que la proliferación de "Señoras" en los santuarios contemporáneos, bajo una invocación universal.

---

[4]   MICHELL, John, *L'Esprit de la Terre ou le Genie du Lieu [El espíritu de la tierra o el genio del lugar]*, Paris, Du Seuil, 1975.

Ciegos, paralíticos, sordos componían los lotes más numerosos de los pacientes de entonces. Los prodigios de antes son los que hoy se siguen implorando en los santuarios de la cristiandad. Como diría el filósofo: "no hay nada nuevo bajo el Sol…". Podemos decir que, 500 años a. C., el templo de Epidauro era una buena anticipación de Fátima o Lourdes en nuestros días. El investigador Kurt Pollack, citado por Erich von Daniken[5], escribe que los milagros se centraban sobre todo en los ciegos, sordos, paralíticos y otros enfermos que hoy clasificamos como neurópatas. Los sacerdotes de Escolapio, excelentes psicólogos, usaban a fondo las técnicas de heterosugestión, en un ejercicio de psicoterapia *avant la lettre*.

Los griegos del siglo VIII a.C. erigiron un templo a Apolo, en Delfos, que también era invocado como un dios de curación. Los prodigios no tardaron en producirse. En Tebas, en los grandes santuarios de la ciudad de los muertos, los egipcios ofrecían sacrificios a Anfiarau, dios de las curas, y en Menfis, en las ruinas del templo de Ftá, se depositaban los exvotos de los "receptores de los milagros"[6].

También la música, los cánticos, desde tiempos remotos, han sido considerados terapéuticos por los pre-cristianos. Los pitagóricos, en el siglo VI a.C. repetían las mismas letanías que los creyentes congregados en Lourdes o en Fátima. El filósofo sirio Jamblique de Chalais (260-325 a.C.) ya se refería a esa práctica clínica. Esculapio, a su vez, recetaba canciones como terapia para la fiebre. Danon curaba a los ebrios con música. También el alma era curada con cánticos y al son de flautas y arpas. La danza, el cántico y la música son operaciones de "magia blanca"[7]. De ahí que sea lícito que incluyamos esta práctica entre las variantes de autosugestión, vista como un instrumento más para alcanzar la cura o "milagro".

PSICOTERAPIA Y CURAS "MILAGROSAS"

Primero en los Estados Unidos, después en la Alemania Federal, las tesis psicosomáticas comenzaron a tomar forma. Consecutivas experiencias clínicas

---

5   POLLACK, Kurt, *Wissen und Weisheit der alten Ärzte [Conocimiento y sabiduría de los antiguos doctores]*, Dusseldorf, 1968, citado por DANIKEN, Erich von, *Le Livre des Apparitions [El libro de las apariciones]*, Albin Michel, 1975, pp. 180 et seq.

6   DANIKEN, Erich von, *Le Livre des Apparitions*, op. cit., p. 182.

7   SLIGMANN, Kurt, *História da Magia [Una historia de la magia]*, vol. II, Lisboa, Edições 70, 1974, p. 120.

probaron que las pulsiones psíquicas influyen directamente en los fenómenos físicos y provocan perturbaciones orgánicas. "Lo psicosomático se aplica al sujeto que segrega, él mismo, su dolencia y que no es una víctima pasiva de la misma. Todas las dolencias repercuten en el psiquismo de todos los organismos vivos"[8].

La sugestión provocada por hipnosis permite, principalmente, modificar el tono muscular, el ritmo cardiaco, el control de la emisión de bilis y de las secreciones gástricas. Erich von Daniken, en la obra que venimos citando, nos narra una entrevista que tuvo con el profesor Josef Brudny, especialista en reeducación en la Facultad de Medicina de Nueva York, el 14 de octubre de 1973. El profesor había curado, sin hacer uso de la cirugía, a un joven que, como consecuencia de una fractura de la columna vertebral había quedado confinado a una silla de ruedas.

"No hay milagro en esto", explicaba el profesor. "Lo que hay es un dominio del cuerpo a través del espíritu. Pienso que el poder psíquico es el "último animal que está sin domesticar en el mundo". Josef Brudny utilizó un sistema de reeducación electromiográfico —un sistema electrónico semejante a un encefalógrafo— que registra los procesos biológicos, como la actividad cardiaca, la tensión arterial, etc., y transmite al paciente señales que están sujetas a variaciones de intensidad. Después de conseguir una ralentización del ritmo cardiaco, el enfermo escucha a través de sus auriculares una serie de "bips" cuya cadencia es la del ritmo cardiaco. El cerebro reacciona y transmite los impulsos necesarios a los músculos para que reestablezcan su ritmo normal.

Otro investigador, el doctor Engel, del San Francisco Medical Center, utiliza la sugestión-fascinación audiovisual. En el fondo, el referido proceso permite la alteración de las funciones corporales, haciendo que vuelvan a la normalidad y eliminando los síntomas de enfermedad. A esto no se le llama "milagro", sino *biofeedback*[9].

La esperanza de una eventual cura es ya el "prólogo del milagro". La actitud psicológica del enfermo hacia su enfermedad deja de ser la misma. Según el doctor Scheyler, al que cita el mismo autor, Daniken, entre 232 casos controlados de curas en Lourdes, 185 pertenecen al sexo femenino. Se trata de un tipo de mujeres jóvenes cuyo comportamiento neurovegetativo es susceptible de reacciones anormales y bruscas.

---

[8]   DANIKEN, Erich von, *Le Livre des Apparitions*, op. cit., pp. 150, 168, et seq.
[9]   Idem, pp. 169-170, 154.

LOS PROCESOS DE CURACIÓN EN PSICOTERAPIA

Se impone realizar una breve síntesis de experiencias en este campo para que el lector pueda disponer de una mínima información sobre las terapias de vanguardia que todavía se llevan a cabo a la sombra de la clásica frialdad y escepticismo occidentales.

Psicoterapia de grupo o psicodrama: cada enfermo desempeña su propio papel en la presencia del resto de los participantes. Eso le permite exteriorizar, liberar sus inhibiciones, las neurosis que padece y curarse de ellas. Esta terapia ya fue propuesta por Aristóteles. Para este filósofo, el estímulo del psiquismo para llegar a la catarsis (purificación) tiene tanto una acción benéfica como terapéutica.

La curación taoísta: en China, el Tao es una especie de autosugestión de inspiración y esencia cósmica. El sentimiento de pertenecer a un grupo juega un importante papel en las curas obtenidas por la psicoterapia, de forma similar que en los "milagros".

Autosugestión y trance hipnótico: se trata de una técnica inventada por el neurólogo Johannes Henrich Schultz (1884-1970). Esta variedad de auto-hipnosis lleva a la relajación y es similar a la antigua práctica de la incubación, que consistía en provocar la aparición de un ser como preludio de la curación.

El sujeto es sumergido en un baño dentro de una sala (compárese con Lourdes). Los enfermos influenciables son curados, pues creen en las realidades de las curaciones obtenidas por ritos mágicos o religiosos.

De hecho, la "conciencia automática" (antes conocida como "inconsciente") determina las reacciones químicas y eléctricas del cerebro. "Una vez que alcanzan el cerebro, los impulsos nerviosos desencadenan reacciones químicas de naturaleza diversa" (Campbell). Las experiencias clínicas con placebos (réplicas inactivas de un medicamento) confirman el poder de la sugestión en las curaciones espontáneas. Ya Paracelso (1494-1541) hablaba en su tratado *Imaginatio* del papel de la imaginación en la génesis de las enfermedades[10].

Otra técnica que utiliza la sugestión es practicada por el doctor Lozanov, promotor de un método de "curación mental" puesto en práctica en los hospitales búlgaros, como consecuencia del reconocimiento de la importancia de los procesos psicosomáticos.

"El pensamiento alimenta la enfermedad" es la máxima. El método se inspira en el yoga, el cual se basa en que la energía vital (*prana*) que reside en los humanos

---

[10] Ibidem, pp. 180-190.

se puede controlar. En esos "milagros" actúa esencialmente la corteza cerebral y la fuerza del pensamiento o sugestión. Un yogi es capaz de anestesiarse a sí mismo, de simular su muerte, de influir en el metabolismo de la respiración, en la fisiología del músculo cardiaco, etc.[11]

Del sacrilegio a las curas PSI

En el estado actual de conocimiento, varios componentes sirven de "ruido de fondo" al hecho irrefutable de la "curación paranormal", designación con la que vamos a sustituir la de "milagrosa". La autosugestión y los fenómenos PSI son, sin duda, premisas importantes. Ya Avicena (980-1037), el conocido médico árabe, entre otros filósofos islámicos, hablaba de causas naturales de los presuntos "milagros". Escribió obras en las que describe los "poderes extraños de la naturaleza, el poder del psiquismo, la influencia del espíritu sobre el cuerpo", etc. Esta disertación le valió un violento combate con Santo Tomás de Aquino, ya que el principio *quod Deus solus facere potest* había sido previamente establecido por la Iglesia católica como definición de "milagro". Todos los intentos de avanzar por los límites desconocidos se convertían en "sacrilegio y herejía", de ahí que hechiceros y magos fueran postergados y castigados a penas capitales[12].

Siguiendo la estela de Alexis Carrel, Premio Nobel de Medicina, anotaremos que "lo que caracteriza al milagro es la inverosímil aceleración del proceso de curación orgánica". ¿Podremos discernir algo más detrás de esos mecanismos de curaciones espontáneas? ¿Un tipo de energías o de ondas todavía desconocidas? Tal vez sí, si recordamos los efectos extraordinarios sentidos por los testigos que han participado en "contactos" con entidades no humanas, asociadas o no con presuntos escenarios de "abducción" (presunto secuestro).

Energías y curaciones desconocidas.
Un caso de rejuvenecimiento

Los especialistas que han estudiado el asunto de las curas paranormales defienden que, a partir de las experiencias llevadas a cabo por el matrimonio Kirlian,

---

[11]   OSTRANDER, Sheila y SCHROEDER, Lynn, *Fantastiques Recherches Parapsychiques en URSS*, op. cit., pp. 384 et seq.

[12]   KELLER, Werner, *La Parapsychologie Ouvre le Future*, op. cit., pp. 65 et seq.

se llegó a saber que el cuerpo humano emite una energía bioplasmática que no es ajena a los procesos de cura aquí enunciados. Ese "segundo cuerpo energético", que la "kirlianografía" viene demostrando, podría, en opinión de algunos, funcionar como pivote de equilibrio entre las diferentes energías al nivel del citado bioplasma, por ejemplo, al nivel de algunas partículas que se cree que pueden actuar sobre los centros cerebrales, provocando el desbloqueamiento de ciertas informaciones acumuladas en el cerebro. Tal función sería realizable con la ayuda de iones negativos, impulsos electromagnéticos o campos magnéticos oscilantes[13].

En el mismo dominio de las "energías desconocidas" existentes en el ser humano, se situarían las "fuerzas o fluidos benéficos" motivados por las oraciones o preces consecutivas en centros de peregrinación como Lourdes o Fátima. El conocido médico Alexis Carrel vio interrumpida por su muerte su "fisiología de la oración", que pretendía averiguar aquello que el doctor Baraduc registró en Londres, en el transcurso de una experiencia singular. En un intento de obtener evidencias científicas de las "curas milagrosas", Baraduc distribuyó placas fotográficas por varios lugares del santuario para intentar imprimir una "imagen" de esas energías "invisibles" liberadas por los creyentes. De hecho, para su sorpresa, en todas las placas surgieron "retratos" de algo no identificado.

"En todas las placas, vemos fuerzas que convergen en glóbulos, presentando un centro correspondiente a la caída de glóbulos y a una zona periférica que recuerda el mecanismo de las gotas que caen en el suelo los días de calor"[14]. Lo que, además, se integra en las hipótesis, ya citadas aquí, de los campos morfogenéticos de Rupert Sheldrake.

En Canadá, los científicos probaron el tratamiento de las heridas mediante las radiaciones electromagnéticas. El doctor Alan Tanner, responsable del laboratorio de control de sistemas del Nacional Research Council, en Ottawa, explicó recientemente, el modo en que la aplicación de campos electromagnéticos aceleraba la regeneración del colágeno, una proteína fibrosa que ayuda a la cicatrización de heridas abiertas[15].

---

[13]   Ibidem, pp. 309 et seq.
[14]   HEMMERT, Danielle and ROUDENE, Alex, *Grandes Enigmas do Homem - O' Espírito Humano* [*Grandes enigmas del hombre – El espíritu humano*], Lisboa, Os Amigos do Livro, pp. 88-90.
[15]   BLUM, Ralph y BLUM, Judy, *Beyhond Earth*, Londres, Corgi Books, 1978, pp. 147 et seq.

John Keel también nos dice: "Apenas comenzamos a conocer el increíble poder curativo del espectro EM. Sabemos, por ejemplo, que las ondas VLF facilitan la cura rápida de llagas y aceleran también la cicatrización de huesos partidos"[16].

Ciertamente, serán necesarias nuevas experiencias antes de verificar los beneficios del uso de la radiación en seres humanos. De momento, sin embargo, se sabe que el factor de aceleración de la cura de tales procesos es 100 a 1, lo que no resulta, de ningún modo, despreciable. Una perspectiva así trazada podrá ayudarnos a entender el "milagro" que ocurre cuando un rayo de luz emitido por un ovni cura instantáneamente la pierna del Dr. X, o la mano de un agente de la policía de Texas, al que había mordido un cocodrilo…[17].

Cuadro I

ORGANIGRAMA DE LOS PROCESOS DE CURA PARANORMAL

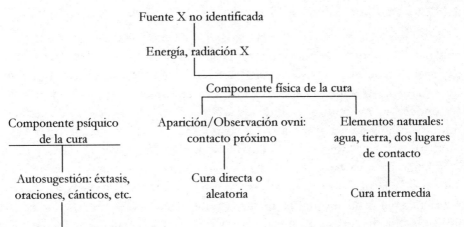

El organigrama propuesto no pretende más que sistematizar la integración de los diversos medios que intervienen en las curas paranormales. El esquema (o cuadro) funcionaría sucintamente dentro de los siguientes moldes:

Distinguiríamos dos componentes, uno *físico* y otro *psíquico*, el primero proveniente directamente de nuestra "fuente X", no identificada, que dirigiría sus

---

[16]   KEEL, John, *The Cosmic Questions [Cuestiones cósmicas]*, Nueva York, Panther Books, 1978, p. 54.
[17]   ARMADA, Fina d' and FERNANDES, Joaquim, *As Aparicóes de Fátima e o Fenómeno Ovni, op. cit.*, pp. 234-235.

operadores, entidades de tipo "aparición religiosa" y operadores tecnológicos del fenómeno ovni moderno. En este modelo propuesto, los beneficiarios de las "curas directas" lo serían sin intervención de la componente psíquica. En otras palabras, sin estar predispuestos a ella, deseándola. Al revés, las "curas persona-les" llamarían a la componente psíquica, o estímulo de sugestión, como ya hemos visto, en el que la liberación de un cierto tipo de "energía bioplasmática" se pre-siente. En este caso, se procesaría una especie de "equilibrio" por parte de los impulsos, los campos de energía residuales del espectro electromagnético, que tendrán como fuente próxima el fenómeno de aparición del ovni: componente física. Por último, las "curas intermedias" serían el resultado de la manutención y activación de esas mismas energías residuales en los elementos naturales del lugar de contacto, por regla general agua, tierra y, a veces, flora. En este sentido, esta modalidad reforzaría la idea de un conocimiento pragmático del terreno, conforme las hipótesis que construimos en el anterior capítulo.

El "milagro" de Ventura Maceiras

Uno de los casos más representativos de los beneficiosos efectos que pueden resultar de un contacto próximo con un objeto volador no identificado es, sin duda, el caso del argentino Ventura Maceiras, de setenta y tres años, residente en Tres Arroyos, en la provincia de Buenos Aires, en una pequeña casa en el bosque. Una noche corriente del día 30 de diciembre de 1972, cerca de las 22 horas y 30 minutos estaba escuchando la radio cuando esta, súbitamente, se cayó. En ese momento, el señor Maceiras comenzó a oír un *ruido de enjambre de abejas* que se fue ampliando progresivamente. En el exterior, vio entonces una luz potente y en el centro de ella un enorme objeto, de veinte a veinticinco metros de diámetro, sobre una hilera de eucaliptos de diez a veinte metros de altura. En una especie de cabina, iluminada con intensidad y situada en la parte central superior del ovni, Ventura Maceiras observó a un personaje al que solo podía ver de cintura para arriba. Las emisiones luminosas del objeto le causarían *perturbaciones oculares*. Otros síntomas inmediatos fueron incómodos: hormigueos, dolores de cabeza, diarrea, vómitos, pérdida de pelo (a pesar de su edad, poseía una bella cabellera).

Después del día 10 de febrero de 1973, el mismo testigo notó *que le habían crecido dientes nuevos en su encía superior izquierda*. Cuarenta y cinco días después del contacto con el ingenio volador, comenzaron a manifestarse en él síntomas parapsicológicos, que después fueron objeto de estudio. Aunque era prácticamente iletrado, comenzó a discutir de filosofía, teología, astronomía, entre otros temas. Adquirió un *tono profético* y manifestó dones artísticos.

Aún tuvo un segundo contacto con los "ocupantes" de este extraño objeto en febrero de 1973. El testigo contó que *sus interlocutores no hablaban, pero que él podía sentir sus palabras claramente en su espíritu.* Los seres medían cerca de 1,75 metros, tenían pequeñas orejas redondas, nariz pequeña y cabellos finos y muy bellos. Podían leer el pensamiento del señor Maceiras. Según el testigo, provenían de un planeta llamado Prunio, en la Vía Láctea, en el que su año era el 14329 según su concepción del tiempo[18].

Pero además de algunos síntomas típicos de las "apariciones marianas" —*zumbido de abejas, perturbaciones oculares debidas a la intensidad luminosa del fenómeno, tono profético posterior al contacto y modo de comunicación*—, el hecho más sobresaliente y que nos interesa destacar es el crecimiento, la regeneración de los dientes del señor Maceiras, un hombre de setenta y tres años. Una prueba más de la interferencia benéfica, como en otros casos, de una energía desconocida.

El crecimiento de los dientes es, de hecho, el incidente más intrigante de este caso de "contacto próximo" con fenómenos aéreos inexplicados. Pero, ¿será el único?

Crecimiento de los dientes entre los milagros de Fátima

De creer en la documentación existente sobre la fenomenología de las curas en este centro religioso, también allí, inesperadamente, encontramos un milagro idéntico. En esta ocasión, por acción de uno de esos elementos naturales de los que hablamos: la *tierra* de la zona de la aparición.

Quien nos describe el hecho es Maria do Carmo da Câmara, de la Quinta da Ota, en Belmonte. "A principios de mayo de 1919", nos cuenta, "tenía un sobrino gravemente enfermo. Era de complexión bastante flaca y, aunque tenía ya trece meses, todavía no le había salido ningún diente. Mis miedos eran muchos y el médico no tenía dudas sobre la gravedad de su estado. (...) Después de poner *debajo de su almohada un poco de tierra del lugar de las apariciones,* constaté que, poco después, *le aparecieron el primero y el segundo diente,* justamente en el día 13 de mayo, aniversario de la primera aparición. Su estado general mejoró *y la dentición continuó su desarrollo normal*"[19].

En esta sorprendente repetición del caso de Maceira, la constante que nos interesa es la manifestación de esa energía que estimula, directa o indirectamente,

---

[18] PERRIN, Jack, *Le Mystére des Ovnis [El misterio de los ovnis]*, Pygmalion, 1976, citado por el investigador Pedro Romaniuk, pp. 128 et seq.

[19] *A Voz de Fátima*, n°. 2, del 13 de noviembre de 1922.

la regeneración orgánica. En el caso argentino, se trató de una cura directa por exposición a una fuente irradiante de un objeto no identificado, mientras el caso de Fátima es típico de las "curas intermedias". La porción de tierra del lugar de las apariciones es la responsable indirecta del "milagro". La tierra, como suponemos no solo había estado expuesta a una determinada radicación EM, sino que también poseía, en sí misma, ampliamente reconocidas *virtudes naturales de alto poder terapéutico*.

Curaciones en Fátima después de 1917

En 1999, se publicó la obra *Documentação Crítica de Fátima II – Processo Canónico Diocesano (1922-1930)*[20], que incluye el documento en que se apoyó el obispo de Leiria para considerar las apariciones de Fátima dignas de crédito. Fue redactada por el prelado doctor Manuel Nunes Formigão, que unió al relato 17 casos de curación más.

Todas se habían publicado en el periódico *A Voz de Fátima*, entre el 13 de mayo de 1924 y el 13 de diciembre de 1929, algunas firmadas por él y otras con el pseudónimo de Vizconde de Montelo.

Las curas del proceso canónico

Todas esas 17 curaciones fueron confirmadas por médicos asistentes y se refieren a enfermedades incurables y bastante complicadas. Digamos que el canónigo Formigão escogió las "mejores": pleuresía purulenta, afecciones cutáneas que generaban abscesos exteriores, ceguera, parálisis, gastritis, lesión grave del sistema nervioso central, meningitis, tuberculosis, otitis, úlceras gástricas, fracturas óseas debidas a accidentes de coche. Los médicos especificaron los términos médicos para las patologías, ya que los pacientes curados les atribuyen, muchas veces, designaciones populares.

Si sistematizamos estos 17 casos, verificamos:

1. Cuatro casos de curas "milagrosas" corresponden a hombres y trece a mujeres.

2. El 47% refiere a la ingestión de agua del lugar de las apariciones como un hecho decisivo para la cura.

---

[20] Op. cit., pp. 277-372.

3. En un caso se indica también el uso de tierra del lugar disuelta en una infusión.

4. El 59% indica que se curó en día 13, en el momento de las ceremonias, de la misa y de la bendición de los enfermos.

5. Del mismo modo, el 59% se curó en un ambiente de fervor y oración colectivos.

6. Uno de los casos se curó un día 13, actuando la fibralvina ("cabellos de ángel").

7. El 100% de los casos se asoció a la oración individual y a la fe inquebrantable en la Señora de Fátima.

En ocasiones, se asoció la cura de la otitis a los poderes del agua de Fátima y a la oración colectiva en el momento de las ceremonias. Es el caso nº 8, que dice haberse curado el 13 de mayo de 1928.

> "Una vez que llegamos a Fátima, fuimos sin pérdida de tiempo a Cova da Iria, y después de la oración a la Santísima Virgen, lavé cuidadosamente mi oído infectado en la fuente".

Uno de los casos más curiosos es el de un médico, víctima de un accidente de coche, que sufría múltiples fracturas. Fue hospitalizado y él mismo describe su curación. Cuenta al final:

> "Hubo un detalle que me olvidé de registrar: días después de entrar en el hospital obtuve, por medio de un colega y amigo, un frasco de agua de Nuestra Señora de Fátima, del que hice uso, bebiendo y rociándome con ella".

O sea, los médicos acreditaban, ellos mismos, el agua del lugar de las apariciones como "remedio" para sus males...

Otro clínico apunta al poder de la oración como factor de cura. Es el que relata a un cura sobre una paciente suya (caso nº 16) que afirmaba sufrir perturbaciones gastrointestinales y tenía paralizado el lado izquierdo. Su diagnóstico médico era "sífilis congénita".

El 13 de mayo de 1929 fue llevada en camilla desde el hospital de Fátima hasta el "recinto de los milagros" donde estuvo "con la unción máxima de un fervoroso creyente, aquella media docena de horas seguidas". En un momento concreto, *"irguió las manos con el rosario apretado entre ellas y rezó con más fervor, ¡si era posible! Se levantó y…"*.

Registramos esos 17 casos en el siguiente gráfico, teniendo en cuenta el medio que los "curados milagrosamente" apuntan como la causa de la cura, además de su fe.

Consideramos que el agua y la tierra del lugar ya no tendrán, hoy en día, las mismas "propiedades" que en los años siguientes al "milagro del sol".

Gráfico 1

17 casos de curas en Fátima

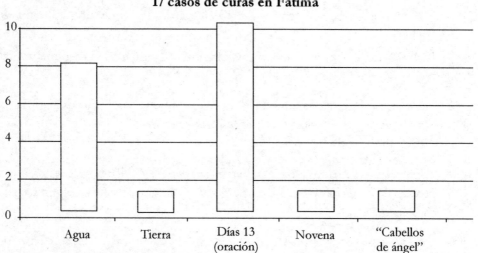

La arcilla, el agua, la música...

Pero, ¿de qué se compone el suelo de la zona de Fátima y de sus inmediaciones?

Geológicamente, durante varios periodos, ha habido predominancia calcárea y margosa (que contiene gres y *fundamentalmente arcillas*), con ejemplares de arcillas amarillas, cenicientas, verdosas, violáceas, rojizas[21].

Sin embargo, en 1917, son los propios testigos los que describen la riqueza arcillosa del lugar de las apariciones. "En la carretera a donde llegamos con las faldas cubiertas de *barro rojo*", dice la testigo Maria Augusta Saraiva Vieira de Campos[22]. Y añade la señora Jota[23]: "El vasto campo del milagro era *todo de barro*, separado con contrafuertes de piedras sueltas. Como llovió, quedó un lodo…".

---

[21] ZBYSZEWSKI, G., MANUPPELLA, G. y FERREIRA, O. da Veiga, *Carta Geológica de Portugal, folha 27/A – Vila Nova de Ourém, Lisboa*, 1974.

[22] *A Minha Peregrinação a Fátima [Mi peregrinaje a Fátima]*, Coimbra, 1917.

[23] Periódico *Correio da Beira*, 10 de noviembre de 1917. Según el libro, *Critical Documentation of Fátima*, p. 297, la Sra. Jota era Maria José de Lemos Queirós, nacida en 1859, y casada con el Dr. Henrique São Nicolau.

En una breve reseña sobre la arcilla —que ahora la medicina parece querer redescubrir—, diremos que Plinio, *el Viejo*, hablaba de ella en su *Historia natural*, y que Gandhi, por ejemplo, fue un fiel adepto a su aplicación. Durante la Primera Guerra Mundial, los soldados rusos recibían doscientos gramos de arcilla. Y en los pueblos en contacto con la naturaleza el uso de la arcilla es habitual[24].

El doctor Alexis Carrel afirmaba que la arcilla "era una sustancia viva, provista de la inteligencia de la naturaleza. Actúa con discernimiento, impide la proliferación de microbios o bacterias patógenas y favorece la reconstrucción celular. *Si se trata con arcilla, la herida purulenta se cura a un ritmo impresionante.*

Su radioactividad es lo que se invoca como base de sus propiedades. La arcilla es radiactiva, pero en el laboratorio es generalmente indetectable, excepto en comparación con otros lodos. Parece que tiene la propiedad de estimular la radiactividad de los cuerpos sobre los que se aplica, en el caso de que sea deficitaria, y también de absorberla si hay exceso de la misma. *Cuanto más expuesta está al sol y al agua, más activa se torna.*

"Más que por las sustancias de las que se compone, la arcilla actúa con su sola presencia. Existen sustancias que no se destruyen con el paso del tiempo: son las diastasas o enzimas, de las que la arcilla parece ser excepcionalmente rica, lo cual explicaría su acción purificadora y enriquecedora sobre la sangre. *Es un agente de estimulación, transformación y transmisión de energía*"[25].

No hay mucho más que subrayar en este último aspecto: la arcilla es, por excelencia, un agente *transmisor de energía*. Aquella "energía desconocida" (tal vez ya no tanto) que emana de las manifestaciones no identificadas, en sus diferentes formas...

Un análisis de las "curas intermedias"

Del conjunto de documentos analizados que hacen referencia a casos de "curación milagrosa", por interferencia de los elementos naturales de la zona de las apariciones de Cova da Iria, encontramos treinta ejemplos[26]. Si sistematizamos las diversas modalidades de aplicación de los recursos naturales y de las correspondientes patologías sanadas, obtenemos los siguientes cuadros:

---

[24] DEXTREIT, Raymond, *A Argila que Cura - unta Via da Medicina Natural [Arcilla curativa – Una modalidad de medicina natural]*, Lisboa, ITAU, 1979, pp. 3-5.

[25] Idem, pp. 6 and 8.

[26] Referencias tomadas de *A Voz de Fátima;* BRAGANÇA, Margarida Caupers de, *As Pombas Brancas da Paz, op.* cit.; *Stella* magazine, n°. *77;* periódico *A Guarda,* 24 de abril de 1920; y Vizconde de Montelo, *Os Acontecimentos de Fátima,* 1923.

Cuadro II

Terapia utilizada

Agua (ingestión)	7 casos
Agua (baños)	6 casos
Agua con tierra (baños)	5 casos
Agua y tierra (ingestión/baños)	3 casos
Tierra con agua común	3 casos
Tierra (aplicación)	2 casos
Agua con tierra (ingestión)	1 caso
Astillas de encina (en infusión)	1 caso
"Objeto" que "cayó de arriba"	1 caso

Cuadro III

Patologías consideradas

Úlceras diversas	5 casos
Tumores y abscesos	4 casos
Meningitis	4 casos
Afecciones uterinas	2 casos
Enfermedades de la piel	2 casos
Lesiones ópticas	2 casos
Vejigas negras	2 casos
Reumatismo	1 caso
Úlcera gástrica	1 caso
Artrosis	1 caso
Enfermedad de riñones	1 caso
Enfermedad del corazón	1 caso
Úlceras varicosas	1 caso
Tuberculosis pulmonar	1 caso
Peritonitis tuberculosa	1 caso
Cirrosis	1 caso
Dentición deficiente	1 caso
Úlcera cancerosa	1 caso

NOTA: dos pacientes sufrían dos enfermedades simultáneas.

Las variadas modalidades terapéuticas referidas en esta reseña inciden esencialmente en el uso de la tierra (arcillas) y del agua, aisladamente o en conjunto. Hay trece casos en que solo se usó agua, ya fuera por ingestión o por baños. Naturalmente, el agua, en contacto con las propiedades de la arcilla, tomaría de ella sus propiedades físico-químicas residuales, dando así mayor consistencia curativa al proceso. Prueba de ello son los tres casos mencionados en que la arcilla de Fátima se mezcló con agua común, y que viene a reafirmar la afirmación hecha más arriba sobre la reactivación o sobre-activación de sus propiedades por la exposición al agua y al sol.

En el mismo orden de ideas, se justifica la utilización de flora de la zona —dos casos—, que también estaría eventualmente "afectada" por la energía del fenómeno. Sin embargo, aún es más curioso el caso relatado por Margarida Caupers de Bragança[27], que ocurrió, probablemente, en 1948. Una imagen de Nuestra Señora de Fátima peregrinaba entonces por los Estados Unidos. Ya expusimos antes algunos relatos de fenomenología desconocida constatada en la presencia de la imagen peregrina. Ahora podemos añadir una curación bastante insólita.

Sucedió en Ferdinand, Indiana, en el Convento de la Inmaculada Concepción. Una monja benedictina, la hermana Albertina O. S. B., asistía a una misa al aire libre, celebrada en ese convento ante más de mil personas y de la imagen de Nuestra Señora de Fátima. Esa hermana "sufría una enorme úlcera en el labio inferior y había sido examinada por cinco especialistas. Todos ellos afirmaron no poder hacer nada por ella, pues consideraban que era cancerosa. Hacía la vida aparte del resto de la comunidad, comía sola y no se dejaba ver en público". Pues en esa misa, "en el momento de la consagración del Cuerpo del Señor, sintió que un *objeto oscuro* le caía sobre su libro de misa. Como pensó que era una *hoja seca* de algún árbol, la sacudió distraída, y, concentrada como estaba en sus oraciones, no se fijó en lo que era. Cuando llegó la comunión, sintió un frescor en su barbilla, se tocó con la mano allí y comprobó, alborozada, que la *úlcera había desaparecido por completo*".

Hay que mencionar también, entre los "milagros" indirectos de estos treinta casos de Fátima, algunos efectos peculiares que sintieron al ingerir el agua del lugar. En dos situaciones, las pacientes Ana Nobre Costa da Silva (de Lisboa) y Alzira dos Santos Sebolão afirmaron, la primera, sentir que el "cuerpo se le dormía" y, la segunda, "no saber lo que sentía dentro de sí".

---

[27] BRAGANÇA, Margarida Caupers de, *As Pombas Brancas da Paz*, op. cit., p. 149.

También se registran sensaciones de otro tipo. Por supuesto, el espanto, la incredulidad de la familia y de los médicos asistentes al enfermo son el paradigma que resulta entre lo Inexplicable y lo Conocido. Las narraciones consultadas expresan esa enorme extrañeza ante el hecho maravilloso que, en el ámbito religioso, se reviste de la forma de "milagro". Por ejemplo, el médico António Augusto Fernandes, en 1922, trató a la joven Teresa de Jesus Martins de una tuberculosis pulmonar. La situación se complicó y la muerte de la paciente se esperaba en cualquier momento. Aún así, ella comenzó a ingerir agua del lugar de las apariciones y el 25 de octubre, cuando el doctor Antonio Fernandes la visitó "la encontró diferente a lo que era antes y no pudo reprimir un movimiento de sorpresa. Afirmó que la había creído perdida y que ahora la encontraba completamente curada, lo cual juzgaba inexplicable, considerando tanto el estado desesperado de la enferma, como la rapidez con la que se había producido la cura"[28].

Veamos ahora este relato: "Como sufría fuertes dolores en el vientre y más fuertes aún en la espalda, llamé al médico. Este pensó tanto en una ictericia como en una torsión del intestino. Era de la opinión de que debía hospitalizarme. Le dije que esperara hasta el día siguiente y comencé con las aplicaciones de la arcilla, durante el día y la noche. Al día siguiente, por la mañana, el médico se sorprendió mucho al verme sentada en la cama, sonriendo y sin dolores, cuando en la víspera me había dejado tendida en la cama llena de dolores"[29].

Este podría ser solo un relato más de curaciones excepcionales del dossier de Fátima, pero no es así. Lo que el lector acaba de leer, en esta ocasión, es uno de los muchos testimonios publicados en un pequeño libro de Raymond Dextreit en que se da cuenta de las virtudes de la arcilla.

La diferencia estará en la mayor o menor velocidad de cicatrización, de regeneración del mal orgánico, ya que el catálogo patológico, en ambos casos, es paralelo. En la misma obra, recogemos ejemplos de todas las enfermedades tratadas por la arcilla, el agua y la flora de Fátima, desde las úlceras a las lesiones ópticas, pasando por las artrosis y dermatosis hasta llegar a los quistes, las osteomielitis y la esclerosis en placas. Se podría alegar que en todos estos procesos se prueba el predominio de la mente sobre el cuerpo, más que la eficacia de cualquiera de las panaceas (tierra y agua) utilizadas. El problema se mantiene irresoluble. Es más complicado todavía desde el punto de vista de la necesaria

---

[28] MONTELO, Vizconde de, *A Voz de Fátima*, n°. 8, del 13 de mayo de 1923.
[29] DEXTREIT, Raymond, *A Argila que Cura - Uma Via da Medicina Natural*, p. 104.

ecuación y demostración de los mecanismos de causa-efecto que llevan a la remisión, clínicamente inexplicada, de las diversas patologías. Principalmente aquellas que, de partida, no pueden ser consideradas como somatizaciones histéricas.

Para cerrar el ciclo de las analogías, falta mencionar un ¡*caso de regeneración de la dentadura de una pareja adulta de Montreal!* Después de utilizar arcilla, claro… El señor Ventura Maceiras no está solo en su asombroso caso. De los extraños seres visionados por el septuagenario argentino, al bebé de Fátima, pasando por la pareja de Montreal[30], formas de energía transmitidas de forma aislada o por los elementos naturales se convierten en el contrapunto actual del ex-milagro. Como quiera que sea, existe toda una lista de presuntas curaciones extraordinarias desencadenadas en la secuencia de apariciones de entidades o de aeroformas asociadas a ellas, atribuidas durante siglos a la jerarquía celestial de las religiones consagradas.

Repetimos la cita de Virgilio: *Tempora mutantur, nos et mutamus in illis* (los tiempos cambian y nosotros cambiamos con ellos).

LOS VISITANTES INESPERADOS O LAS "MÉDICAS" DE "OTRO LUGAR"

"En 1661, Antoine de Nantes, un pequeño propietario agrícola de Goult, que sufría una enfermedad cruel, se encontró con un niño de maravillosa belleza que planeaba sobre las ruinas de un altar, dentro de una aureola de fuego. Cuando la figura divina desapareció, el labrador se encontró completamente curado… El rumor de este prodigio se extendió con rapidez y se erigió una capilla en aquellas ruinas: Nuestra Señora de las Luces, adonde todos los años se realizan peregrinaciones. Los milagros se multiplicaron a partir de ese día; los meteoros de fuego explosionaban en las sombras sobre el recinto bendito"[31].

De esta forma, esas "Damas" o "Señoras" luminosas van surgiendo por todo el planeta, aquí y allá. El 15 de agosto de 1652, promueven la cura de una pastora sordomuda, cerca de Lourdes[32]. En 1696, le llegó el turno al obispo de Quito. El 13 de enero de 1866, otra "Señora" misteriosa (aunque siempre identificada como

---

[30] Idem, p. 105.
[31] CHARROUX, Robert, *O Livro do Misterioso Desconhecido [El libro de los misterios inexplicados]*, 2ª ed., Amadora, Bertrand, 1973, pp. 435-436.
[32] Revista *Ouranos*, magazine nº. 26.

la Virgen María) curó a Magdalena Kade, de treinta años, en la Bohemia, y, el 15 de agosto de 1871, a la pequeña Barbara Conrad, en Alemania[33]. La criada Estelle Faguette se encontraba en el lecho de muerte. El 19 de febrero de 1876 fue curada por una "Señora" y vivió otros cincuenta y tres años. Esta aparición fue reconocida por la Iglesia[34].

Figura 28. Típico "milagro del sol" observado en el transcurso de una serie de "apariciones marianas" en Baturité, en Ceará, Brasil. En este lugar se registraron varios fenómenos del mismo tipo entre septiembre de 1994 y diciembre de 1997. Cerca de 12.000 personas, que acompañaban al vidente Ernane dos Santos, vieron aparecer "nubes pesadas" en el cielo y sintieron, al mismo tiempo, una brisa fría. El Sol quedó cubierto y dio lugar a un globo luminoso. El ambiente se tornó azul y centelleante. Se hicieron vídeos y fotos, una de las cuales reproduce un intrigante "objeto" entre las nubes. (Foto original de Reginaldo de Athayde, gentileza de la doctora Gilda Moura).

Pero existen todavía más apariciones de "Señoras". En San Damiano, Italia, una mujer se encontraba enferma. En esto llamaron a la puerta, surgió una dama extraña y la curó, el 21 de septiembre de 1961. Hoy en día esa localidad es un gran centro de peregrinaciones donde se observan "milagros del Sol" y otra fenomenología[35].

---

[33] DANIKEN, Erich von, *Le Livre des Apparitions, op.* cit., pp. 302-304.
[34] TIZANÉ, E., *Les Apparitions de la Vierge, op.* cit., p. 273.
[35] Idem, p. 110.

Si salimos de Europa, también en Brasil, en Urucânia, se verifica en 1947 la curación de la vidente[36].

Una vuelta al mundo para regresar a la región de Fátima, donde termina fatalmente nuestro recorrido. El carácter ambulatorio de estas curaciones se concreta también aquí. El caso ocurrió en Alqueidão da Serra, a escasos kilómetros de Reguengo do Fetal y a cerca de diez de Cova da Iria. Es el propio Vizconde de Montelo el que nos legó esta narración:

> Junto con la peregrinación de las Covas, que regresa de la Iglesia parroquial, venía una niña que sufría una grave enfermedad y cuya cura, atribuida a Nª Sª de Fátima, está siendo asunto de las conversaciones de todos los romeros durante los dos últimos meses. (...)
>
> Paso a interrogarla. Se llama Maria da Conceiçao, tiene veinte años y vive en el pueblo de Carreirancha, de la parroquia de Alqueidão da Serra, del distrito de Leiria. Vive en uno de los extremos del pueblo, en la parte más alta. Hace siete años sufrió un fuerte ataque de gripe y, como no se trató como debía, su estado general de salud se resintió enormemente. Algunos meses después de haber tenido la gripe, le sobrevino una meningitis, y fue tratada de esta grave enfermedad por el doctor Padrão, da Batalla. Los remedios que tomaba no le producían ningún alivio.

Estuvo en cama siete meses, paralítica, casi sin poder moverse por los horribles dolores.

"El día 23 de marzo del presente año (1919), por la tarde, le dice a su familia que Nuestra Señora se le había aparecido y le había asegurado que dos días después, a las nueve de la mañana, se podría levantar de su lecho de dolor, *y le confió que se podía curar con el uso de la tierra del lugar de las apariciones.* En contra de lo esperado por la familia, que rehusaba dar crédito a lo que ella decía, ya que la creían víctima de una alucinación, el día 25, a la hora señalada, la enferma se levantó, con gran estupefacción de todos, y montando en su caballo, partió hacia Fátima.

Cuando regresó a casa, después de satisfacer sus devociones y de hacer las debidas acciones de gracia, hizo una novena, rezó el Rosario y *se aplicó la tierra del lugar de las apariciones disuelta en agua como remedio para uso externo e interno, sintiéndose curada al final de la novena* [nueve días]. Actualmente, camina sin dificultad, no se cansa con el trabajo y no siente dolores"[37].

---

[36] Ibidem, p. 88.
[37] *A Guarda,* del 24 de abril de 1920.

Figura 29. La "visitante del cuarto" o "Nuestra Señora" de Alqueidão da Serra observada por
María da Conceição, el 23 de marzo de 1919. La entidad ordenó a la testigo que se levantase y
se tratase con la tierra del lugar de las apariciones, en Cova da Iria.

En Lourdes, una "Dama" llevó a una vidente a comer *dorina*; en Fátima, sirvió la
tierra del lugar. Para una divinidad celeste, de poderes infinitos, desde nuestro punto
de vista se trata de un comportamiento demasiado racional, deontológicamente
terrestre. Se asemeja más a una "terapeuta" que conoce nuestras potencialidades
y que recurre a "remedios" terrestres, incomprensibles para nosotros, más que
parecer fruto de una ciencia que traspasa nuestras actuales limitaciones.

Aunque la validez de esa ciencia no terrestre sea discutible, eso no nos inhibe
de presentar aquí el caso de Alqueidão da Serra como indicativo y llamada a la
reflexión sobre todos los que no perdieron su punto de vista en la búsqueda de
otros niveles de saber y de su evolución en el tiempo. A título indicativo, y porque
nos parece ejemplar, hablaremos del caso de la niña de Laiz, en Brasil, una enferma
sin perspectivas de cura hasta que...

Las referencias que existen sobre este caso de intervención directa de entidades alienígenas en la cura instantánea de una enferma de cáncer, las remitimos al
doctor Olavo Teixeira Fontes, médico y ufólogo brasileño, fallecido el 9 de mayo

de 1968, y al periodista João Martins; de la misma nacionalidad, conocido por sus reportajes sobre el fenómeno ovni en la revista *O Cruzeiro*. El día 14 de mayo de 1958, este periodista recibió una carta fechada en Río de Janeiro, en la cual la suscriptora, cuyo verdadero nombre se mantuvo en el anonimato, contaba los pormenores de la espectacular cura de la niña Laiz, en cuya casa la autora sirvió hasta diciembre de 1957.

Para resumir (los interesados pueden consultar la provechosa obra de Henry Durant[38], donde se cita este caso), diremos que la joven sufría un cáncer de estómago y había sido sometida a varios tratamientos sin que, hasta esa fecha, los médicos diesen cualquier esperanza de supervivencia. Entretanto, la noche del 25 de octubre, el sufrimiento de la paciente llegó al punto máximo. El jefe de la autora de la carta (referenciada en el texto con el pseudónimo de Anazia Maria) ya lloraba la pérdida de su hija cuando "súbitamente, una fuerte luminosidad bañó toda la casa de la pequeña propiedad, cerca de Petrópolis". El hijo del dueño de la casa, Julinho, corrió hacia la ventana y afirmó haber visto en el exterior un objeto discoidal, que tenía la parte superior envuelta por una luminiscencia amarillo-rojiza. Entonces, surgió una abertura y dos pequeños seres salieron del aparato.

Los alienígenas entraron en casa de la enferma. Medían aproximadamente un metro y veinte centímetros y tenían largos cabellos hasta los hombros, de un tono rubio. El vestuario era blanco, pero brillaba en el pecho, la espalda y los puños. Se aproximaron al lecho de la enferma y dispusieron sobre él varios instrumentos. Uno de ellos colocó una mano sobre la frente del padre de la enferma, el cual, por telepatía, le contó todo el proceso de la enfermedad. Los pequeños hombres iluminaron el vientre de la joven con una luz blanca azulada y, durante media hora, trabajaron en la operación del estómago canceroso. Antes de partir, le comunicaron al padre, por telepatía, que debería dar a la enferma durante un mes, un cierto medicamento contenido en una pequeña esfera, para consolidar la cura.

La carta de Anazia Maria concluye con la cura efectiva de la joven, reafirmada por los médicos pocos días antes de que la autora de la carta saliera de la casa. Al final de su narración, enérgica a pesar de que poco cuidada literariamente, la autora pide disculpas por no revelar la dirección, afirmando, sin embargo, que vivía en los alrededores de Río de Janeiro.

---

[38] DURRANT, Henry, *Primeiras Investigações sobre os Humanoides Extraterrestres*, op. cit., pp. 59-63.

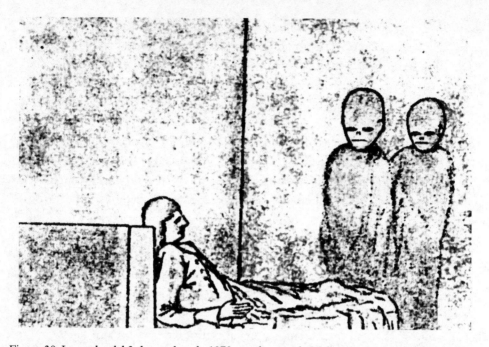

Figura 30. La noche del 3 de octubre de 1973, en el norte de Melbourne, Australia, Kevin Shaw
se encontró de frente con dos "visitantes de cuartos". En la secuencia de este hecho, los
investigadores reunieron nuevas informaciones sobre una ola de ovnis en aquella región
australiana *(Doc. Flying Saucer Review)*.

Entre Alqueidão da Serra y Brasil, entre la "Señora" que surgió en el cuarto de
Maria da Conceiçao y los dos pequeños seres que curaron a Laiz, ¿qué vínculos
pueden existir? ¿Qué paralelismos hay entre dos procesos aparentemente distintos?

Para terminar, citaremos algunos ejemplos más de intervención de entidades
ouranianas, referentes a apariciones en habitaciones de personas enfermas: el 2
de julio de 1947, una Señora aparece en el cuarto de Clara Laslone, en St.
Emmerichberg, Hungría, y le revela la existencia de una fuente "milagrosa", y, el
2 de octubre de 1933, Jules de Vuyst, de cuarenta años, recibe en su cuarto la
visita de una dama en el interior de una aureola de luz[39]. La ya citada Estelle
Faguette fue igualmente curada por una entidad del mismo tipo, que se le apareció quince veces en su cuarto. Todas estas Damas fueron identificadas como la
Virgen a falta de una identificación más lógica.

---

[39] DANIKEN, Erich von, *Le Livre des Apparitions,* op. cit., pp. 308-309.

Este tipo de intervención parece integrarse en experiencias similares, ampliamente referidas por el investigador norteamericano John Keel —los *bedroom invaders* (visitantes de cuartos), registradas en su libro *Strange Creatures from Time and Space*[40]. Entretanto se publicaron otras antologías que describían centenares de curaciones inesperadas e "imposibles" por intervención de seres angélicos y de dominios indescifrables para los pacientes[41].

En general, el proceso es común a todas las manifestaciones benéficas de las entidades descritas: conocimiento pragmático del lugar y de sus potencialidades (tierra, agua y flora), aceptación o estimulación de la capacidad de fe del paciente (autosugestión mediante las oraciones), previsión del tiempo de evolución de la enfermedad y curación de la misma.

---

[40] KEEL, John, *Strange Creatures from Time and Space*, op. cit., p. 195.
[41] Cf. DENNETT, Preston, *UFO Healings: True accounts of people healed by extraterrestrials*, *[Curaciones OVNI: Relatos verídicos de personas sanadas por extraterrestres]* Mill Spring, Wild Flower Press, 1996, y ARONSON, Virginia, *Celestial Healings: Close Encounters that Cure [Curaciones celestiales: Encuentros cercanos que curan]*, Nueva York, Signet Books, 1999.

CAPÍTULO TRES

Ser o no ser: la esencia
de los visitantes celestiales

La Virgen María puede presentarse rodeada de aureolas doradas, puede sonreír a los niños, más la tecnología que le permite manifestarse es en todo idéntica a la de los dioses y diosas de otros lugares y a la tecnología de los ovnis.

Jacques Vallée[1]

Oeste de Irlanda (Knock), 21 de agosto de 1897

Mary McLoughlin, gobernanta del arzobispo Cavanagh, al pasar por delante de la iglesia local, se fijó en varias siluetas extrañas que había en un campo cercano. Inicialmente, no le dio importancia al asunto, igual que otros ciudadanos, y prosiguió su camino. Al regresar, pasó por el mismo lugar acompañada de una amiga. De nuevo repararon en tres figuras envueltas por una luz extraordinariamente brillante. En breve, catorce personas habían sido atraídas por el espectáculo de las extrañas figuras, con vestuario blanco, plateado y luminoso cerca de algo parecido a un altar.

Una mujer, Bridget Trench, entusiasmada con lo que veía, avanzó con fervor hacia las apariciones con el deseo de besarle los pies a la figura central. *Pero, cuando lo hizo, sus brazos solo agarraron el vacío. Cuando quiso abrazarlo, no sintió más que la pared,* aunque las siluetas parecían llenas de vida y eran de la estatura de las atónitas testigos. "Me pregunté por qué mis manos no podían agarrar aquello que yo veía, tan nítido y marcado", exclamaba la señora Bridget.

---

[1]   VALLÉE, Jacques, *Le Collége Invisible, op.* cit., pp. *186-187.*

Conviene decir que las tres figuras fueron identificadas como la Virgen María, acompañada por San José y San Juan Evangelista. Una enorme luz ofuscadora llenaba todo el escenario, subía y descendía y cambiaba de color. Se registraron curas milagrosas[2].

Cambio de geografía no significa cambio de procesos. De ahí que sea pertinente la pregunta: ¿qué vieron en realidad los pastores de Cova da Iria? ¿Cuál era la naturaleza de las entidades, mayormente de la joven Ouraniana, identificada como la Virgen María? ¿Frutos del inconsciente? ¿Seres reales, de una esencia distinta, aunque antropomórficos? ¿Prototipos de la inteligencia original manipuladora del fenómeno? ¿O representaciones/apariencias de esa misma inteligencia?

En la situación actual de nuestra exploración de la experiencia de Fátima, más de interrogantes que de respuestas y que suscita más dudas que establece dogmas, es hora de resumir todos los elementos tratados:

1. Se informa de un estímulo exterior a los videntes y al resto de testigos, siendo este independiente de su presencia en el lugar. Esto lo prueba la observación de fenómenos del 13 de agosto. Además, en otra aparición reconocida por la Iglesia y que ocurrió en Beauraing, Bélgica, en 1931, los exámenes realizados durante las apariciones demostraron "la dificultad de los niños para ver a través de objetos (que se interpusieron entre ellos y a la Aparición) y que probaba que la visión les era exterior[3].

Por ello, queda abierta la hipótesis de que estas entidades o representaciones fueran producidas y estimuladas por alguna forma de energía "mental" (?), por ejemplo, por la oración colectiva, y que parece corresponder a un mejor definición de la visibilidad de la Entidad en algunas apariciones marianas[4].

2. Es un fenómeno visualmente limitado, sea a propósito o no, a los niños contactados. Ese aislamiento no es inédito, ya que en un caso típicamente tecnológico más reciente, la observación de una figura humanoide se restringió voluntariamente a la testigo principal. En un caso, además, en el que la importancia del número de testigos oculares de los fenómenos secundarios proporciona un alto índice de credibilidad.

---

[2]   VALLÉE, Jacques, *Chroniques des Apparitions Extraterrestres*, op. cit., *p. 194.*
[3]   TIZANÉ, E., *Les Apparitions de la Vierge*, op. cit., *p. 139.*
[4]   Cf. Ibidem.

El suceso ocurrió en Brasil, a 120 kilómetros de la capital. Wilson Plácido Gusmão, propietario de una finca en Alexânia, comenzó a notar una serie de hechos extraños en su "hacienda": luces que se acercaban hasta su residencia y luego se alejaban. Wilson comenzó a preocuparse por los sucesos y reunió a un grupo de amigos y estudioso en Brasilia para esclarecer los fenómenos. Trece personas, incluyendo el investigador general Moacyr Uchôa se desplazaron a la finca. En la noche del 31 de enero de 1969 todo el equipo estaba preparado.

Cerca de las 20 horas, surgió un objeto volador que se aproximó al lugar en que estaban los testigos. Wilson Gusmão se destacó del grupo y acercó a un metro del ingenio. Se abrió una entrada en la parte superior del ingenio volador, de la que salió un ser que, aparentemente, se levantó sin doblar el cuerpo.

El referido ser miró fijamente al propietario y luego bajó los ojos hasta un objeto que llevaba en la parte delantera del cinturón, como si quisiera decirle al granjero que lo mirara también. Al menos, esa fue la intuición de Wilson Gusmão en aquel momento. Miró al objeto y sintió que el extraño ser le estaba fotografiando.

Después, el ocupante del objeto volador se giró de espaldas y, como obedeciendo a una orden, una "gran luz" surgió en el monte. El ser se giró de nuevo. En ese momento, hubo un tumulto entre el grupo de testigos, que procuraban no perderse ningún detalle y utilizaban sus prismáticos. El revuelo llamó la atención del ser, que miró en dirección del hacendado. En seguida, se llevó la mano al cinturón e hizo surgir un halo luminoso a su alrededor. Este halo no impedía que el testigo lo viera, pero las personas que estaban en el grupo solo veían una bola de luz al lado del propietario. *En la fotografía, hecha en ese momento, solo se reflejó una bola luminosa.*

Según la investigación llevada a cabo por la SBEDV, Wilson Gusmão habría mantenido contactos posteriores con seres idénticos, estableciendo con ellos una especie de *diálogo sin palabras*. El grupo de estudiosos, liderado por el general Uchôa mantuvo durante algunos meses la investigación en la hacienda de Alexânia[5].

El principal punto común con Fátima en este caso es la limitación de la visión del humanoide al testigo próximo, con exclusión del resto de los observadores, que solo vieron una bola luminosa junto al propietario. El público de Fátima, a su

---

[5]   Publicado por primera vez en el boletín n°. 69-70, 15 de octubre de 1969, de la Sociedad Brasileña para el estudio de platillos volantes, reproducido en un Boletín Especial en 1975, pp. 28-30.

vez, solo ven una pequeña nube de condensación de la "rampa de luz". Solo uno observa un destello en el lugar de la "nube de humo". No es necesariamente un golpe de magia o milagro el hecho de que la luminosidad ofuscadora de la "luz transportadora" impidiese que la multitud percibiera con nitidez lo que pasaba en el interior del citado "tronco luminoso". Hay que recordar que los tres videntes se encontraban dentro de la luz, cuya área circular medía de dos a tres metros de diámetro[6].

3. El hecho se relaciona con una entidad de naturaleza desconocida y que parece esconder su origen y la inteligencia que representa. En cuanto a la manipulación mental, la sugestión hipnótica sobre los videntes, hay que resaltar la existencia, en los casos de Alexânia y de Fátima, de la misma situación: la fijación deseada en las bolas u objetos que las entidades llevaban en la cintura. Y la semejanza de sensaciones de Wilson Gusmão y de Lucía ("sentirse fotografiado" o "verse en la luz como en un espejo"), ¿no serán más que coincidencias de vocabulario?

Sabemos también que se trata de una entidad que dialoga de forma selectiva, imponiendo lo "canales auditivos" de su preferencia. Solo Lucía escucha y habla con la Ouraniana, Jacinta escucha algo y Francisco solo ve. Del mismo modo, podemos suponer que estos seres serían capaces de, tanto en las referencias de tipo mariano como en las de humanoides espaciales, provocar la recepción individual de las imágenes. McCampbell y Gösta Rehn, de forma independiente, mantienen esa hipótesis. El caso de Theodoro Merlo, empleado de una fábrica de automóviles de Santa Isabel, en Argentina, parece confirmar esta tesis, aunque sea difícil de entender desde el punto de vista terrenal.

El día 23 de septiembre de 1972, por la mañana temprano, Theodoro Merlo encontró en los vestuarios de su empresa un extraño personaje de cerca de dos metros y medio de altura, a pesar de estar seguro de que, horas antes, todas las puertas estaban cerradas. El testigo dejó de ver de repente a dicho ser, por más que se esforzó. Ese mismo día por la tarde, el trabajador observó el rostro de ese mismo ser... en el retrovisor del autobús que lo conducía hacia la fábrica después del descanso. Esto duró cerca de tres minutos. Después, la imagen se apagó y el testigo pudo ver por el retrovisor que el interior del autobús estaba aparentemente

---

[6]   ARMADA, Fina d' and FERNANDES, Joaquim, *As Apariçoes de Fátima e o Fenómeno Ovni*, op. cit., pp. 104 and 230-231.

normal. El resto de los pasajeros no daban muestras de haber notado ninguna anormalidad[7].

Evocaríamos también, para complementar el primer punto, la hipótesis, ya viable hoy en día en términos tecnológicos normales, de proyección de imágenes holográficas tridimensionales, por rayo *láser*, teniendo como *pantalla* el propio espacio. Desde la perspectiva de Jacques Scornaux, entre otros, las apariciones o desapariciones de ovnis y humanoides en el mismo lugar podrían representar técnicas similares[8]. Los ejemplos abundan y basta consultar la bibliografía. Knock no es único[9].

Vimos que en Fátima la famosa "visión del infierno" podría ser una secuencia de cualquier alegoría inculcada directamente en el cerebro de los testigos, a la que estos dieron un toque interpretativo. Pero otros también se sentirán manipulados por esa misma prefiguración mariana. En marzo de 1931, el señor M. B., empleado de una línea de transportes, iba en automóvil de Saint-Raphael hacia Cannes, en Francia. Sobre una colina, vio una nube entre blanca y cenicienta. Delante de él, vio después una figura vestida de blanco, luminosa, con un cinturón azul. La aparición levantó los brazos de forma similar a la Virgen de Lourdes. En el automóvil de M. B. los testigos estaban boquiabiertos. La aparición ejecutó una dislocación lateral sobre una sombra semejante a la de la prolongación luminosa de su vestido. La nube cenicienta estaba a algunos metros a su derecha y se movía lentamente. La aparición se dirigió hacia ella y desapareció en su interior. Entonces la nube ascendió hacia el cielo…[10]

En Fátima, la fuente emisora de esta "magia" podría tener alguna relación con las espléndidas nubes presentes durante el contacto. Estos procesos se repiten a lo largo del tiempo. Obviamente, como el señor M. B. fue *el único que vio la entidad* consideró que "recibió un favor de la Virgen".

4. Se une a una entidad dotada de dos características fundamentales, las cuales tienden a reforzar su índice de extrañeza: la *locomoción* y la *comunicación*, cuyos

---

[7]   GALINDEZ, Óscar A., "The Anthropomorphic Phenomena at Santa Isabel - Part l", en *Flying Saucer Review*, vol. 21, n.º 2, 1975, p. 11; in *Insólito*, Oporto, n°. 15, Agosto 1976.
[8]   SCORNAUX, Jacques, "Apparitions et disparitions sur place – 2" [Apariciones y desapariciones – 2], en *LDLN*, n°. 187, Agosto-Septiembre 1979, pp. 12 et seq.
[9]   GARDES François, *Chasseurs d'Ovni [UFO Hunters]*, París, Albin Michel, 1977, pp. 100 et seq.
[10] SCORNAUX, Jacques, «Réflexions sur la nature des humanoides» ["Reflexiones sobre la naturaleza de los humanoides"], en *LDLN*, n°. 159, Noviembre 1976, pp. 6 et seq.

mecanismos desafían a nuestra biología. Sin embargo, como refiere Jacques Scornaux, la mayoría de los humanoides y entidades asociadas a los fenómenos modernos se presentan dotados de una simetría bilateral (brazos, piernas, ojos, orejas, etc., a izquierda y derecha del cuerpo) y de una concentración, en una de las extremidades de su cuerpo, del cerebro y de los órganos de los sentidos.

En resumen, pensamos que los videntes captaron, directa o indirectamente, una imagen de algo real y concreto que, en su resultado final, se sitúa morfológicamente entre la concepción clásica de la Virgen María y de muchos seres asociados a experiencias y observaciones más recientes en las culturas urbanas contemporáneas. Conviene destacar que en estos casos de "encuentros próximos" se mezclan los elementos plausibles con otros elementos absurdos. La descripción final resultaría también de los elementos personales, subjetivos, aportados por el testigo, de su personalidad y de sus aspiraciones[11].

Lo que podemos adelantar de todo este asunto sobre cuál puede ser la esencia de estas manifestaciones es un postulado cauteloso, citando a Jerome Clark: "No podemos decir esto es así, pero la apariencia es esta". Está en la evolución de las nuevas disciplinas, sobre todo en el franco desarrollo de áreas como la biología, la neurología y la física cuántica, que los investigadores deben buscar nuevas respuestas.

Los fenómenos de apariciones de todos los tiempos, ya sean religiosos o profanos, parecen colocarnos, invariablemente, en la idea recurrente del conocimiento prohibido y de la manipulación de los testigos. Participan, en idéntica medida, de la objetividad y la subjetividad humana, como "parasitando" o aprovechándose de nuestra debilidad perceptiva. A través de ilusiones o proyecciones —al abrigo quizá de la amplitud del espectro electromagnético (EM)—, parecen controlarnos y, a través de nosotros, a nuestros sistemas de creencias. Se nos facilita ver entidades de todo tipo, desde el "hombrecillo verde" al cíclope gigante, pasando por los seres angélicos y casi humanos.

Pero, ¿cuál será la verdadera forma y esencia de todas estas configuraciones?

---

[11] Cf. Grupo "Detector CBRU Ouranos", *Ouranos*, nº, 15, nueva serie, 4º trimestre de 1975, p. 5.

PARTE TERCERA

EL SECRETO DEL SECRETO

CapÍtulo Uno

El secreto.
El alma de Fátima

El secreto, de hecho, tal vez haya sido una estrata-
gema divina y amorosamente inteligente. Sin él, el gran
público nunca hubiera oído hablar de Fátima ni de su
concomitante mensaje. Pero de esta forma, a su costa
y a su sombra, han tomado contacto con ella o cons-
cientemente o sin darse cuenta.

Canónigo Sebastião Martins dos Reis

¿Habrían los acontecimientos de Fátima alcanzado tamaña repercusión sin la existencia de un secreto?

Fue el secreto, cual bola de nieve, el que traspasó fronteras y el que le dio a Fátima una dimensión internacional. Hoy en día, los extranjeros que visitan Portugal incluyen Fátima en su recorrido, haciendo de ella una parada obligatoria. Es un centro de espiritualidad, donde se respira una sensación de paz, de plenitud, en el que la pequeñez humana se liga con el infinito, con el universo. Fátima fascina porque reúne el misterio, la devoción, la política y el Cosmos.

Hay un dicho popular que reza: "El secreto es el alma del negocio". El secreto fue el alma de Fátima. Por detentar ese secreto, Lucía fue la mujer portuguesa más popular en todo el mundo, a la par que Amalia, también convertida en mito. En 1997, el tema "Lucía", "era el quinto más consultado en Internet" y "una compañía cinematográfica de los EE.UU. ofreció una abultada cantidad por grabar la voz de Lucía. Sus palabras se divulgarían en disco y en espectáculos"[1].

---

[1] DACOSTA, Fernando, "0 terceiro Segredo já não existe" ["El Tercer Secreto ya no existe"], *Visão magazine*, 30 de enero de 1997, p. 58.

Por su causa, sobre todo, de cinco a seis millones de personas visitan anualmente el "Altar del mundo" y sus "sucursales bancarias están entre las que mayores transacciones de divisas realizan en todo el país"[2].

Figura 31. Fátima el 13 de mayo de 2000. La multitud reunida para escuchar la revelación del "tercer secreto". (Centro de documentación del *Jornal de Notícias*).

Los habitantes de la región de Fátima también sacan partido del turismo religioso, pues, otrora agricultores, se hicieron artesanos (muchos Rosarios son fabricados por las mujeres en sus casas) y muchos se ganan la vida alquilando casas a los visitantes para las peregrinaciones de los días 13. Los comerciantes locales hacen negocio, aunque ahora estén preocupados por la aparición de Señoras *made in China*, que son mucho más baratas. "Solo en 1999 el Santuario ganó, una vez pagados todos los gastos, más de 8 millones de euros, además de acrecentar su tesoro propio en 20 kilos más de oro"[3]. Libres de impuestos.

Por Fátima han pasado altos dignatarios de la Iglesia y de la política. Por devoción o curiosidad, además de tres papas visitaron Cova da Iria el "rey Humberto

---

[2] GALOPE, Francisco, "Santa Concorrência" ["Santa Concurrencia"], *Visão* magazine, 11 de mayo de 2000, p. 100.

[3] OLIVEIRA, Padre Mário, "E Tudo o Segredo Levou" ["Y el Secreto se llevó todo"], periódico *Fraternizar*, Agosto-Septiembre 2000, p. 12.

de Italia, Gracia de Mónaco (con sus hijos Carolina y Alberto), el general Franco, el mariscal Montgomery, Imelda Marcos, Corazón Aquino, Lech Walesa, Mobutu Sese Seko, Augusto Pinochet y Hillary Clinton"[4].

Y todo a causa de un secreto, que después de alimentar mucha literatura, mucha especulación, mucha histeria, muchas películas... acabó por ser revelado.

Pero, si se hubiera revelado antes, ¿habría alcanzado Fátima tal dimensión?

LA REVELACIÓN VATICANA DEL SECRETO

Un cierto día del año 2000, un 13 de mayo, los peregrinos de Fátima y del mundo fueron sorprendidos a través de las televisiones con la revelación del Tercer Secreto. El Secretario de Estado del Vaticano anunció a la multitud de peregrinos que el secreto "constituía una visión profética comparable a las de la Sagrada Escritura, que no describe de forma fotográfica los detalles de los acontecimientos futuros...". Sintetiza que la visión de Fátima se refiere "a la lucha de los sistemas ateos contra la Iglesia y los cristianos". Lo que la multitud entendió es que Lucía vio un obispo vestido de blanco que estaba muerto junto con otras personas. El obispo sería Juan Pablo II (él mismo lo pensó y Lucía lo confirmó). Según el secreto, el obispo de blanco moría, pero se creía que había sido salvado por Nuestra Señora, que había desviado la bala en el atentado sufrido por el Papa el 13 de mayo de 1981. Juan Pablo II colocaría la bala del atentado en la corona de la Virgen María, en Fátima.

El 26 de junio de 2000, llegó el ansiado momento por el Vaticano de dar a conocer el famoso manuscrito de Lucía, en una traducción a siete lenguas.

"En la sala de prensa del Vaticano, la expectación era grande. Periodistas del mundo entero aguardan la conferencia de prensa (...) Fotógrafos y cámaras de televisión ocupan los mejores sitios para captar el tan esperado acontecimiento, transmitido en directo para 40 países"[5].

"J.M.J. (Jesús, María y José)

La tercera parte del secreto revelado el 13 de julio de 1917 en Cova da iria, Fátima.

---

[4] BOTEQUILHA, Henrique, "Fátima impôs-se à Igreja" ["Fátima se impuso a la Iglesia"], *Visão* magazine, 11 de mayo de 2000, p. 97.
[5] MIGUEL, Aura, *O Segredo que Conduz o Papa [El Secreto que condujo el Papa]*, 2ª ed., Cascais, Principia, 2000, p. 145.

Escribo en acto de obediencia a Vos, Dios mío, que me lo mandáis por medio de su Excelencia Reverendísima el señor Obispo de Leiria y de Vuestra y mi Santísima Madre.

Después de las dos partes que he expuesto, vimos al lado izquierdo de Nuestra Señora un poco más alto un Ángel con una espada de fuego en la mano izquierda; al centellear, despedía llamas que parecía que iban a incendiar el mundo; mas se apagaban al contacto del brillo que la mano derecha de Nuestra Señora expedía a su encuentro. El Ángel apuntando con la mano derecha hacia la tierra, dijo con voz fuerte: ¡Penitencia, Penitencia, Penitencia! Y vimos en una inmensa luz que era Dios, "de forma similar a como se ven las personas en un espejo cuando pasan por delante", a un obispo vestido de blanco "tuvimos el presentimiento de que era el Santo Padre". Varios otros obispos, sacerdotes, religiosos y religiosas subían una escabrosa montaña, en la cima de la cual había una gran cruz de troncos toscos, como si fuera de la corteza del alcornoque; el Santo Padre, antes de llegar allí, atravesó una gran ciudad medio en ruinas, y medio temblando, con el andar vacilante, abrumado por el dolor y la pena, iba orando por las almas de los cadáveres que encontraba por el camino; una vez llegó a la cima del monte, postrado de rodillas a los pies de la gran cruz fue muerto por un grupo de soldados que le dispararon varios tiros y flechas, y así mismo fueron muriendo uno tras otro los obispos, sacerdotes, religiosos y religiosas y varias personas seglares, caballeros y señoras de varias clases y posiciones. Sobre los brazos de la cruz estaban dos ángeles cada uno con una regadera de cristal en la mano, con las cuales recogían la sangre de los mártires y con ella regaban las almas que se aproximaban a Dios".

Tuy, 3-1-1944[6]

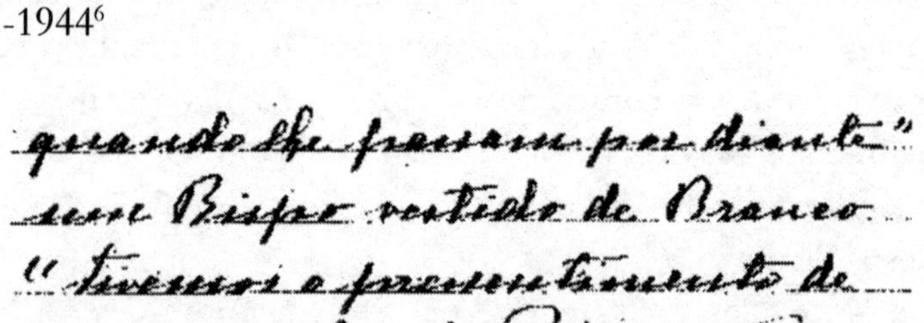
quando lhe passam por diante"
um Bispo vestido de Branco
"tivemos o pressentimento de
que era o Santo Padre". Varios

Figura 32. Extracto del texto del Tercer Secreto, cuado habla del obispo de blanco (www.tldm.org/news/lucyswriting.htm)

[6] *O Público* periódico, 27 de junio de 2000, p. 2.

El desencanto

Algunas de las personas entrevistadas por las televisiones en el santuario de Fátima reaccionaron rápidamente. Decían que aquel no podía ser el Tercer Secreto, tenía que haber algo más. Era tan poco para tanta espera...

"Y todo el secreto llevó...." "La montaña parió menos que un ratoncito", fueron algunos de los titulares que se leyeron en los periódicos. De hecho, la sensación general fue de desencanto. Los no creyentes sonreían sarcásticos. Los creyentes quedaron a la espera de más revelaciones. De "otra cosa".

En la sala de prensa del Vaticano llovieron las preguntas. El cardenal Ratzinger, con la tarea ingrata de explicar lo que la Iglesia católica no puede explicar, fue diciendo que el texto era "simbólico, que permitía un margen de explicación, que no era una interpretación histórica absoluta".

En su comentario teológico, el cardenal Ratzinger admitía que, el que leyera el texto del secreto "quedará presumiblemente desilusionado o sorprendido, después de todas las especulaciones que se han hecho. No se revela ningún gran misterio; el velo del futuro no se ha rasgado. Vemos la Iglesia de los mártires de este siglo que está al terminar..."[7].

¡Los mártires de este siglo! No sabemos cuáles, porque los mártires de este siglo fueron tal vez los judíos, tal vez las víctimas de las guerras, tal vez los hambrientos por las sequías... pero no fueron, ciertamente, ni los papas ni los cristianos.

Durante los días siguientes, el desencanto llevó a los más atentos e informados a usar Internet en busca de trabajos donde esperaban encontrar alguna idea plausible: "ese no puede ser el secreto, porque el secreto constaba de palabras, siempre se dijo, y lo que fue divulgado fue la descripción de una visión"[8]. Vivimos en una época de imágenes, una imagen vale más que mil palabras, pero no tanto. ¿Dónde estaban las palabras de la Virgen?

Hubo hasta quien, con espíritu de exegeta, analizara el texto y defendiese, con precisión de laboratorio, que "aquella" no era la letra de Lucía. En el umbral del nuevo milenio, el secreto continuaba siendo un misterio.

Y, así, un gran secreto se transformó en nada, porque el Vaticano lo quiso así e insistió en su interpretación dentro del ámbito del catolicismo.

---

[7] MIGUEL, Aura, O *Segredo que Conduz o Papa*, op. cit., pp. 171-172.

[8] CESANEK, Andrew, *Há dois Manuscritos Originais do Terceiro Segredo? [¿Existen dos manuscritos originales del Tercer Secreto]*, 2000. En www.fatima.org/port/portcr64pgO3.html (consultado el 28 de diciembre de 2000).

Por ironías del destino, tanto Lucía como el Vaticano parecían haber tenido muchas dudas sobre la profunda ambigüedad y subjetividad de semejante texto.

FÁTIMA I Y FÁTIMA II

Podemos aceptar la opinión de algunos en cuanto que hubo DOS Fátimas. La Fátima UNO corresponde a los hechos de 1917. Y la Fátima DOS, que se impuso con la publicación de las *Memórias da Irmã Lúcia*, en 1942, se fue estableciendo poco a poco sobre todo a partir del cambio de régimen político en 1926, y de la aparición de los jesuitas como confesores de Lucía en 1927. Podemos decir que Fátima UNO es de una dimensión extra-humana, marcada por la espontánea ingenuidad de la vidente principal. La Fátima DOS es conventual, dotada de un mensaje de matriz jesuítica y anticomunista, generada por el ambiente ideológico del salazarismo[9]. La Iglesia católica no "aparece" en Fátima UNO, pero sí tiene que ver con la construcción de Fátima DOS.

Las dos primeras partes del secreto surgirán de Fátima DOS y constituyen su mismo soporte. Son muy convenientes para la política de derechas de algunos países occidentales de aquella época. Silencian el fascismo europeo, Hitler, Mussolini o el exterminio de seis millones de compatriotas de la Virgen (Nuestra Señora era judía, por si alguien no lo recuerda), la bomba norteamericana sobre Hiroshima, y además, demoniza a Rusia como fuente de errores y promotora de guerras.

El tercer secreto no parece salir exactamente de Fátima UNO y no tiene nada que ver con Fátima DOS; de ahí el desencanto y la incomprensión.

Lo que generalmente los más o menos devotos conocen de estas apariciones es Fátima DOS. Por un lado, los documentos iniciales se mantuvieron en secreto. Por otro, el Obispo de Leiria, en 1921, tomó las riendas de las apariciones y las integró en el cuerpo doctrinario y devocional de la Iglesia católica.

Para lograrlo:

- Puso a la única vidente viva en "cuarentena", desterrándola de su tierra y silenciándola.

---

[9] Antonio de Oliveira Salazar fue el líder ideológico del régimen fascista autoritario de Portugal, el Estado Nuevo, el cual floreció entre 1926 y 1974. La obra titulada *Memórias da Irmã Lúcia* se escribió entre 1935 y 1941.

- Nombró una comisión de investigación, favorable a la interpretación que pretendía la Iglesia católica, ya que solo la componían sacerdotes católicos.

Cuando hablamos de "silenciar" a la vidente, nos referimos a sus propias interpretaciones, escritas ya a una edad avanzada y relativas a los hechos terrenales y sensibles[10]:

"El señor Obispo me hizo sentar en un sofá, a su lado, y allí me interrogó sobre las apariciones, a lo que yo respondí lo mejor que sabía. Después me preguntó si quería salir de Fátima para ir a Oporto, para educarme y estudiar en un colegio. Le respondí que ya una señora de Lisboa, muy amiga mía, donde ya había estado, estaba tratando mi entrada en un colegio, para estudiar allí y educarme. El señor Obispo respondió diciendo que sería mejor ir a Oporto, porque allí todavía no me conocían y que eso en Lisboa no lo podría conseguir (…), que no hablaría de las apariciones de Fátima con nadie, ni de mis padres, ni de mi familia, que no diría su nombre ni de dónde era; no recibiría visitas, excepto de las señoras a quienes me iba a entregar y que iban a cuidarme; que esas señoras eran también muy buenas y no dejarían que nada me faltase; que no debería escribir a nadie, *excepto a mi madre, que debería enviar mis cartas al señor Vicario do Olival, que él se encargaría de entregarlas a mi madre, y que las cartas que me escribiese ella debía también entregarlas al señor Vicario, para que me fueran enviadas por medio de su reverencia;* que no volvería a Fátima ni a pasar las fiestas ni a ninguna otra cosa, *sin su permiso*".

No es sorprendente que a Lucía y a su madre no les gustase aquella idea. Lucía continuaba diciendo que se acordaba de sus hermanas "con las que no podría mantener el contacto ni escribirles; me acordaba de mis tíos y de otros familiares, ¡de la casa paterna donde había pasado una infancia tan inocente y feliz! ¡De Cova de Iria, de Cabeço, Valinhos, del pozo, donde había gozado las delicias del cielo! ¡Para irme sin saber muy bien adónde, a Oporto, pero no sé dónde está Oporto ni conozco a nadie allí! Estos pensamientos y reflexiones me causaban una tristeza tan grande que la idea de ir a Oporto me parecía ENTERRARME VIVA EN MI SEPULTURA y decía para mí 'No, no voy'".

Y no fue. El Obispo recurrió entonces al Vicario do Olival, que obligó a la madre y a la hija a que lo visitaran en su casa. Fueron a pie, dos días de camino de ida y dos de vuelta "por carreteras y caminos pedregosos, atravesando montes, campos y colinas silenciosas…". Acabaron convencidas, pero la madre le prometió

---

[10] *Memórias da Irmã Lúcia - II, op.* cit., pp. 166 y 172.

Figura 33. Lucía en Aljustrel, a los 14 años, antes de ser enviada a Oporto.

ir a buscarla si no se encontraba bien. Lucía remata: "ofrezco el sacrificio a Nuestro Señor y me voy a Oporto". Tenía 14 años.

La Iglesia católica siempre afirmó que ella siguió la vida religiosa por voluntad propia. No parece que fuera así.

La vidente nunca podría escribir nada sin licencia o autorización. Pero era demasiado inteligente como para convertirse en "una cosa muerta que otros conducían", como dirá Antero de Figueiredo. Curiosamente, fue de las primeras personas comunes que trabajó con ordenadores en Portugal. Un técnico de Coimbra se desplazó al convento para enseñarla y se dice que aprendió sin dificultad, aunque ya tenía 75 años[11].

Tuvo una marquesa (marquesa de Cadaval) como secretaria entre 1952 y 1996 para responder las cerca de 50 cartas diarias que recibía.

---

[11] DACOSTA, Fernando, "O Terceiro Segredo já não existe", op. cit., p. 62.

Acabó por influenciar a papas, obispos y políticos. ¿Cómo? Decía que Nuestro Señor y (Nuestra Señora) se le aparecían en el convento y le solicitaban diversas cosas. No siempre tuvo éxito. Cierto día de 1941, escribió al cardenal Carejeira diciéndole que "Nuestro Señor desea que en Portugal sean abolidas las fiestas profanas en los días de Carnaval y que sean sustituidas por oraciones y sacrificios, con preces públicas en las calles". "Nuestro Señor desea que el gobierno tome parte…"[12]. Lucía se olvidó de que éramos un país con cercanía cultural a Brasil, que venera las fiestas y el Carnaval. Así que la estratagema de la aparición de Nuestro Señor no fructificó, legislativamente.

Con todo, ganaron el anticomunismo y el catolicismo popular, que constituían el centro de Fátima DOS y de las dos primeras partes del secreto.

---

[12] Carta al Cardenal Patriarca, Tuy, 10 de enero de 1941 en MARTINS, António Maria, *Documentos de Fátima*, Oporto, 1976, p. 441.

Capítulo Dos

El secreto del Santuario

La falda… llegaba solo hasta las rodillas… Sobre el cuello tenía una cadena de oro con un medallón con picos.

Borrador de "Inquérito Parroquial"

Los secretos nunca faltaron en Fátima. Para nosotros, uno de los mayores fue que se guardaran bajo siete llaves algunos de los documentos originales. Permanecieron secretos durante ochenta años, mientras otra Fátima se iba generando y creciendo.

Tuvimos la oportunidad de consultar los documentos depositados en el Santuario y en el archivo Formigão, en 1978, debido a la indefinición política que se vivía después de la revolución del 25 de abril y gracias al aval de una alta institución científica portuguesa[1]. Con todo, solo tuvimos acceso a los documentos pasados a limpio, que, en esa época, eran lo únicos que se conocían. Debido a la exigencia impuesta por el Santuario para permitir la consulta, solo pudimos publicar extractos, en obras que vieron la luz en 1980 y 1982.

En ese año de 1982, "se descubrió una copia inédita de las primitivas notas del párroco de Fátima, hecha por el padre José Ferreira de Lacerda, director del semanario *O Mensageiro*, de Leiria, (…) en su visita a los videntes de Aljustrel, en día 19 de octubre de 1917"[2].

---

[1] Uno de los autores disfrutó de una beca en el Instituto Nacional de Investigaciones Científicas.

[2] *Documentaçao Crítica de Fátima 1 - Interrogatórios aos Videntes - 1917*, op. cit., pp. 3-4.

Esas antiguas notas no se publicaron hasta 1992, sin publicidad y con discreción, en una edición del Santuario de Fátima. Se constituyó un grupo de trabajo, de especialistas, que contaba con la coordinación del padre jesuita José Geraldes Freire, profesor de la Universidad de Coimbra. Esta publicación, densa y destinada sobre todo a los investigadores, tuvo el patrocinio de la Universidad Católica Portuguesa.

Y ante aquel borrador, constatamos lo siguiente: cuanto más próximas a la época de las apariciones estaban las fuentes escritas, más se parecía Fátima en sus rasgos generales a las modernas experiencias de "contactados laicos".

¿Cómo es descrita la Señora? Además de medir cerca de un metro de altura y llevar un vestuario cuadriculado, la entidad que descendió del cielo llevaba la falda a la *altura de las rodillas*. En esa época, en Portugal, tal moda era escandalosa, pues ni "las mujeres de la calle" se ponían semejante modelo. Por eso, los dos primeros sacerdotes que recogieron los testimonios de los videntes se sintieron avergonzados y no tuvieron el valor de publicar un detalle tan indecoroso. Sin embargo, no destruyeron las pruebas y la Universidad Católica tuvo el coraje de publicarlos, aunque casi ochenta años después. Entonces ya esto ni afectaba ni incomodaba. Fátima era el Altar del Mundo. "Fátima dos" era algo definitivo y nada, nada, conseguiría que se retrocediera a sus orígenes. Los creyentes, en general, prescinden de la reflexión teórica sobre los documentos, antiguos o recientes, y no se sienten perturbados con las modificaciones que se introduzcan mientras tanto.

Mas como la Tierra se mueve, como diría Galileo aunque las voces dominantes habían asegurado que estaba quieta, pasemos nuestros ojos por esos antiguos documentos.

LAS NOTAS DEL PÁRROCO

En sus notas sobre la Segunda Aparición, el padre Manuel Marques Ferreira escribió:

"Lo que vestía era: un manto blanco que le llegaba desde la cabeza al final de la falda, el cual era dorado desde la cintura hasta la parte de debajo de los dos[3] cordones, los cuales se cruzaban arriba y abajo y en el dobladillo, todo era dorado

---

[3] Puede que hubiera un error tipográfico en el manuscrito original. Ferreira pudo querer decir "dos cordones" en vez de "desde los cordones".

y estaba junto. La falda era blanca y dorada con cordones, los cuales la atravesaban en vertical, **pero solo le llegaba hasta las rodillas**; el abrigo era blanco no dorado, y solo tenía dos o tres cordones dorados en los puños; no llevaba zapatos, sino medias blancas sin nada dorado; en el cuello llevaba una cadena de oro de la que colgaba un medallón"[4].

Este medallón que colgaba, interpretada como una "bola" en 1922, será transformado en el "Corazón Inmaculado de María" veinte años más tarde, en "Fátima dos", y ese Corazón Inmaculado constituirá en las *Memórias* de la hermana Lucía uno de los puntos fundamentales del segundo secreto.

Figura 34. Manuel Marques Ferreira, párroco de Fátima en 1917. (En *Fina d'Armada, Fátima, lo que pasó en 1917*).

Las anotaciones inéditas del canónigo Formigão

"Jacinta afirma que el vestido de la Señora solo llegaba hasta las rodillas (...) Nuestra Señora no puede, evidentemente, aparecer si no es más decente y modestamente

---

[4] *Documentaçao Crítica de Fátima, Doc. 2*, op. cit., pp. 11 - 12.

vestida. El vestido debería descender hasta cerca de los pies. De lo contrario (...) constituirá la dificultad más grave para sustentar la sobrenaturalidad de la aparición y hará que surja el espíritu de recelo; se pensará que es una mistificación preparada por el espíritu de las tinieblas. Mas, cómo explicar la concurrencia de tantos miles de personas, su fe viva y su piedad ardiente, la modestia y compostura que muestran en todos sus actos, el silencio y el recogimiento de la multitud, las numerosas y retumbantes conversiones ocasionadas por los acontecimientos, la aparición de señales extraordinarias en el cielo y en la tierra, verificadas por millares de testigos, cómo explicar, repito, todos estos hechos y conciliarlos con la providencia divina y con la economía que rige el mundo sobrenatural, sobre todo después del establecimiento del cristianismo, ¿será el demonio el que causa y ocasiona semejantes hechos?"[5].

La piedad de las personas, y no lo que dicen los videntes, constituyó la razón de la autenticidad de las apariciones.

Podemos afirmar que, esta descripción de la aparición, solo revelada en 1992, es uno de los verdaderos secretos de Fátima.

Aceptamos y comprendemos a la perfección la perplejidad y confusión de estos sacerdotes. Y si para el canónigo Formigão fue más sencillo superar esa perplejidad, el párroco, después de enviar su relato al Patriarcado de Lisboa, el 28-04-1919 —sin incluir el episodio de la falda por la rodilla—, hizo las maletas y abandonó la parroquia de Fátima, en ese mismo año de 1919. Según la propia Lucía: "por no querer asumir la responsabilidad de los hechos"[6].

Al canónico Formigão le fue fácil traspasar esa dificultad porque la Aparición actuó a tiempo. Según contó la vidente Jacinta, la Señora se apareció y citó su nombre. El canónigo se sintió tan honrado de andar en la boca de la Madre de Dios que publicaría solo lo que convenía y mantendría el secreto (Archivos Formigão) de lo que resultaba incómodo. Modeló los interrogatorios aquí y allá y redactó el Proceso Canónigo Diocesano, que consideraría las apariciones dignas de crédito.

También va orientando a los videntes.

---

[5] FREIRE, José Geraldes (coordinator), *Documentaçao Crítica de Fátima, Doc. 7*, op. cit., pp. *66-67*.
[6] *Memórias e Cartas da Irmã Lúcia*, op. cit., p. *167*.

Figura 35. El canónigo Formigão, literariamente hablando Vizconde de Montelo. *(Revista Stella, febrero de 1958).*

Cuenta Lucía acerca del doctor Formigão:

"Me interrogó seria y minuciosamente. Me gustó mucho, porque me habló larga-mente de la práctica de la virtud y me enseñó algunas formas de practicarla. Me mostró una estampa de Santa Inés. Me contó su martirio y me animó a imitarla. Su Rev. siguió yendo allí todos los meses a realizar el interrogatorio, al final del cual siempre me daba algún buen consejo, con el que me hacía algún bien espiri-tual. Un día me dijo: 'La niña tiene la obligación de amar mucho a Dios, por todas las gracias y beneficios que le está concediendo'. Se me grabó esa frase tan íntima-mente que desde entonces adquirí el hábito de decirle constantemente a Nuestro Señor: '¡Dios mío! Yo os amo en agradecimiento por las gracias que me habéis concedido'"[7].

---

[7] "Segunda Memória da Irmã Lúcia", escrita entre el 7 y el 21 de noviembre de 1937, en MARTINS, António Maria, *Documentos de Fátima*, op. cit., p. *149.*

205

Y añade que le había enseñado esta oración inventada a los otros dos videntes, que la decían en medio de las visiones.

Hagamos aquí un paréntesis:

Oración de Lucía	Oración de un libro de 1855[8]
"¡Dios mío! Yo os amo en agradecimiento por las gracias que me habéis concedido"	"Dios mío, yo os adoro y os amo con todo mi corazón; os doy las gracias por todos los beneficios que de Vos he recibido"

Metida entre la "espada" de lo que había visto y la "pared" de la Iglesia, retirada del mundo, pero con acceso a lecturas escritas por sacerdotes, la vidente Lucía no lo podía hacer mucho mejor...

---

[8] MOURA, Joaquim José Álvares, *Horas de Devoção à Santíssima Virgem ou Exercícios em Louvor do Coração Imaculado da Mãe de Deus, para todos os Sábados* do Ano, op. cit., p. 13.

CAPÍTULO TRES

¿Se correspondía el secreto revelado con aquel de 1917?

En seguida nos confió unas pocas palabras, advirtién-donos: "No digáis esto a nadie, solo se lo podéis contar a Francisco".

Lucía, relato de 1922 (referente al mes de julio)

EL MES DE LA REVELACIÓN DEL SECRETO

En el *Inquérito Paroquial*, ni Lucía ni Jacinta hablaron del secreto al párroco. Para ellas no debía ser importante. Además, el párroco escribió que había tenido conocimiento del secreto a través del Administrador del Concejo, el 13 de agosto[1].

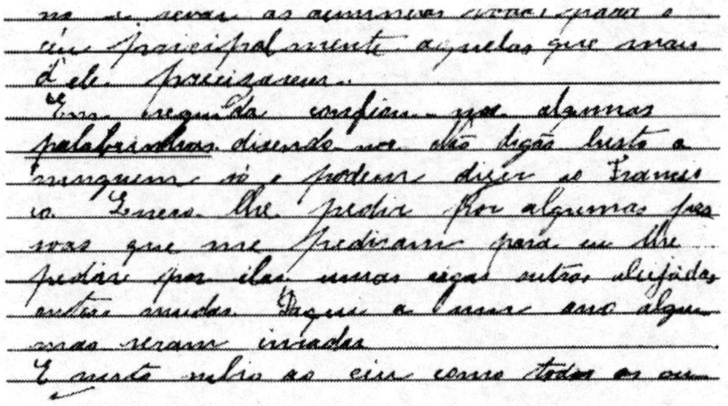

Figura 36. Manuscrito de Lucía en 1922, donde se refiere que el secreto constaba de "palavrinhas"(En *António Maria Martins, Documentos de Fátima*)

---

[1]   Informe del padre Manuel Marques Ferreira, el 18 de abril de 1919, al Arzobispo de Mitilene (que sustituía al Cardenal Patriarca), en *Documentação Crítica de Fátima - I, Doc. 31, 1992, p. 26 1.*

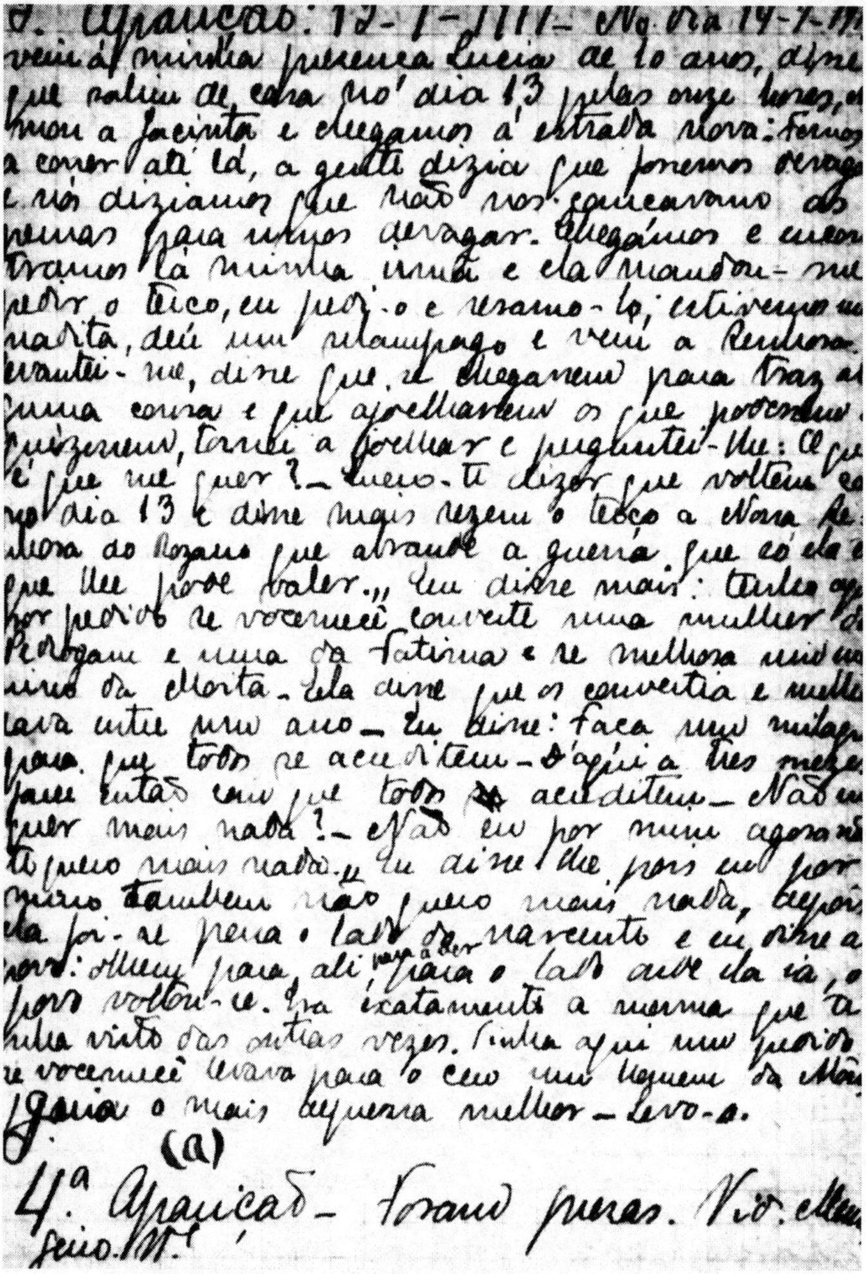

3ª Aparição: 13-7-1917 - No dia 14-7-917
veio à minha presença Lucia de 10 anos, disse
que saiu de casa no dia 13 pelas onze horas, cha-
mou a Jacinta e chegamos à estrada nova: Fomos
a correr até lá, a gente dizia que fossemos devag-
e nós diziamos que não nos cansavamos as
pernas para irmos devagar. Chegámos e encon-
trámos lá minha irmã e ela mandou-me
pedir o terço, eu peguei-o e rezamo-lo; estivemos um
bocadito, deu um relampago e veio a Senhora
levantei-me, disse que se chegassem para traz a
uma coisa e que ajoelhassem os que pudessem
quizessem, tornei a joelhar e perguntei-lhe: O que
é que me quer? - Quero-te dizer que voltem cá
no dia 13 e disse mais rezem o terço a Nossa Senhora do Rosario que abrande a guerra que só ela é
que lhe pode valer." Eu disse mais: Tenho aqui
um pedido se vossemecê converte uma mulher da
Pedrogam e uma da Fatima e se melhora um me-
nino da Moita. Ela disse que os convertia e melhora-
va entre um ano. Eu disse: faça um milagre
para que todos se acreditem - D'aqui a tres meses
faço então com que todos acreditem. Não
quer mais nada? - Não eu por mim agora não
te quero mais nada." Eu disse-lhe pois eu por
mim tambem não quero mais nada, depois
ela foi-se pera o lado do nascente e eu disse a
nós: olhem para ali para a ver; para o lado onde ela ia, e
pois voltou-se. Era exactamente a mesma que tinha
visto das outras vezes. Tinha aqui um pedido
se vossemecê levava para o ceu um homem da Moi-
[illegible] o mais depressa melhor - Levo-o.
(a)
4ª Aparição - Foram presas. V.o. [illegible]

Figura 37. Interrogatorio del párroco de Fátima a Lucía, el día 14 de julio de 1917, el día siguiente a la aparición. No consta ninguna referencia a ningún secreto. (En *José Geraldes Freire, coord., Documentação Crítica de Fátima, I, 1992*).

En 1922, Lucía informa de que el secreto les había sido confiado en julio.
Cuando fue interrogada por el asunto, Jacinta refirió que lo había oído, la segunda vez, el día de San Antonio, que se venera en Portugal el día 13 de junio y que
es fiesta en Lisboa. Y Lucía declaró, igualmente, que había sido en junio:

- Al párroco de Cortes, a mediados de septiembre.
- Al canónigo Formigão, el 13 de octubre.

A mediados de septiembre de 1917, después de la 5ª aparición y de su retención en casa del administrador del concejo, las dos videntes pasaron ocho días en
la residencia de Maria do Carmo Menezes, en Reixida, parroquia de Cortes. Fue
en ese momento cuando las entrevistó el párroco de esa parroquia. Después, les
leyó lo que había escrito y "en un papel aparte, fui anotando las discordancias y
las explicaciones que ellas iban dando". Esa segunda conversación había ocurrido
antes del 27 de septiembre de 1917 y también fue registrada. Existen, pues, dos
documentos de ese interrogatorio[2].

Esos textos del padre António de Santos Salves, nunca publicados, se ofrecieron al Santuario en 1982 y se hicieron públicos en 1992. Sobre el secreto, el padre
Santos Alves registró: *"En el día de San Antonio (13 de junio).* En este día hubo una
fiesta en Fátima (…) Más o menos a la misma hora que el mes anterior, se les
aparece la misma visión con la misma forma y esta vez les dice que sigan acudiendo
allí los meses siguientes; que aprendiesen a leer; y *les dice un secreto* que les prohíbe
revelar a nadie".

Después, describe un interesante incidente en el lugar, referente a una "paralización" de los animales.

"Días después [el párroco adelanta que no era un día 13 y afirma, en el primer
documento, que fue un jueves, aunque retira esta mención en la segunda versión],
cerca del sitio de la aparición, estando los tres con el ganado, pensaron en ir a
rezar el rosario al lugar de la aparición, pero para hacerlo o debían abandonar el
ganado con peligro de que dañaran las mieses próximas, o al menos uno de ellos
debía quedarse de guardia y no ir a rezar el rosario; resolvieron ir todos a rezar el
rosario y abandonar el ganado, que inmediatamente se dirigió hacia unos campos
de maíz, de col, guisantes y otras legumbres. Una mujer que andaba por allí cerca,
al ver las ovejas en aquel campo, llamó a los pastores, que no respondieron, por lo

---

[2] *Documentação Crítica de Fátima - 1*, Docs. *44* and *45*, op. cit., p. *315* and *323*.

Figura 38. Las dos videntes en Reixida (Cortes), a mediados de septiembre de 1917. Repárese en la blusa de Lucía (*Documentação Crítica de Fátima I*).

que ella misma fue obligar a las ovejas a darse la vuelta, aunque en cuanto la mujer se giró, las ovejas volvieron a donde estaban. Terminado el rosario, regresaron los tres junto a su ganado, vieron el sitio en el que estaba y el perjuicio que habían causado, pero cuál no fue su sorpresa cuando vieron que nada se había estropeado, lo que confirmó el mismo dueño que, cuando sintió al ganado en sus campos, fue a observar el perjuicio que tenía, constatando que no había daños".

Esta "indiferencia" de los animales podría indicar una reacción idéntica de "inmovilidad" ya verificada en otras fechas, distintas de los días 13, como ya sucediera en el episodio del pequeño y rubio "ángel" de la cuarta vidente.

EL SECRETO COMO RUMOR

A juzgar por los testigos adultos presentes en los momentos de las apariciones, el secreto comenzó con un rumor, justo después de la primera aparición.

Inácio António Marques escribió, en 1922, su testimonio, el cual envió a la Comisión Católica. Era empleado de Correos. Se trata del único testimonio escrito de un testigo que presenció los hechos desde la segunda aparición.

"En mayo de 1917, corrió el rumor de que a tres niños… se les había aparecido una señora vestida de blanco… *que el día 13 de octubre les diría un secreto.*

Acerca de la segunda aparición, relata: "Cuento a las personas y veo que están presentes unas 40. Terminada la letanía, Lucía dice: "Ya viene Ella" y nos manda arrodillar. Comienza interrogando y respondiendo a alguien al que no oigo y que mis ojos no ven. Y la segunda aparición, una vez allí, afirma delante de un reducido número de espectadores —porque todavía no se les puede llamar creyentes— que Ella le está diciendo que vaya allí todos los meses y que el 13 de octubre será la última vez y *entonces dirá un secreto"*[3].

Joaquim Gregório Tavares escribió en el mes de octubre de 1917 y su testimonio fue publicado en el periódico *Concelho de Maçao*, el 18 de noviembre de ese mismo año. Tuvo suerte, porque en la época de Salazar la censura a la prensa nunca le dejaría publicar una "revelación" de estas. Habla de la pre-aparición de una Señora (no de ángeles) y de la paralización de las ovejas en el transcurso de esa pre-aparición. Y añade:

"Dicen también [los videntes] que el último 13 de mayo, Ella se les apareció nuevamente en el mismo sitio, sobre una carrasquera o pequeña encina, entre el medio día y la una, *revelándoles un secreto*, que no dicen a nadie…"[4].

Según el doctor Luís Vasconcelos, eran los creyentes los que intensificaban el rumor del secreto.

Dice esto porque, en diciembre de 1917, este señor barón de Alvaiázare, abogado en Vila Nova de Ourém, se desplazó a Fátima para oír a los videntes y registró sus impresiones por escrito. Él dice acerca de Lucía:

"También nos dice que había oído hablar anteriormente de los milagros de la Señora de Lourdes. *Una mujer que decía ser su tía la ayudaba algunas veces en las respuestas y hacía diversas consideraciones sobre un secreto* que ellas tenían y que no revelaban a nadie"[5].

---

[3]   Marques nació el 9 de octubre de 1896, así que tenía 21 años. Doc. A, *Documentação Crítica de Fátima - II, op.* cit., *p. 149-150,* publicado en *A Voz de Fátima* el 13 de diciembre de 1922.

[4]   El Santuario de Fátima también publicó este informe en 1992. Es el Doc. *57* en la *Documentação Crítica de Fátima,* p. 401-406. Gregório Tavares era empleado de Correos y vivía en Tomar. Tenía aproximadamente 60 años. Era hermano de un sacerdote. La copia original fue donada al Santuario de Fátima el 26 de junio de 1978.

[5]   Testimonio de Dr. Luis António Vieira de Magalhães e Vasconcelos, Archivos Formigão. Publicado también en la *Documentação Crítica de Fátima,* Doc. 28, pp. 234-235.

Era esa tía, una tía abuela, la que iba hablando del secreto y no la vidente.

Maria do Carmo Menezes, que las hospedó a mediados de septiembre, afirma lo mismo, que los videntes nunca le hablaron del "secreto", durante aquellos ocho días que estuvieron en su casa, en Reixida.

—¿Le dijeron que nuestra Señora les había comunicado un Secreto?

—Tengo la seguridad de que no me hablaron de ningún secreto que Nuestra Señora les hubiese dado a conocer"[6].

El padre Lacerda, director del periódico *O Mensageiro*, interrogó a los videntes el 19 de octubre de 1917. Relativizó de tal modo el secreto, que solo al final de sus crónicas señala: "Ya se me olvidaba decir que los tres niños me contaron que la Señora les dijo un secreto y que no se lo revelarían a nadie"[7].

Figura 39. Maria do Carmo Menezes, que invitó a las videntes a su casa, en Reixida. El 13 de octubre de 1917 observó tres figuras "en el sol" y en 1918 observó la caída de la "fibralvina/ cabellos de ángel". (Dibujo de Claro Fângio).

---

[6] MATOS, Alfredo de, *8 Días com as Videntes da Cova da Iría em 1917* [*Ocho días con los videntes de Cova da Iría*], 1968, p. 40.

[7] "As Aparições - Conversando com as Trés Crianças" ["Las apariciones: Conversando con los tres niños"], *0 Mensageiro*, 29 de noviembre de 1917.

El secreto de junio

—¿Cuándo te dijo el secreto? —preguntó el canónigo Formigão a Lucía el 13 de octubre.

—Me parece que fue la segunda vez.

Lucía se vio obligada a aclarar este asunto al propio obispo de Leiria, en su "4ª Memoria", concluida el 8 de diciembre de 1941. Sobre la obra del padre Gonzaga da Fonseca, *Nossa Señora de Fátima*, donde se dice que el secreto le fue confiado en junio, rectifica: "…este mes fuimos nosotros los que quisimos guardar el secreto del reflejo y de sus hechos. En el mes siguiente, fue cuando el secreto fue impuesto por Nuestra Señora"[8].

Y en otro punto de las *Memórias*[9], define en qué consistió ese "secreto" de junio.

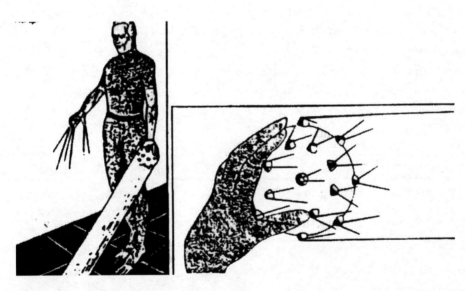

Figura 40. *"…abrió las manos y nos comunicó… el reflejo de esa luz inmensa… A Jacinta y a Francisco les parecía estar en la parte de esa luz que se elevaba hacia al cielo, y a mí en la parte que se esparcía sobre la tierra. En la palma de la mano derecha de Nuestra Señora había un corazón rodeado de espinas, que parecían estar clavados. Comprendimos que era el Inmaculado Corazón de María, ultrajado por los pecados de la Humanidad…"* en Lucía, IV Memoria. (Los dibujos no se refieren a Fátima, sino a un contacto en Argentina, en 1968, en Antonio Ribera, *Encuentros con humanotes*)

---

8   MARTINS, Antonio Maria, *Documentos de Fátima, op.* cit., *p. 364.*

9   "Quarta Memória da Irmã Lúcia", en MARTINS, António Maria, *Documentos de Fátima, op.* cit., pp. 334-336.

—Quería pedirle que nos llevara al cielo.

—Sí, a Jacinta y a Francisco me los llevaré en breve, pero tú te quedarás aquí por algún tiempo. Jesús quiere servirse de ti para que me conozcan y me amen. Él quiere establecer en el mundo la devoción a Mi Inmaculado Corazón.

—¡¿Me quedo aquí sola?! —pregunté con pena.

—No, hija. ¿Tú sufres mucho? No te desanimes. Yo nunca te dejaré. Mi Inmaculado Corazón será tu refugio y el camino que te conducirá hasta Dios.

"Fue en el momento en que dijo esas últimas palabras, en el que abrió las manos y nos comunicó, por segunda vez, el reflejo de esa luz inmensa. En ella nos veíamos como sumergidos en Dios. A Jacinta y a Francisco les parecía estar en la parte de esa luz que se elevaba hacia al cielo, y a mí en la parte que se esparcía sobre la tierra. En la palma de la mano derecha de Nuestra Señora había un corazón rodeado de espinas, que parecían estar clavados. Comprendimos que era el Inmaculado Corazón de María, ultrajado por los pecados de la humanidad, que quería reparación.

A eso, Exc. y Rev. Señor Obispo, nos referíamos cuando decíamos que Nuestra Señora nos había revelado un secreto en junio. Nuestra Señora todavía no nos mandó, en esa ocasión, guardar el secreto, pero sentimos que Dios a eso nos movía".

Lucía, 1941	Padre Moura, 1859, 2ª edición[10]
Mi Inmaculado Corazón será tu refugio	El Santísimo e Inmaculado Corazón que sois y seréis siempre nuestro refugio…"

Curiosamente, el cardenal Ottaviani, que leyó el tercer secreto junto con el papa Juan XXIII, afirmó en una declaración pública, el 11 de febrero de 1967:

"La Santísima Virgen… en su conversación con la pequeña Lucía, le confió tres mensajes. Uno hablaba respecto a la propia Lucía, a sus sentimientos más íntimos, la predicción de que Francisco y su hermanita irían en breve al cielo. Y la profecía se verificó, exactamente, en poco tiempo"[11].

---

[10] MOURA, Joaquim José Álvares, *Novena em Honra do Santíssimo e Imaculado Coração de Maria* *[Novena en Honor del Santo e Inmaculado Corazón de María]*, 2ª ed., Braga, Tipografía Lusitana, 1859, p. 9.

[11] MARCHI, João de, *Era uma Senhora mais Brilhante que o Sol*, op. cit., pp. 370-372.

Se refiere, por tanto, al secreto de junio. Pero no alude al Corazón Inmaculado. Como era un hombre bien informado, sabría que era una devoción antigua, aunque no hubiera leído al padre Moura. Ignora también la referencia a la conversación sobre Rusia.

Es de señalar que, en 1927, el secreto parece ser, igualmente, el principio del secreto que, a su vez, da la impresión de desdoblarse en dos partes en vez de en tres.

> "El día 17-12-1927, fui junto al sagrario a preguntarle a Jesús cómo satisfaría el pedido que le habían realizado[12], si el origen de la devoción al Inmaculado Corazón de María estaba encerrado en el secreto que la Santísima Virgen le había confiado. Jesús, con voz clara, le hizo escuchar estas palabras: *Hija mía, escribe lo que te piden; y todo lo que te reveló la SS Virgen en la aparición en que habló de esta devoción, escríbelo también; en cuanto al resto del secreto, continúa en silencio.* Lo que me confiaron en 1917 a este respecto es lo siguiente: ella le preguntó si los iba a llevar al cielo. La Virgen respondió, sí, a Jacinta y a Francisco me los llevo en breve, pero tú te quedarás aquí un tiempo. Jesús (…) quiere establecer en el mundo la devoción a Mi Inmaculado Corazón".

Conclusión: en 1917, el secreto contenía la profecía de la muerte prematura de los videntes y la devoción al Corazón Inmaculado que corresponde, en las palabras de Lucía en 1941, al secreto de junio.

Conviene recordar que, en 1917, según el "Inquérito Paroquial", fue en mayo cuando Lucía preguntó si irían todos "al cielo". Entonces, la Señora le había respondido que sí, pero, en cuanto a Francisco, aclaró: "Ese todavía ha de rezar sus cuentas"[13].

La profusión de datos y los respectivos acontecimientos pudieron haber perturbado a la vidente. Nos parece que el secreto de junio pudo haber sido construido en 1927.

EL PUEBLO Y EL SECRETO DE 1917

Solo el canónigo Formigão hizo preguntas que nos ayudan a entrever lo que sería el secreto en 1917. Así, preguntó a Lucía, el 11 de octubre:

—¿Es cierto que te dijo un secreto y que te prohibió que lo revelases a nadie?
—Es cierto.

---

[12] Por su confesor, padre Aparício.
[13] MARTINS, António Maria, *Documentos de Fátima*, op. cit., p. 500.

—¿Te lo dijo a ti o también a tus compañeros?

—A los tres.

En cuanto a Jacinta, el canónigo Formigão recogió las informaciones del 11 de octubre:

> "Escuché el secreto de Nuestra Señora. En la segunda vez, el día de San Antonio. Es para que seamos buenos y felices. Es para el bien de los tres. No es para que seamos ricos. No es para que vayamos al cielo. No puedo decir el secreto. Nuestra Señora dice que no digamos nada sobre el secreto. Si el pueblo lo supiese, se pondría triste".

Francisco, que no escuchó nada de ningún secreto, oyó de la boca de Lucía que dijo que el pueblo se pondría triste si lo supiese. Igual que Jacinta. Aunque, Lucía, a la pregunta de si el pueblo se pondría triste si supiese el secreto, respondió: "Yo creo que se quedaría como está, casi igual"[14].

Por tanto, en 1917:

—Había solo un secreto.

—Era sobre los tres videntes.

—Según Jacinta, no era para ir al cielo.

—El pueblo se pondría triste si lo supiese o, según Lucía, "se quedaría casi igual".

—Había sido revelado en junio.

Sin embargo, es interesante retener lo que escribió el padre de Cortes, el cual, en junio, colocó la referencia al secreto después de la de que "aprendiese a leer". Los videntes se refirieron a ese detalle cuando todavía estaba fresco en su memoria, en septiembre, y fueron dos y no solo uno los que hicieron esas declaraciones. Tiene cierta lógica que en el secreto haya sido manifestado que siguieran la recomendación de que aprendiesen a leer.

Hasta aquí verificamos que los videntes no sabían bien lo que era el secreto, nunca lo entendieron y ni siquiera sabían en qué mes se les había comunicado. En 1927, Lucía aún confundía todo. Decía que era sobre la muerte prematura de sus primos y Jacinta dijo, al canónigo Formigão, que no era para "ir al cielo".

Sin embargo, hoy en día está establecido que el secreto se transmitió en julio. Existe incluso una fotografía. Hecha por el ingeniero Mário Godinho, que afirmó

---

[14] *Formigão Interrogations*. Esta declaración la hizo Lucía el 19 de octubre. Se publicó en varias obras, como la de MARTINS, António Maria, *Documentos de Fátima*, op, cit., pp, 502-516.

que había sido disparada en la aparición de ese mes. Sería justo después de que los videntes hubieran "visto" el infierno; de ahí su expresión. Es posible que esa expresión facial derive del efecto del sol en los ojos. Pero esta foto representa un problema: la blusa que lleva Lucía se la había regalado Maria do Carmo Menezes[15], dos meses después, en septiembre.

Figura 41. Fotos de los videntes realizada por el ingeniero Mário Godinho en julio (?) de 1917. Compárese con la foto realizada en Reixeda. ¿No fue la blusa de Lucía un regalo de Maria do Carmo Menezes en septiembre? (Revista *Stella*, febrero de 1962).

Aunque no tenemos certezas documentales en cuanto al mes en que el secreto fue confiado, en 1922, Lucía afirmó que fue en el mes de julio, declarando lo mismo en 1924 y reiterándolo después en sus "Memorias". Hasta el año 2000, siempre fue ese el "mes del secreto". Ahí lo dejamos.

---

[15]   REIS, Sebastião Martins, *Fátima - As suas Provas e os Seus Problemas [Fátima: Pruebas y problemas]*, Lisboa, 1953, p. 17.

Capítulo Cuatro

Los jesuitas y el secreto de Fátima

El secreto permaneció inviolable hasta 1941. Resistió todas las pruebas: las violentas, por parte del Administrador; las curiosas, por parte de Formigão.

Padre António Maria Martins

Siempre nos aseguraron que el secreto de Fátima había permanecido inviolable hasta 1941. La propia vidente escribió en esa fecha: "Bien, el secreto consta de tres cosas distintas, dos de las cuales voy a revelar"[1].

El mundo llegó a saber, entonces, de qué constaban las dos partes del secreto. Y fue ese secreto y el resto de las "Memorias" lo que confirió a Fátima su dimensión global, por lo menos en lo que se refiere al mundo católico.

"Voy a revelar...", prometió la vidente.

Sin embargo, según una entrevista que ella concedió en 1946 a un padre monfortino holandés, de nombre Jongen, Lucía ya lo habría revelado 14 años antes. De esta forma, la tan pretendida "clave" de los eventos de 1917 habría sido discretamente "sustraída" con ingenio y arte. Es decir, el secreto original, el de 1917, o lo que de él se recordaba.

Nótese lo que la vidente declaró al padre Jongen en febrero de 1946[2]:

—¿Cuándo recibió el permiso del cielo... para revelar el secreto?

---

[1] "Terceira Memória da Irmã Lúcia" concluida el 31 de agosto de 1941, en MARTINS, António Maria, *Documentos de Fátima*, op. cit., p. 218.

[2] MARCHI, João, *Era uma Senhora mais Brilhante que o Sol*, 8ª ed., op. cit., p. 363.

—En 1927, aquí en Tui, en la capilla. Ese permiso no incluía la tercera parte del secreto.

—¿Habló de eso con su confesor?

—Sí, inmediatamente.

—Me ordenó que escribiese el secreto con excepción de la tercera parte. No creo que lo leyera; se resistió a hacerlo. Poco después tuve otro confesor. Este me ordenó que lo quemara y después me dijo que lo escribiese de nuevo.

¿Quiénes eran esos confesores?

Lucía revela sus nombres al padre Jongen: "eran los padres José da Silva Aparício y José Bernardo Gonçalves".

Fuera o no coincidencia, ambos eran jesuitas.

LOS JESUITAS EN PORTUGAL Y EN RUSIA

Los jesuitas desempeñaron en Portugal un notable papel en diferentes momentos de la vida del país. Fundada por el español Ignacio de Loyola, la Compañía de Jesús, reconocida por el papa en 1540, entró en Portugal en ese mismo año. San Francisco Javier y Simão Rodrigues fueron los dos primeros en llegar. Javier partió hacia la India y Rodrigues fundó en Lisboa "la primera casa propia que tuvo en todo el mundo la Compañía de Jesús". Los objetivos de estos hombres eran *"convertir a los indígenas* y admitir, formar y enviar constantemente contingentes cada vez más numerosos no solo para India, Etiopía y Japón, sino también para Brasil, el Congo y también Tánger y Tetuán; en pocas palabras: hacia todas partes "hasta los confines de la Tierra"[3].

Su misión fue, por tanto y desde sus inicios, la *conversión*. El plan inicial de San Ignacio y de sus compañeros era visitar Jerusalén e intentar *convertir a los moros*[4]. En el siglo XX, los jesuitas concentrarán sus esfuerzos en la *conversión de Rusia*.

Su visibilidad no era dominante. "En 1600, ya había unas veinte casas de jesuitas por todo el país, con cerca de 600 miembros, incluyendo noviciados, hospitales, asilos, escuelas y seminarios. Eran 650 a mediados del siglo", refiere A. H. de

---

[3] CANIÇO, João (organizer), *Jesuítas em Portugal - 1542-1980*, Lisboa, Conhecer, 1980, pp. 16-17.
[4] SERRÃO, Joel (director), *Dicionário de História de Portugal*, vol. II, Oporto, Figueirinhas, 1971, p. 589.

Oliveira Marques[5]. Actualmente, su contingente rondará los 300, según la Enciclopedia Larousse, publicada en 1998[6].

Aunque en ocasiones fuesen intolerantes (por ejemplo, en el comportamiento que tenían en los barcos que iban hacia la India, lanzando libros de navegantes al mar y luchando porque se abandonara a las mujeres embarcadas en islas desconocidas, o si nos fijamos en las dos cartas que San Francisco Xavier envió a D. João III, pidiendo el establecimiento de la Inquisición en Goa[7]), lo cierto es que Portugal llegó a deberles mucho. Se distinguieron en la enseñanza, en el arte, en la cultura, en la ciencia y, naturalmente, en el entonces Ultramar portugués.

Europa también le resultó deudora, porque fueron sobre todo los jesuitas los que, a través de su acción misionera, evangelizaron lugares y culturas con credos diversos, sin olvidar las tierras americanas.

Entonces, ¿por qué razón los políticos, con el paso de los años, comenzaron gradualmente a enfrentarse a ellos? ¿Qué actos cometerían que llevaran al Marqués de Pombal a expulsarlos y a mandar prender a los que quedaran en el país en 1759? Y, ¿por qué en Europa se los expulsó en masa, hasta el punto de que el papa Clemente XIV extinguió la Compañía de Jesús en 1773?

Veamos lo que dice el *Grande Diccionário Enciclopédico Ediclube*[8]:

"Según el pensamiento de la Orden, la sumisión del Estado a la Iglesia pasaba por una hábil política de control a los gobernantes, por lo que siempre intentaban cubrir los puestos de confesores de los miembros más importantes de la familia real".

Con esto se iluminan, desde luego, las razones de tal colisión de intereses: a través del confesionario, ellos pretendían someter el Estado a la Iglesia.

Como todavía no existían los modernos medios informativos para obtener datos importantes, los confesionarios servían a esos propósitos con plena eficacia.

---

[5]   MARQUES, A.H. Oliveira, *História de Portugal, vol.*I, Lisboa, Palas Editores, 1977, p. 391.

[6]   *Nova Enciclopédia Larousse [Nueva Enciclopédia Larousse]*, vol. 13, Lisboa, Círculo dos Leitores, 1998, p. 3950.

[7]   ARMADA, Fina d', "As Mulheres nas Naus da Índia (séc. XVI)" ["Las mujeres en las naves hacia la India en el siglo XVI"], en *Actas 1 - 0 Rosto Feminino da Expansão Portuguesa [Act 1 – El rostro femenino de la Expansión portuguesa]*, Lisboa, CIDM, 1995, pp. 197-230.

[8]   *Grande Dicionário Enciclopédico Ediclube, vol. X*, Alfragide, 1996, p. 3491.

La información es poder. Hoy en día, los manuales dicen que tener información es más importante y decisivo que tener dinero. A través de las confesiones de los dirigentes políticos era posible tener conocimiento no solo de los vicios privados sino también de los valiosos secretos públicos de Estado. Podían, de ese modo, definir estrategias y trazar planes de acuerdo con sus conveniencias. Con la confesión, podían ejercer un poder coercitivo, secreto, dada la confidencialidad del sacramento, sobre los gobernantes.

En el siglo XVIII, todos los monarcas europeos expulsaron a los jesuitas. El papa fue forzado a prohibir la Orden. Sus miembros quedaron desterrados, entonces, en el único país que les acogió.

¿Cuál fue ese país? Se lee en el *Diccionario de Historia de Portugal*:

> "Aunque extinta en 1773 por Clemente XIV, debido a la presión de las cortes europeas, la Compañía de Jesús *puede sobrevivir en Rusia* donde Catalina II no permitió la promulgación del breve de supresión…"[9].

La inmensa Rusia, un país cristiano ortodoxo, dado que Catalina la Grande se convirtió para poderse casar. Sagaz como era, quizás habría aprovechado los saberes de los jesuitas para sacar adelante sus reformas.

Aunque se aprovechara, no cambió la religión oficial, que no era la suya de origen. La conversión de Rusia al catolicismo debió haber sido el gran sueño de los jesuitas. Desde su inicio, habrían perseguido este objetivo. Habría sido además un triunfo, una muestra de su poder delante del papa y de los otros países católicos. Pero, la resistencia de Catalina y de los subsiguientes gobernantes rusos lo convirtió en un gran fallo.

Al contrario que en Occidente, los zares rusos siempre mantuvieron la religión bajo sus reinados. "Siguiendo una tradición muy bizantina, los zares siempre ejercieron una fuerte influencia sobre los patriarcas de Moscú y sobre toda la iglesia rusa, de la que los patriarcas se consideraban jefes. (…) Dada esta unión, no digamos identificación, del estado con la iglesia rusa, los seguidores de otras religiones, en especial los católicos, fueron siempre considerados como meros súbditos del zar, sobre los cuales recaían continuas sospechas, de las que resultaban frecuentes persecuciones"[10].

---

[9] SERRÃO, Joel (director), *Dicionário de História de Portugal*, op. cit., p. 592.
[10] CASTRO, L. de, "A Santa Sé e a Rússia" ["La Santa Sede y Rusia"], revista *Brotéria*, Marzo 1967, pp. 327-328.

Por eso, al contrario de lo que se piensa, cuando llegó el año 1917 y la revolución bolchevique proclamó la libertad religiosa, esta actitud fue recibida por la iglesia rusa "con alivio", en cuanto "los católicos también considerarán finalizada la difícil situación en que se encontraban desde hace tanto tiempo" (L. de Castro).

Sin embargo, como todos sabemos, la situación evolucionó hacia un ateísmo militante.

¿Y qué pasaba en Portugal?

En 1917 estaba en vigor una república anticlerical. Se pensaba, vulgarmente, que el anticlericalismo solamente significaba una "persecución a los curas". Pero, esencialmente, pretendía colocar al Estado por encima de la Iglesia católica, procurando evitar que la institución eclesial interfiriese o actuase como condicionante de los actos políticos.

El papa Pío VII restableció la Compañía de Jesús en 1814, pero los jesuitas no regresaron porque las leyes del Marqués de Pombal permanecían en vigor. En 1834, el ministro de Justicia disolvió todas las órdenes religiosas para que las reformas liberales pudieran seguir su curso. Los jesuitas regresaron a Portugal en 1858 y se dedicaron, sobre todo, a sus tareas ultramarinas.

La República, implantada en 1910, separó a la Iglesia del Estado, hizo obligatorio el Registro Civil, rompió las relaciones con la Santa Sede y volvió a expulsar a los jesuitas.

Fátima no podría constituir un bien mejor para la estructura eclesiástica. Al principio, la Iglesia católica se mostró reservada y prudente. Y aunque todavía hoy hay muchos portugueses que piensan en Fátima como "una obra de reacción al régimen republicano", lo cierto es que fue Fátima la que se impuso a la Iglesia.

Después de Fátima, se corrigió el rumbo de los acontecimientos. En diciembre de 1917, un político de derecha, Sidónio Pais, lideró una revolución y acabó siendo elegido como Presidente de la República a principios de 1918. Fue asesinado un año después, pero tuvo tiempo de restablecer las relaciones con la Santa Sede y de ver restaurada la diócesis de Leiria. El primer obispo de esta diócesis, don José Alves Correia da Silva, fue nombrado en 1920[11].

Este obispo llegará a ser conocido como el Obispo de Fátima. En ese mismo año, compra los terrenos de Cova da Iria. En el año siguiente, destierra y conduce al silencio a la única vidente viva. En 1922, nombra una comisión de "peritos"

---

[11] *Documentação Crítica de Fátima II – Processo Canónico Diocesano*, op. cit., p. 13.

para que analicen los hechos "con rigor e imparcialidad". Pero los peritos son exclusivamente sacerdotes. Después de ordenar construir la Basílica, en 1928, declarará, en octubre de 1930, las apariciones de Fátima como "dignas de crédito".

Mientras tanto, en 1926, un golpe militar derrumba la Primera República democrática y anticlerical e implanta una dictadura de ideología fascista, denominada *Estado Novo*, la cual subsistirá hasta 1974. El hombre fuerte del régimen será António de Oliveira Salazar, un católico marcadamente rural y anticomunista. Pero su catolicismo no iba acompañado de humanismo. Fue el hombre que pidió la dimisión e hizo caer al gabinete entero, porque el gobierno quería limitar las procesiones y el toque de las campanas. Pero es el mismo hombre (sin hablar de la PVDE —Policía de Vigilancia y de Defensa del Estado—, antecesora de la PIDE —Policía Internacional y de Defensa del Estado) que condenó a Aristides de Sousa Mendes, el cónsul que, en 1940, proporcionó visados a los refugiados que huían de Hitler, salvándolos de la muerte. Curiosamente, la directiva nº 14 de Salazar, que transgredió Aristides, prohibía a los rusos, entre otros, entrar en Portugal[12].

EL ENCUENTRO DE LUCÍA CON LOS JESUITAS

Pero, ¿qué pasó con los jesuitas?

La Compañía de Jesús, expulsada en 1910, procuraba sobrevivir. Sus congregaciones del norte querían quedarse cerca de Braga. Por eso, la localidad más próxima que encontraron fue Tuy, cerca de la frontera de Portugal con España. Luego, en 1911, alquilarán allí una casa.

En 1921, el padre Aparício asumió la dirección de la residencia de Tuy, que albergaba a 9 sacerdotes y a 4 hermanos. Una de sus tareas era trabajar para el bien espiritual de los emigrantes, sobre todo para las hermanas de la caridad que en Tuy tenían tres colegios. Uno de ellos era el de las religiosas de Santa Dorotea. Fue a un asilo de esta orden religiosa, pero localizado en Oporto, al que el obispo de Leiria envió a la vidente Lucía en junio de 1921.

El 25 de octubre de 1925, Lucía fue transferida a Tuy y, al día siguiente, reenviada a Pontevedra. Regresó a Tuy en julio de 1926.

---

[12] FRALON, José-Alain, *Aristides de Sousa Mendes - um herói português*, Lisboa, Presença, 1999, pp. 20, 43 e 81.

Figura 42. La ciudad de Tuy en 2001. Tanto las casas de los jesuitas como los edificios de la Congregación de las Religiosas Doroteas estaban cerca de la catedral. (*Foto de Frederica Claro de Armada*).

El primer contacto de Lucía con el pensamiento jesuítico fue concretado a través de los libros del padre Afonso Rodrigues:

"...todavía en mis tiempos, había en nuestra casa, algunos (libros) escritos en estilo antiguo con muchos F. Pienso que algunos debían ser obra del padre Afonso Rodrigues, S. J., porque cuando más tarde fui religiosa dorotea allí era obligatorio, habituamente, hacer la lectura espiritual en esos libros, y allí encontré muchas de las historias que me contaban cuando era pequeña"[13].

La obra citada se titula *Exercícios de Perfeição e Virtudes Cristãs*. Es un manual de los jesuitas, dividido en tres partes y del que se hicieron ediciones abreviadas. En la Biblioteca Nacional de Lisboa se conservan decenas, en varias lenguas, siendo la primera edición de 1612. En la Biblioteca Municipal de Oporto existen, hasta el siglo XVIII, siete ediciones, además de otras reimpresiones posteriores. La primera obra allí depositada data de 1682.

---

[13] *Memórias da Irmã Lúcia - II*, op. cit., p. 52.

Al hojear este inmenso libro, encontramos frecuentes alusiones a infiernos, sacrificios, mortificaciones, cilicios, reglas y obediencias propias del ascetismo: "...mortifiquemos primero nuestro apetito y voluntad diciendo con el corazón: No quiero, Señor, hacer esto por mi gusto, sino porque Vos lo queréis. Si un hombre posee 'gran estima de las gentes', todo lo que hiciera debería contribuir a la gloria de Dios, 'quedándose en su bajeza y humildad, como si no hiciera nada'. Está claro que 'en las buenas obras que hacemos también llevamos nuestra parte (...), somos en cierto modo ayudantes de Dios'"[14].

Cuando examinamos el pensamiento de Lucía, a través de su lenguaje y sus imágenes visionarias, verificamos que muchas de sus actitudes se colocan en dependencia de la voluntad divina.

Ahora bien, si Fátima constituyó una oportunidad de la Iglesia católica de resarcirse de los años de anticlericalismo, la vidente, ubicada en Tuy, fue la mejor ofrenda que se pudo hacer a los jesuitas. Podrían, entonces, consumar lo que el destino les había asignado: ser los "ayudantes de Dios".

El padre Aparício cuenta de esta forma su encuentro con Lucía[15]: "Conocí a la hermana Lucía de Jesús Santos como una religiosa llamada María Lucía de Jesús o también María Dolores. Tomó este nombre de la Superior del asilo de Vilar, que en aquel tiempo (17 de junio de 1927) era la madre María das Dores Magalhães, para no ser reconocida. La conocí, digo, a finales de agosto de 1926, en Tuy, donde entró al noviciado como postulante y donde era el confesor habitual de las novicias".

El padre António Maria Martins investigó la fecha de regreso de Lucía a Tuy, que dice haber sido el 20 de julio de 1926[16]. Por eso, él mismo afirma que el padre Aparício se confunde en el mes que conoció a Lucía. Pero, continúa el padre Aparício:

"Nunca le hice pregunta alguna sobre los sucesos que le habían acaecido en Fátima. Así que el siguiente noviembre me preguntó:

—¿Vª. Rev. sabe quién soy?

---

[14] RODRIGUES, Afonso, *Exercício (abreviado) de Perfeição e Doutrina Espiritual [Ejercicio (abreviado) en la Perfección y las Virtudes cristianas]*, Oporto, Librería Católica de Portugal, 1905, pp. 58-59, 82 e 185.

[15] MARTINS, António Maria, *O Padre Aparício, S.J.* , Braga, A.O., 1986, pp. 80-81.

[16] MARTINS, António Maria, *Fátima e o Coração Imaculado*, Braga, ed. Franciscana, 1985, p. 17.

Figura 43. Residencia primitiva de los jesuitas en Tui, en la calle de San Telmo, n° 21, hoy un poco degradada. *(Foto de Frederica Claro de Armada)*

Haciéndome de nuevas le respondí: ¿Quién es hermana? Pero sabía perfectamente quién era. Respondió: "Yo soy Lucía de Jesús Santos, a quien Nuestra Señora se le apareció en Fátima.

Entonces le dije que iba allí todas las semanas y que estaba a su disposición para cualquier duda que tuviese. Desde esa fecha comenzó, si recuerdo bien, a tener confianza en mí y a contarme sus secretos, hasta octubre de 1938, cuando fui a despedirme de ella para emprender viaje hacia Brasil".

De esta conversación, deducimos que él ya sabía "perfectamente" quién era ella (¿quién se lo habría dicho?), que Lucía, al final, no cumplió lo que le prometió al obispo, ya que se jactaba, espontáneamente, de su protagonismo en las apariciones, y que la vidente le confiaba secretos. Y se los confiaba hasta 1938 sin ser él su confesor, ya que Lucía, en 1928, tuvo como confesor al padre Barros (1870-1935) que

Figura 44. El padre Aparício compró, en 1925, un edificio contiguo, el en nº 23, así como la casa del nº 1 de la calle San Telmo. Las casas de los jesuitas fueron vendidas en 1941 por el padre Gonçalves. *(Foto de Frederica Claro de Armada)*.

no era jesuita y que no tuvo importancia en su vida. A partir de 1929, sin embargo, pasó a tener como confidente al padre jesuita Gonçalves que, según creemos, tendrá mucho que ver con Fátima DOS.

Lucía cuenta al aludido padre holandés[17]: "En 1926, cuando vivía en Tuy, di cuenta de la petición de Nuestra Señora al confesor de entonces, Rev. Padre José da Silva Aparício, Superior de la residencia de los jesuitas en esta ciudad".

Pero ya antes dijo que confiaba secretos a otro jesuita que visitaba la casa: "…por orden de la reverenda madre Superiora, hablé del deseo de Nuestra Señora a un sacerdote jesuita, entonces residente en Pontevedra, y actualmente en *Brotéria*, en Lisboa, el Rev. Padre Francisco Rodrigues".

---

[17] Entrevista del padre Jongen, en MARCHI, padre João, *Era uma Senhora mais Brilhante que o Sol*, 8ª ed., op. cit., p. 366.

Estos no eran jesuitas vulgares: el confesor era "superior" y el padre Rodrigues era un intelectual[18].

Figura 45. Pontevedra explota hoy estas apariciones y conmemoró sus 75 años. *(Foto de Frederica Claro de Armada).*

LOS PRIMEROS CINCO SÁBADOS Y EL PAPA PÍO X

Ahora bien, ¿cuál era "el deseo de Nuestra Señora" que ella transmitió a los jesuitas?

---

[18] *Brotéria* se publicó por primera vez en 1902 como la revista *Natural Sciences*, pero después tomó el nombre del gran naturalista portugués, Felix de Avelar Brotero (b. 1828). Tres profesores del Colegio de S. Fiel fueron los editores fundadores. En 1907, *Brotéria* se desdobló en tres materias: zoología, botánica y propagación de la ciencia. Con la llegada de la República, los editores se vieron forzados a dispersarse, primero a Brasil, donde continuaron con la publicación y, más tarde, a la provincia española de Galicia.

Según nos dice, esa petición le fue comunicada por una visión, en Pontevedra.

Escribiendo en tercera persona, después de ser autorizada por el padre Aparício, la vidente nos cuenta:

"El día 10 de diciembre de 1925 se me apareció la Virgen y a su lado, suspendido en una nube luminosa, había un Niño.

La Santísima Virgen le puso la mano en el hombro y le mostró al mismo tiempo un corazón que tenía en la otra mano y que estaba rodeado de espinas.

Al mismo tiempo le dijo el Niño: ten pena del corazón de tu Santísima Madre que está cubierto de espinas que los hombres ingratos le clavan en todo momento sin que haya nadie que haga un acto de reparación para quitarlas.

En seguida le dice la Virgen:

Escucha, hija mía, mi corazón está rodeado de espinas que los hombres ingratos me clavan en todo momento con blasfemias e ingratitudes. Consuélame tú al menos

Figura 46. Las apariciones de Pontevedra perpetuadas en una pintura en la capilla del edificio hoy localizado en la calle Sor Lucía *(Pintura de J. M. Nuñez, 1980).*

y diles que aquellos que durante cinco meses se confesaran el primer sábado y recibieran la Sagrada Comunión, rezaren un tercio y me hicieren quince minutos de compañía, meditando sobre los quince misterios del rosario con el fin de desagraviarme, Yo les prometo ayudarles en la hora de su muerte con todas las gracias necesarias para la salvación de sus almas"[19].

Es interesante la expresión "tu madre", colocada en la boca del Niño Jesús, cuando la madre de Lucía era Maria Rosa y la de Él era María de Nazaret…

Antes de proseguir, vamos a colocar esta visión (en la que por primera vez, Lucía incluye hombres, aunque sean niños) en paralelo con un documento del Vaticano.

Visión de Lucía, 1925	Documento de Pío X, 1912[20]
"sin que haya nadie que haga un acto de reparación (…) dice la Santísima Virgen: …mi corazón está rodeado de espinas que los hombres ingratos me clavan en todo momento con blasfemias…	Su Santidad Pío X… para fomentar el piadoso deseo de reparación… por las execrables blasfemias con las cuales el augustísimo Nombre… y los sublimes privilegios de la bienaventurada Virgen son vilipendiados por hombres celerados…
"aquellos que durante cinco meses se confesaran el primer sábado y recibieran la Sagrada Comunión, rezaren un tercio y me hicieren quince minutos de compañía, meditando sobre los quince misterios del rosario con el fin de desagraviarme, Yo les prometo ayudarles en la hora de su muerte…"	"todos cuantos pusieren en práctica en el primer sábado de cada mes, junto con la confesión y la comunión, ejercicios especiales de devoción en honra de la bien aventurada Virgen Inmaculada con espíritu de reparación, y oren… podrán lucrarse de indulgencia plenaria, también aplicable a los difuntos…"

Creemos innecesario subrayar la similitud de la visión de Lucía con el documento papal. No es una copia, se trata de una réplica porque Lucía nunca copia de forma íntegra. Ella es suficientemente creativa como para no tener que hacerlo; solo recoge ideas, se inspira en modelos.

---

19 MARTINS António Maria, *Documentos de Fátima*, op. cit., p. 401.
20 MARTINS, António Maria, *Fátima e o Coração de Maria*, op. cit., 1985, pp. 60-61.

Figura 47. Edificio que fuera, hasta 1928, de la Congregación de las Religiosas Doroteas, calle Ordoñez, 21, en Tuy. Fue en este edificio en el que se instaló Lucía después de partir de Oporto y a la vuelta de Pontevedra.

Como novedad, aparece el Corazón, pero es posible que ese elemento derive de la "bola" o del "medallón con picos" en la narración de 1917, o también de las apariciones del siglo XVII de Margarida Alacoque, o bien de la devoción de las doroteas, bajo el probable magisterio de los jesuitas, sus confesores.

"Sería, igualmente, de gran interés, verificar la estrecha relación de todas las oraciones y referencias al Sagrado Corazón de Jesús y al Corazón de María hechas por Lucía en sus escritos, con la orientación en la vida espiritual dada en esta congregación a sus novicias. Estas dos devociones ocuparon, desde hace mucho tiempo, un lugar preponderante en el espíritu de estas religiosas"[21].

---

[21]   Antunes Borges, prefácio, MATOS, Alfredo de, *8 Dias com as Videntes da Cova da Iria em 1917*, op. cit., p. 11.

Solo una comparación más:

Aparición a Lucía, 1925	Aparición a Margarida Alacoque, 1673[22]
"…consuélame tú al menos…"	"Tú, al menos, dame ese gusto…"
"aquellos que durante cinco meses se confesaran el primer sábado y recibieran la Sagrada Comunión… Yo les prometo ayudarles en la hora de su muerte…"	"Prometo… a todos los que comulgaren los nueve primeros viernes del mes la gracia final… en esa última hora"

Figura 48. Según el propietario actual de los edificios, el del n° 19 también perteneció a las Doroteas. Se restauró, pero en 2001 todavía conservaba incrustado en la pared un medallón del Corazón de Jesús. *(Foto de Frederica Claro de Armada).*

Las semejanzas con las apariciones de Santa Margarida Alacoque son notorias en lo que se refiere al Corazón. De ahí que el padre Jongen, en 1946, no dejase pasar sin aclarar este pormenor:

> "Parece que Nuestro Señor pide más o menos en los mismos términos la devoción del Sagrado Corazón a Santa Margarida Maria Alacoque. Se diría que es una reminiscencia de aquella de Paray-le-Monial.

---

[22] FARIA, P.O., *Perguntas sobre Fátima e "Fátima Desmascarada", op.* cit., pp. 69-70.

La hermana se rió y su risa tradujo la inocencia y la candidez de una niña.

—¿Por casualidad puedo yo escribir la manera de expresarse de la Santísima Virgen María?"

Según esta observación de la hermana Lucía, el vocabulario de Nuestra Señora sería un poco limitado y escasamente imaginativo, limitación que a la vidente no parece sufrir…

A esto podemos añadir que el confesor de Margarida Alacoque era, nada más y nada menos, que un jesuita: el padre de La Chaize[23]. Las constantes emergen.

Sin embargo, lo más interesante de esta historia es que Lucía confiesa que no fue a los jesuitas a los que ella contó primero esta visión. Fue a su confesor de Oporto, monseñor Pereira Lopes[24], que desvalorizó tal revelación. Va más allá y le dice que "esta devoción no hacía falta en el mundo, porque ya había muchas almas que *Vos* [a Jesús] *recibían, los primeros sábados,* en honor de Nuestra Señora y de los quince misterios del rosario". "Que sería preciso que la visión se repitiese y que hubiese pruebas para que la creyeran…".

Figura 49. Monseñor Pereira Lopes, confesor de Lucía en Oporto, y que no creyó las apariciones de Pontevedra. Fue por su petición por lo que Lucía redactó el relato de las apariciones en 1922. *(En Sebastião Martins dos Reis, Uma Vida ao Serviço de Fátima).*

[23] DEM, Marc, *O Terceiro Segredo de Fátima,* Lisboa, Planeta Editora, 1998, p. 76.
[24] Carta a Monseñor Pereira Lopes, en MARTINS, António Maria, *Documentos de Fátima,* op. cit., pp. 477-481.

Lucía quedó contrariada. La reacción del eclesiástico equivalía a una derrota. Ella que siempre fue una líder. Entonces, "…sería preciso que la visión se repitiese"… ¿por qué no? Responde, enseguida, al referido confesor. Le dice que se puso triste y, al día siguiente, ella releerá a Cristo la carta del sacerdote. Le contó también que había tenido una nueva visión, el 15 de febrero de 1926. En esta ocasión, el Niño Jesús ya había crecido y se había transformado en un "Niño resplandeciente" y "basta que tu confesor te dé permiso, y tu Superiora lo diga, para que sea acreditado, incluso sin que se sepa a quien fue revelado".

Lucía le cuenta al Niño resplandeciente, más poderoso que el confesor, lo que este le había dicho en la carta, acerca de poder dispensar la devoción porque ya estaba consagrada en el Mundo. Cristo la llama "hija mía", la consuela y le dice que muchos comienzan la devoción de los primeros sábados, pero que son pocos los que la acaban. En cuanto a los quince misterios, "me agradan más los que hicieren cinco con fervor y con intención de desagraviar el Corazón de tu Madre del Cielo, que los que hicieren los quince, pero tibios e indiferentes".

Ahora veamos:

Lucía, carta a Pereira Lopes	Padre Moura, 1855[25]
"Me agrada más los que hicieren 5 con fervor (...) que los que hicieren 15 tibios e indiferentes".	"…la Señora dice a la Beata Eulalia que agradece más 5 decenas rezadas con devoción que 15 con prisa y con poca devoción".

Monseñor Pereira Lopes no se dignó a responderle.

Tal vez pensara para sí mismo lo mismo que el padre dominico Oliveira Faria: "monjita principiante"[26].

Lucía, que no era una mujer que desistiera (nació bajo el signo del Carnero, Aries) decidió contactar con el padre Rodrigues, de la revista *Brotéria*, que tampoco le daría la atención requerida como hombre exigente y culto que era. "Como S. Rev. no respondiese, por orden de la Rev. Madre Superiora, hablé del deseo de Nuestra Señora al confesor de entonces, Rev. Padre José da Silva Aparício", declaró al padre holandés Jongen. El padre Aparício la creyó y divulgó lo que ella le pedía.

---

[25] MOURA, padre Joaquim José Álvares de Moura, *Horas de devoção à Santíssima Virgem ou Exercícios em louvor do Coração Imaculado da Mãe de Deus, para todos os Sábados do ano*, Braga, Tipografia Lusitana, 1855, p. 384.

[26] FARIA, P.O., *Perguntas sobre Fátima e "Fátima Desmascarada"*, op. cit., p. 76.

"El padre Aparício se convirtió, desde luego, en un apóstol incansable. De su puño y letra, compuso, entre finales de 1927 y comienzos de 1928, un texto que duplicó mediante impresión de gelatina"[27]. Después, en octubre de 1928, comunicó el asunto al obispo de Leiria.

No se sorprenderá de que el prelado de Leiria no apreciara, de igual modo, esa devoción, reiterada y conocida por demás. Así que, presionado por las circunstancias, solo se la recomendará en septiembre de 1939[28].

Y así fue como se inició el proceso de oscurecimiento de Fátima UNO, la de 1917: en ese momento, una entidad de alguna parte, a través de sencillas palabras, recomendó a los niños que aprendiesen a leer, sin manifestar en ningún momento señales de parentesco con los demiurgos cristianos. Y fue así, con visiones privadas de "monjita principiante", divulgadas y moldeadas por sacerdotes jesuitas, como se inició Fátima DOS: una Nuestra Señora del panteón católico, portadora de un mensaje refundido con referencias consabidas, políticamente conservadora.

El padre Aparício debería saber que esta devoción ya existía, pero la aceptó con acierto para ganarse la confianza de la vidente y tener acceso a lo que le interesaba realmente: el SECRETO DE FÁTIMA.

EL SECRETO EN MANOS DE LOS JESUITAS

Vamos a releer lo que Lucía declaró al padre Jongen:

—¿Cuándo recibió el permiso del cielo… para revelar el secreto?

—En 1927, aquí en Tuy, en la capilla. Ese permiso no incluía la tercera parte del secreto.

—¿Habló de ello a su confesor?

—Sí, inmediatamente.

—¿Qué le dijo él?

—Me ordenó que escribiese el secreto, con excepción de la tercera parte. Creo que él no lo leyó; me lo restituyó. Poco después tuve otro confesor. Este me dio orden de quemarlo después de que me dijera que lo escribiese de nuevo.

---

[27] MARTINS, padre António Maria, S.J., *Fátima e o Coração de Maria*, op. cit., p. 24.

[28] Carta al papa Pío XII, 2 de diciembre de 1940, en MARTINS, António Maria, *Documentos de Fátima*, op. cit., p. 437.

Y más adelante: "Este padre jesuita (se refiere al belga Eduardo Dhanis) podría escribir a mis confesores para preguntarles lo que les comuniqué en 1927: eran los padres José da Silva Aparício y José Bernardo Gonçalves".

En 1927, Lucía tenía 20 años. Fue siempre una muchacha saludable y natural que había querido llamar la atención sobre su persona. La naturaleza humana es intransigente, y las actitudes religiosas más exigentes, en muchas ocasiones, no bastan para superarla. Por eso, a los 18 años, comenzó a introducir seres masculinos en sus visiones —en 1925, es un niño que acompaña a Nuestra Señora; en febrero de 1927 es ya un muchacho que se encuentra en la calle y le habla solo; en diciembre de ese mismo año, es Cristo adulto y, en 1937, surgen los jóvenes rubios y bellos que ella llama "ángeles". Ángeles que se veneran con mucha devoción en Fátima, en estatuas de delicados trazos. Esta progresión del imaginario de Lucía reproduce la necesidad de compensación, contra la soledad afectiva que conmueve a todos los mortales. Sus arquetipos únicamente demuestran que se trata de una mujer normal.

Figura 50. Lucía con 21 años, ya novicia. Fue más o menos en este tiempo cuando confesó el secreto a los jesuitas. *(En Sebastião Martins dos Reis, Uma Vida ao Serviço de Fátima).*

Repárese en las fotos de los dos confesores que tuvieron en sus manos el secreto de Fátima; si los miramos fríamente, no son gordos, ni barrigudos, ni viejos ni de mirar frío. El primero tenía facciones bonitas, estaba dotado de un aire sereno, determinado, era de mediana edad (1879-1966). "Podía decirse que él y la vidente eran almas afines"[29]. Fue sustituido por un hombre de mirada extremadamente inteligente, el padre Gonçalves (1894-1967), que tenía 33 años en 1927, la edad de Cristo. En la foto, él debe tener algo más de esa edad, cuando consiguió tener acceso al "secreto"… y mandó que Lucía lo escribiese de nuevo.

Figura 51. Padre José da Silva Aparício. Fue la primera persona que tuvo en sus manos el secreto por escrito. (En António Maria Martins, Documentos de Fátima).

No se deduzca que pretendemos hacer ninguna alusión meramente capciosa. Aludimos, estrictamente, al plano de empatía entre personas, y que no tiene nada que ver con intenciones menos claras, en términos éticos. Parece absolutamente indiscutible que los sacerdotes citados se interesan por poco Lucía y más por el

---

[29] MARTINS, padre António Maria, S.J., Fátima e o Coração de María, op. cit., p. 18.

potencial de sus revelaciones. Como directores espirituales, tenían la misión de orientarla e, indirectamente, gozar de algunos dividendos con su misión esencial. Lucía no informó del secreto a los sacerdotes, ni al párroco, ni al Administrador, ni a nadie. "Permaneció inviolable hasta 1941". Pero, con los jesuitas, no resistió la secuencia de interrogatorios.

"Poco después tuve otro confesor. Este me dio orden de quemarlo después de que me dijese que lo escribiese de nuevo".

De ese padre Gonçalves, dice el colega António Maria Martins:

"Fue confesor y director espiritual de la hermana Lucía... Proporcionó las mejores cartas de la vidente sobre los temas de los primeros sábados y de la Consagración de Rusia y del Sagrado Corazón"[30].

El director espiritual, inteligente, proporciona correspondencia y ordena *quemar el secreto*. ¡QUEMAR EL SECRETO!

¿Por qué motivo lo manda quemar? ¿Qué contenía el secreto que tanto le desagradaba y que no le servía?

Lucía declaró al citado sacerdote holandés que "...podría escribir a mis confesores para preguntar lo que les comuniqué en 1927...". Pero el padre António Maria Martins dice que el padre Gonçalves la confesó por primera vez el 19 de mayo de 1929. Si Lucía es infalible, como se afirma, entonces la fecha será 1927; además, ella podría saberlo por estar en Tui ya que conocía al padre de la *Bróteria*. Aunque creemos más en la infabilidad del padre Martins, considerando que las fechas son fáciles de confundir. Por esta razón, creemos más probable que el padre Gonçalves entrara en la historia de la vidente a partir de mayo de 1929. De cualquier forma, ya era su confesor cuando Rusia pasó a figurar en el mensaje de Fátima. Tuvo, así, acceso al secreto antes de que las apariciones fueran consideradas "dignas de crédito" por el obispo de Leiria (1930).

"...después de que me dijese
que lo escribiese de nuevo"

¿Lucía rescribió el secreto como le ordenó el confesor? ¿Quemó el antiguo? ¿Dónde está ese secreto, que escribió de nuevo después de lo que le dijo el jesuita? ¿No se habrían hecho copias?

El cardenal Ottaviani afirmó, en 1967, que Juan XXIII había guardado el secreto en un archivo, que era como un pozo "en el cual la carta cayó hasta el

---

[30] MARTINS, António Maria, *Novos Documentos de Fátima*, op. cit., p. XII.

fondo negro, muy negro, y nadie vio nunca nada más". Pero un pozo con el
"fondo negro, muy negro" será aquel en el que podría haber caído el antiguo
secreto de Fátima. Y el padre António Maria Martins, también jesuita, después de
revelarnos que el padre Gonçalves produjo "la más valiosa correspondencia de la
vidente", añade: "La mayoría de esas cartas, que pertenecen al Rev. Padre Provincial de la Compañía de Jesús de Portugal, tratan asuntos de conciencia, por lo que
ahora no pueden ser publicadas"[31].

Figura 52. Padre José Bernardo Gonçalves, que ordenó a Lucía que quemase el secreto, entre
1927 y 1929 *(En António Maria Martins, Documentos de Fátima).*

Además de hacernos saber que existían "asuntos de conciencia" como tema
de conversación entre los jesuitas y Lucía, esto sugiere que muchos escritos de la
vidente, tal vez el primitivo secreto de Fátima, pueden encontrarse perdidos en
cualquier archivo de la Compañía de Jesús.

---

[31] MARTINS, António Maria, *Documentos de Fátima*, op. cit., p. 399.

LA MULTIPLICACIÓN DEL SECRETO

El secreto de Fátima tuvo esta evolución:

—1917, eran "palabritas"

—1922, continúan siendo "palabritas"

—1924, todavía son "palabritas"

—1927, se transforma en dos secretos

—1942, son tres partes (una visión de imágenes + palabras + ?

—2000, la tercera parte es la descripción de una imagen.

Veamos, entonces, cuándo y cómo se dio el "milagro de la multiplicación", en 1927: "En el día 17 de diciembre de 1927, fue al sagrario a preguntar a Jesús cómo satisfacer la petición que le había hecho[32], si el origen de la devoción al Inmaculado Corazón de María estaba encerrada en el secreto que la Santísima Virgen le había confiado. Jesús, con voz clara, le hace escuchar estas palabras".

Hagamos una pequeña pausa y ponderemos este detalle: a Lucía le basta acudir al sagrario para que Jesús le responda con voz clara. Y habiendo sido Nuestra Señora quien le confió el secreto, es a su Hijo al que Lucía va a pedir consejos. Esta "desautorización" de la mujer suscitaría muchas y curiosas reflexiones…

"Hija mía, escribe lo que te piden; y todo lo que te reveló la Santísima Virgen en la aparición en la que habló de esta devoción, escríbelo también; en cuanto al resto del secreto, continúa en silencio". Lo que en 1917 le fue confiado a este respecto es lo siguiente: ella pidió que los llevara al cielo. La Santísima Virgen le respondió que sí, a Jacinta y a Francisco me los llevaré en breve; pero tú quedarás aquí por algún tiempo más. Jesús quiere servirse de ti para que me conozcan y me amen. Él quiere establecer en el mundo la devoción al Sagrado Corazón…".

"…en cuanto al resto del secreto…": esto sugiere que pasaban a ser dos, no tres. La idea ternaria podría haber sido inspirada por el libro del jesuita Afonso Rodrigues.

Ya vimos que este texto describe lo que ella dice, en 1941, sobre el secreto de junio. Nótese el "me" o el "mi" en el lenguaje de la Señora en referencia a "Jesús quiere", como innovaciones gramaticales creadas a partir de la partida de la vidente hacia España.

Y la imagen del Corazón Inmaculado, ¿de dónde venía? ¿Sería también un tema de culto recurrente para los jesuitas?

---

[32] Por el padre Aparício.

EL INMACULADO CORAZÓN Y LA CARTA DEL JESUITA (1848)

"El corazón —como todos sabemos actualmente— no es más que una víscera que hace la función de bomba y nada más (…) Tanto es así que seguimos siendo los mismos con un corazón trasplantado de hombre o de mujer, de otra raza o de la misma, de un animal, o incluso con un aparato mecánico (…) Si las referencias al corazón no acostumbran a caer en el olvido, es porque esta palabra es manoseada por mejores y peores poetas; mas con toda certeza sería motivo de escándalo si se atribuyesen al Ángel frases como *sagrados cerebros, sagrados nervios, sagrados estómagos, sagradas vejigas…*" —Manuel Eládio Laxe[33].

Muy sucintamente, diremos que la idea de separar el corazón de los entes divinos y venerarlo de forma separada surgió hace ya varios siglos. Tal vez el cristianismo nunca se liberase por completo del politeísmo y, teniendo dificultades para venerar a un Dios único, teorizase un dogma en que tres se funden en uno solo, con una Madre aparte, y cortase en pedazos el cuerpo de los entes celestes, confiriéndoles individualidad.

El dominicano Oliveira Faria[34] refiere que la devoción al Corazón de María se tornó en "culto público" en el siglo XVII, pero que era culto privado desde el siglo XII. Se convirtió en culto público con San Juan Eudes, que dedicó a dos corazones (de Jesús y de María) dos congregaciones que él mismo fundó en 1641 y 1643. En 1654, se estableció en Lisieux la Congregación del Corazón de María. Más tarde, en 1673, Santa Margarida de Alacoque vio el Corazón de Cristo fuera del cuerpo, "como en un trono de llamas más brillante que el Sol, transparente como un cristal y rodeado de una corona de espinas".

En 1805, la sagrada Congregación de los Ritos autorizaba la celebración de la fiesta del Corazón de María con oficio y misa. Y, en el norte de Portugal, en Lousado, Oliveira Faria encontró una capilla, construida en 1876, dedicada al "Sagrado Corazón de María", la cual tenía en el frontispicio un corazón rojo enmarcado en blanco con brillos.

Recorriendo ahora los libros del padre de Braga, Álvares de Moura[35], hallamos que la palabra "Inmaculado" Corazón surgió en 1838, en Francia, erigiéndose ese

---

[33] LAXE, Manuel Eládio, *As Duas Faces de Fátima*, Lisboa, op. cit., pp. 41-42.

[34] FARIA P.O., *Perguntas sobre Fátima e «Fátima Desmascarada"*, op. cit., pp. 65-68.

[35] MOURA, Joaquim José Álvares de Moura, "Arquiconfraria do SS. e Imaculado Coração" [«La archicofradía del Sagrado e Inmaculado Corazón"] en *Arquivo de Indulgências*, Oporto, Tipografía Comercial, 1850, p. 18.

año en "Archicofradía aquella Cofradía que en 1753 había surgido en Roma con el título de protección del Sagrado Corazón de María".

El culto se expandió de tal forma que, en la obra publicada en 1850, el citado autor informa de que existen, por el orbe católico, más de doce mil cofradías consagradas al Corazón Inmaculado.

Es curioso señalar que las autoridades de Fátima no ignoran ese culto, hasta el punto de haber erigido una estatua a António Maria Claret, que se levanta junto al túmulo de Jacinta.

¿Quién fue Claret? Fue el fundador, en 1849, en España, de la Congregación de los Hijos del Inmaculado Corazón, "para las obras misioneras y la enseñanza religiosa. Se establecieron en Portugal en el año 1898"[36].

Entonces, ¿dónde habría ido a buscar Lucía el tópico del Corazón Inmaculado? Solo en el conjunto de sus cuatro "Memorias", escritas entre 1935 y 1941, ¡Lucía empleó el término *82 veces*[37]!

El canónigo Formigão, que estaba siempre relacionado con la historia de las apariciones, como sabemos, afirma de forma sugestiva que el Corazón Inmaculado no entró en la historia de Fátima "antes del 3 de octubre de 1928"[38].

No queremos tener que volver a los jesuitas, pero, ¿será que la devoción al Corazón Inmaculado también era de su agrado?

En "Cuarta Memoria", en el secreto de julio, subrayamos esta frase: "Dios quiere establecer en el mundo la devoción a Mi Inmaculado Corazón". Fueron proferidas en junio, en el día de San Antonio y no eran, obviamente, ningún secreto.

A fin de cuentas, ¿qué secreto sería este?

Parece asentado que 93 años antes (de 1941) había alguien más interesado en "promover" este culto, lo que no significaba querer "establecer" porque ya estaba establecido. Alguien que se anticipó, en mucho, a los "deseos" de Dios y de Jesús. Es lo que confiesa el padre jesuita Juan Roothan, de Roma, en una carta dirigida a sus hermanos de la Compañía[39].

"deseo, queridísimos padres y hermanos, que la fiesta del Inmaculado Corazón de María, que ocurre el octavo domingo después de la Asunción de la misma Santísima Virgen, sea celebrado por nosotros de tal forma que se vea claramente cómo

36 *Moderna Enciclopédia Universal, vol. V*, Círculo dos Leitores, 1985, p. 185.
37 MARTINS António Maria, *Fátima e o Coração de Maria*, op. cit., 1985, p. 2 1.
38 MARTINS António Maria, *Novos Documentos de Fátima*, op. cit., 1984, p. 358.
39 MARTINS António Maria, *Fátima e o Coração de Maria*, op. cit., 1985, pp. 7-9.

nos tomamos muy a pecho, de un modo particular, la promoción de ese piadoso culto. Hagamos preceder la fiesta de un ayuno el sábado anterior (…) y que los hermanos recen un rosario…".

La carta data del 24 de junio de 1848. Según Lucía, Dios pretendía establecer en el mundo la devoción al Inmaculado Corazón de María. No sabemos cuándo, porque era secreto. Pero, en 1848, ¡la devoción ya tenía un día asignado!

El mismo padre Rotan aclara a los hermanos que la Compañía de Jesús, desde su fundador, San Ignacio, "siempre se profesó devota de la Virgen" y nunca "dejó de promover con el culto al Santísimo Corazón de Jesús, el culto al Inmaculado Corazón de María". Sin dudar de que todos tuvieran "mucho fervor a esta devoción", les recuerda a los hermanos "el auxilio que la Madre, piadosa y clemente, invocada con el nombre de Su Inmaculado Corazón", les prestó en 1837, cuando hubo una peste asiática en Roma y la epidemia no alcanzó a ninguno de los hermanos jesuitas.

Dicho esto, recordaremos las palabras del cardenal patriarca Cerejeira, en 1948, en la clausura de Congreso Mariano de Madrid: "¿Cuál es exactamente el mensaje de Fátima? Creo que se puede resumir en los siguientes términos: la manifestación del Corazón Inmaculado de María en el mundo actual para salvar (…) La conversión de Rusia, la guerra y la paz, la salvación de las almas, todas las gracias, en una palabra, están depositadas en el Corazón Inmaculado de María"[40].

También el canónigo Sebastião Martins dos Reis nos dice: "El conocimiento y la devoción, la vivencia y la expansión del culto al Corazón Inmaculado de la Madre de Jesús son uno de los aspectos característicos y cruciales del mensaje de Fátima"[41].

A su vez, el profesor José Geraldes Freire, resume el mensaje de Fátima en siete puntos, diciendo también que "El Inmaculado Corazón de María es la gran revelación del mensaje de Fátima"[42].

Una vez expuestos los hechos, podemos deducir que, al final, el mensaje de Fátima deja patente, forzosamente, su matriz jesuítica.

---

[40] LEITE, Fernando, prefacio, en MARTINS, António Maria, *Fátima e o Coração Imaculado, op. cit.*, p. 5.

[41] REIS, Sebastião Martins, *Na órbita de Fátima*, Évora, Ed. Centro de Estudos D. Manuel Conceição Santos, 1958, p. 109.

[42] FREIRE José Geraldes, *O Segredo de Fátima, A terceira parte é sobre Portugal? [El secreto de Fátima: ¿es sobre Portugal la tercera parte?]*, Fátima Sanctuary, 1977, p. 11.

RUSIA Y EL PADRE GONÇALVES

Hasta la revelación del tercer secreto de Fátima, cuando se hablaba de él, el gran público lo relacionaba con la conversión de Rusia. Se pensaba, y todavía se piensa, que el fin del comunismo y la caída del muro de Berlín se corresponderían con la profecía de la Señora de Fátima expresada en el segundo secreto. Los más informados sabrán que el papa Pío XII (sin nombrar), en 1942, y Juan Pablo II en 1984, consagraron Rusia al Inmaculado Corazón de María por petición de Lucía.

Curiosamente, solo hubo un hombre, conocedor del secreto, que nunca relacionó Fátima con Rusia. Fue el cardenal Ottaviani, a quien el papa Juan XXIII facilitó la lectura de la tercera parte del secreto. Hablando el 11 de febrero de 1967 sobre la cuestión del secreto de Fátima, para desmentir los bulos que circulaban sobre el tercer secreto, él se refiere a las dos primeras partes y afirma que la tercera habla sobre el papa. En contra de las expectativas, hay que señalar que en vez de hablar de Rusia, incluyó en su discurso el "conflicto vietnamita"[43]. Los americanos no debieron apreciar demasiado la alusión...

Figura 53. Capilla de Tuy, en 2001, lugar donde, según Lucía, la "Señora" vino a pedir la consagración de Rusia. *(Foto de Frederica Claro de Armada).*

---

[43] MARCHI, João, *Era uma Senhora mais Brilhante que o Sol*, 8ª ed., op. cit., p. 374.

Entonces, ¿cómo y cuándo entró la cuestión de Rusia en la historia de Fátima?

—¿La Santísima Virgen habló también, en la aparición de 1925, de la consagración de Rusia al Corazón Inmaculado de María? —continuó el padre Jongen en 1946.

—No.

—¿Cuándo fue que viste que pedía esa consagración?

—En Tuy, en la capilla.

—¿Qué pidió la Santísima Virgen?

—Pidió la consagración de Rusia al Corazón Inmaculado de María por el papa en unión con todos los obispos del mundo.

En seguida, Lucía aclara:

"En 1929, habiendo este sacerdote (padre Aparício) dejado el cargo de confesor de la comunidad para ir a ejercer de padre Maestro en Oya, le di yo cuenta de la petición de Nuestra Señora al respecto de la consagración de Rusia al señor padre Francisco Rodrigues, que pasaba por aquí con frecuencia cuando viajaba por Portugal, y al señor padre José Bernardo Gonçalves, que había venido a sustituir al padre Aparício…"

¿Y a quién fue ella a contar la mencionada referencia a Rusia? A los jesuitas. Aquí, retomamos la información acerca del padre Francisco Rodrigues, el intelectual de la *Brotéria*, ¡personaje que *"pasaba por aquí con frecuencia"*!

¿Qué llevaba al padre Rodrigues a Tuy? ¿Iba allí para conversar con una monja que ya había tomado los votos temporales en 1928? ¿Una monja que no podía decir ni su nombre ni de dónde era? ¿Cuál sería el tema de conversación entre un intelectual de su altura y una "monjita principiante?

Veamos. Lucía declaró haber tenido en 1929 una visión sobre la consagración de Rusia. Lo afirmó en 1946. Sin embargo, lo que ella escribió antes, de su puño y letra, nos indica que habría sido en 1930.

"La petición referente a Rusia… me parece que fue en junio de 1930, del jueves al viernes, y que cayó del 12 para el 13, de las 10 a las 12 de la noche"[44].

Como no podemos hacer la historia de Fátima sin pasar por la documentación de los jesuitas, confiaremos en lo que nos dice António Maria Martins, "poseedor del más valioso acerbo documental relativo a Fátima que esté en manos de un particular"[45]:

---

[44]   Carta al padre Superior, Tuy,, 18 de mayo de 1941, en MARTINS, António Maria, *Documentos de Fátima op. cit., p. 442.*

[45]   OLIVEIRA M. Alves, S.J., preface to MARTINS, António Maria, *Novos Documentos de Fátima,* op. cit., p. X.

246

"La descripción de estas visiones llegó hasta nosotros directamente por la pluma de la vidente, pero a través de unas notas que tomó el padre Gonçalves. Antes de partir hacia la misión de Zambezia (Mozambique), él fue a Tuy para vender las casas que los jesuitas portugueses tenían en esa ciudad, y aprovechó la ocasión para despedirse de la hermana Lucía. En esos días del 24 al 27 de abril de 1941, él tuvo en sus manos unos escritos de la vidente, que constaban de tres cuadernos. Tomó unas notas, que yo reproduje fotográficamente. Por ellas sabemos lo que sucedió en aquella noche memorable"[46].

Por tanto, sabemos de la cuestión de Rusia por el padre Gonçalves, el sacerdote que sugirió a Lucía que quemara el secreto.

Reparamos en que ese jesuita estuvo en Tui entre el 24 y el 27 de abril de 1941 y apuntó como fecha la del 13 de junio de 1929. Lucía escribió al padre superior un mes antes, el 18 de mayo de 1941, y le contó que fue el 12 de junio de 1930.

¿Tendrá eso alguna importancia? Pensamos que sí.

En 1930, se inició en Roma un fuerte movimiento por la conversión de Rusia. Y el padre Gonçalves, al afirmar que fue en 1929, nos quiere decir que la visión de la vidente fue ANTES y no después de esa iniciativa del papa Pío XI. De este

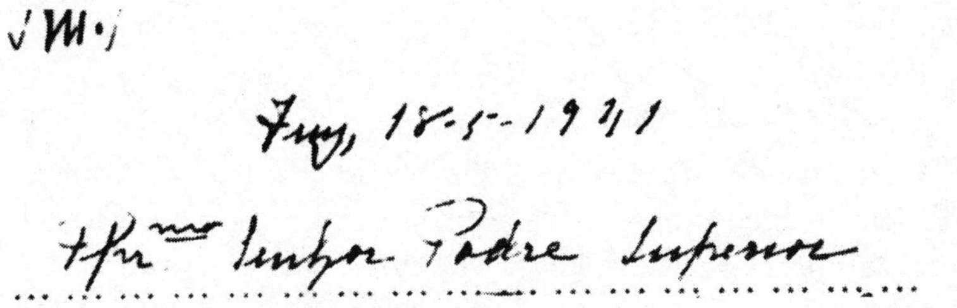
J.M.J.

Tuy, 18-5-1941

Rev.mo Senhor Padre Superior

... ...

... ... !

2º O pedido referente a Russia — Parece-me que foi em Junho 1930, de quinta para sexta feira, que calhou dia 12 para 13 das 11 às 12 da noite.

Figura 54. Manuscrito de Lucía diciendo que la petición referente a la consagración de Rusia fue hecha el 12 de junio de 1930. *(En António M. Martins, Documentos de Fátima).*

[46] MARTINS, António Maria, *Fátima e o Coração de Maria,* op. cit., p. 29.

modo, nadie pensaría que ella copió la idea de aquello que ya era una realidad, como ocurrió con la devoción de la comunión de los primeros sábados.

"Yo había pedido y obtenido licencia de mis superioras y de mi confesor para hacer la Hora Santa de las 11 hasta la media noche, del jueves al viernes", así comenzó su copia el padre Gonçalves.

Por tanto, fue un jueves.

Repitamos las fechas:

Lucía: del 12 al 13 de junio de 1930.

Padre Gonçalves: del 13 al 14 de junio de 1929.

Verificamos el calendario del siglo XX. De hecho, ambas se sitúan en *jueves*. El padre Gonçalves le quitó un año, más aumentó un día para acertar en los cambios del calendario.

Pero, ¿qué pasó en 1930?

Una vez más tenemos que recurrir a los jesuitas y a la revista *Brotéria*[47].

"Pío XI, vivamente impresionado con tal campaña (hecha en Rusia contra la libertad religiosa), dirigió el 2 de febrero de 1930 una carta al cardenal Pompili, Vicario de Roma [...] Ya en numerosas ocasiones, había pedido el papa oraciones *por la conversión de Rusia* e instituirá *una comisión especial en Roma para tratar los asuntos relativos a esa nación*. Al fin, en reparación de tantos atentados sacrílegos, *invitaba a todo el mundo a orar por esa intención*, para la cual él mismo celebraría misa en la Basílica de San Pedro en el día de San José, el 19 de marzo".

Lucía, como religiosa, debió también haber sido invitada a orar por la conversión de Rusia. En aquel ambiente de entusiasmo devocionario, tuvo una visión, después del fervor de marzo, en junio de 1930.

El padre Gonçalves retrasó un año la fecha del evento, intentando conferir alguna credibilidad a la mencionada experiencia mística[48]. El original, fotografiado por el padre Martins, está repleto de correcciones en las fechas[49].

¿Y qué había pasado antes, en Rusia, para conmover al papa?

Precisamente, un episodio en el que un jesuita "tuvo que salir apresuradamente de Rusia".

---

[47] CASTRO, L. de, "A Santa Sé e a Rússia", *Brotéria*, Março, 1967, pp. 330-331.

[48] La fecha de 1929, posiblemente influenciada por el padre Gonçalves, aparece por primera vez en una carta de Lucía al papa Pío XII, enviada el 2 de diciembre de 1940; una carta que, según el padre Martins, "fue retocada por el Rev. obispo de Leiria o por alguien dirigido por él", *Documentos de Fátima*, op. cit., p, 431.

[49] MARTINS, António Maria, *Documentos de Fátima*, op. cit., p. 462.

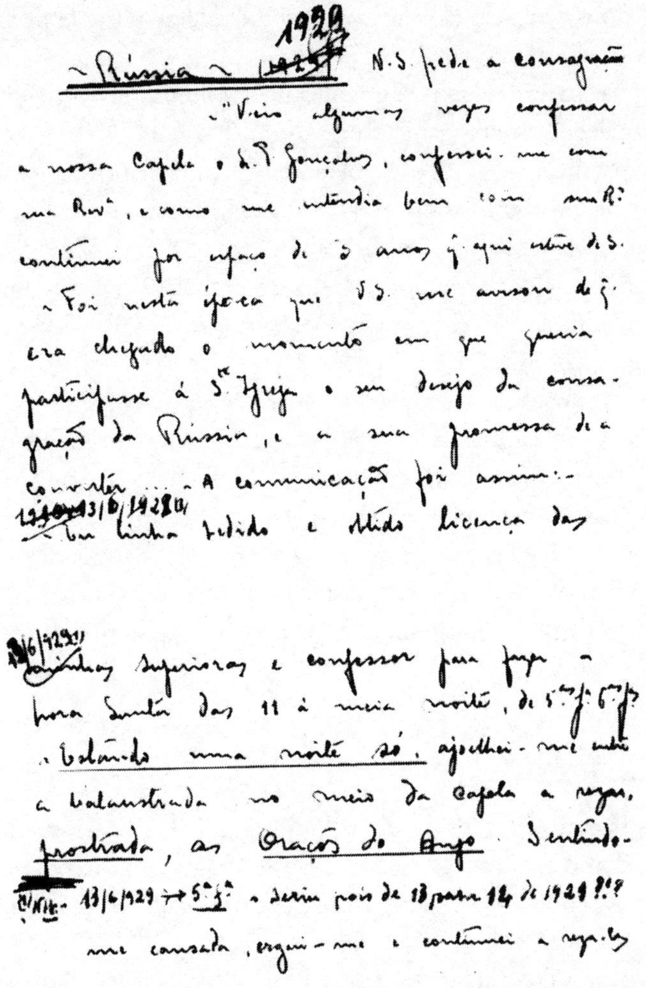
~ Russia ~ 1929 N.S. pede a consagração
~ "Vim algumas vezes confessar
a nossa Capela o Rᵈᵒ P. Gonçalves, confessei-me com
sua Revª, e como me entendia bem com sua Rª
continuei por espaço de 3 anos que aqui estive de S.
~ Foi nesta época que N.S. me avisou de que
era chegado o momento em que queria
participasse à Sta Igreja o seu desejo da consagração da Russia, e a sua promessa de a
converter ... A comunicação foi assim:
13/6/1929 ~ Eu tinha pedido e obtido licença das
minhas superioras e confessor para fazer
hora Santa das 11 à meia noite, de 5ᵃˢ f. 6ᵃˢ f.
~ Estando uma noite só, ajoelhei-me entre
a balaustrada no meio da Capela a rezar,
prostrada, as Orações do Anjo. Sentindo-
13/6/1929 → 5ª f. ~ seria pois de 13 para 14 de 1929 ???
me cansada, ergui-me e continuei a rezá-las

Figura 55. Manuscrito del padre Gonçalves donde se pueden observar enmiendas sobre las fechas. También podemos leer en esta copia de los apuntes de Lucía que fue "en esta época" (en la que el padre Gonçalves era su confesor), que Nuestra Señora manifestó "el deseo de la consagración de Rusia". *(En António M. Martins, Documentos de Fátima).*

¿Quién era y cómo sucedió todo?

Lo vemos en el mismo autor de *Brotéria*:

"Mientras tanto, en Rusia continuaba la persecución religiosa. En la esperanza de mejores días y en la de que más adelante pudieran entrar en aquella nación misioneros, (...) en Roma y en otras partes se fundaron diversos institutos para la formación de sacerdotes del rito bizantino-eslavo, en uso en la iglesia rusa. En especial en Roma, se erigió el Instituto Oriental, del que fue el primer director el padre jesuita francés D'Herbigny".

Añade que, este jesuita, aprovechando un momento de calma en la situación, consiguió una licencia para visitar Rusia durante un mes.

"Antes de partir, fue nombrado obispo en secreto, por orden de Pío XI, el por entonces nuncio en Berlín monseñor E. Pacelli, futuro papa Pío XII. Una vez llegado a Rusia, pudo consagrar allí, también en secreto, a diez obispos católicos, para atender a los fieles perseguidos. Pero sus actividades despertaron las sospechas de las autoridades soviéticas, por lo que tuvo que salir de Rusia apresuradamente". (L. de Castro)

Fue por esta causa y por un decreto publicado por el gobierno soviético el 8 de abril de 1929, represor de las asociaciones religiosas, por lo que el papa Pío XI tomó la iniciativa de presidir un movimiento católico por la conversión de Rusia.

Lucía debió saber de aquel movimiento por los jesuitas.

Como se ve una vez más, el puntal del secreto de Fátima hasta el año 2000, que era la conversión de Rusia, cae por tierra. Lucía, simplemente, se integró en un movimiento católico de opinión de la época y, posteriormente, en 1941, lo incluye en el secreto.

UNA SEÑAL EN EL CIELO

Cabe referir también, como último indicador de la obsesión en que se transformó Rusia como centro del secretismo de Fátima, una curiosísima conjetura explicada por José Geraldes Freire, en su citado trabajo sobre la tercera parte del secreto[50].

Se observó una enigmática "señal del cielo" en la tarde del 21 de enero de 1976, en muchas regiones de Portugal y de la vecina España. La morfología del citado fenómeno provocó las más diversas interpretaciones, de acuerdo con las referencias y la formación específica de cada uno de los innumerables testigos.

La configuración de la "señal celeste" no dejaba de ser, de hecho, intrigante: se asemejaba a una "S", según algunos, a un "5", de acuerdo con otros, pero también a una "hoz" bien definida en vertical en un cielo en el que no faltaba una tonalidad rojiza, por la simple razón de la proximidad del ocaso solar.

---

[50] FREIRE, José Geraldes, *Segredo de Fátima – a Terceira parte é sobre Portugal?*, op. cit., 1977, pp. 116 et seq.

Basándose en descripciones y comentarios recogidos en diarios parroquiales locales católicos y en otras fuentes, José Geraldes Freire dedujo en la época que el cielo, al final, habría correspondido a sus deducciones sobre el sentido del secreto: "una noche iluminada por una luz desconocida" que constituiría la "gran señal" para el castigo de Dios.

La "señal del cielo" del 21 de enero, debido a su expansión atmosférica sobre el territorio portugués e ibérico, desencadenaría fatalmente reacciones y lecturas convergentes con una hermenéutica oculta del secreto. El periódico *Mensagem de Fátima* se preguntaba, en su número de marzo-abril de 1976, si la "señal" del cielo no sugeriría la devoción de los cinco primeros sábados, conforme la reiterada solicitud de la Señora de Fátima a la vidente Lucía.

> "Si esta parte del mensaje de Fátima no fuera atendida, la única alternativa a la revelación es el imperio de los errores generadores de guerras y persecuciones (…)".

Parece claro que se refiere a Rusia.

Pero no todos hicieron esa lectura. Y la divergencia quedó bien patente en las impresiones de los habitantes de Monte de Trigo, en Portel, en el sur alentejano. "Al ver la señal de la hoz en el cielo, el pueblo se alegró, porque eso quería decir que el comunismo vencería en Portugal[51]"… Ahora Rusia era motivo de debate "en vivo" en Portugal, con la colaboración de los cielos, con el rescoldo todavía "caliente" del PREC (Proceso Revolucionario en Curso) después de la revolución del 25 de abril.

Esta disonancia y ambivalencia valdría para todo un tratado de psicología de la percepción: por otro lado, proporciona una prueba inamovible y decisiva de las implicaciones y dificultades multidisciplinares situadas en el montante de las "realidades imperceptibles", de las experiencias límite y del elevado grado de subjetividad en que se asientan.

El mismo investigador de Coimbra no podía permanecer ajeno ante tan manifiesto significado. Es perfectamente comprensible que su entusiasmo le llevase, con hartas y visibles razones, a considerar "dentro de la economía general del secreto" una "relación entre Fátima y el comunismo; esta señal, con el símbolo comunista de la hoz, representado *solo sobre el cielo de Portugal* (en cursiva en el original), puede ser una advertencia de que el peligro del dominio comunista en Portugal no ha pasado todavía".

---

[51] Idem, p. 118.

21 DE JANEIRO: FIGURAS GEOMÉTRICAS NO «QUADRO» DO CÉU

ESPECTACULAR FENÓMENO LUMINOSO

PÁG. 6 E SEG.

● OBSERVADOS DOIS OVNI's FUSIFORMES (TIPO «CHARUTO») NA FOZ DO DOURO E V. N. DE CERVEIRA

Figura 56. La enigmática "señal del cielo" que fue relacionada con el secreto de Fátima, con los cinco primeros sábados y con la "hoz" del comunismo. *(Revista Insólito, Año 2°, n° 9, febrero de 1976).*

Este infatigable e informado docente de Coimbra no podía saber, en el momento en que redactaba dicho trabajo, que la inquietante "señal", al final, también había sido vista en localidades de Extremadura y de la Andalucía en España, lo cual anularía gran parte de su argumento. Pero la respuesta definitiva para tan gran alegría estaría todavía por conocer. Pocos meses después, los grupos de investigación de fenómenos aéreos no identificados, en España, recibían la información de que la alarmante "hoz", "S" o "5" no pasaba de ser un singular efecto producido por un cohete experimental, lanzado por el INTA (Instituto Nacional de Técnica Aeroespacial) del país vecino, en la secuencia de lanzamiento de un gas, el litio, probado en las capas altas de la atmósfera…[52]

La maravillosa trascendencia del cielo que nos castiga acabó, de esta forma, por diluirse en la frialdad tecnológica de los estudios sobre el cielo de aquel momento.

De igual forma, no podemos dejar de referirnos a la historia de España, donde vivía Lucía. El 30 de enero de 1930, el dictador Primo de Rivera presentó su dimisión. "El rey confió el gobierno al general Berenguer, que se vio envuelto en grandes desórdenes, promovidos por los republicanos y los socialistas"[53]. El 12 de abril de 1931, las elecciones darán la victoria a la izquierda. En las elecciones

---

[52] Diversa información de los archivos del CNIFO, Oporto, 1982, et seq., enviada por varios grupos de estudio de España.

[53] *Grande Dicionário Enciclopédico Ediclube*, vol. VII, entrada "Espanha", p. 2397.

de 1933, fue el momento de la derecha. En 1936, la izquierda venció de nuevo. Siguió una sangrienta guerra civil entre republicanos (los rojos) y los nacionalistas que también alcanzó a las instituciones religiosas. "Solo durante los tres años de la guerra civil española (1936-1939) fueron asesinados por los 'rojos' 14 obispos, 5.639 sacerdotes seglares y 2.475 religiosos" —Periódico *Novidades*, 19 de marzo de 1950[54]. Es evidente que en una guerra civil mueren millares de personas de ambos lados de las barricadas, sean rojos o nacionalistas. Lucía vivía, por tanto, en un ambiente de odio visceral hacia los comunistas.

Pero, a fin de cuentas, ¿qué copió el padre Gonçalves sobre la visión de Lucía?

"Estando sola una noche, me arrodillé en la balaustrada de mi capilla a rezar, postrada, las oraciones del Ángel. Sintiéndome cansada, me levanté y continué rezándolas con los brazos en cruz. La única luz era la de la lámpara. De repente, se iluminó toda la capilla con una luz sobrenatural y sobre el altar apareció una cruz de luz que llegaba hasta el techo. Con una luz más clara, se veía en la parte superior de la cruz un rostro de hombre con cuerpo hasta la cintura, que llevaba sobre el pecho una paloma también de luz y clavado en la cruz, un cuerpo de otro hombre. Un poco más debajo de la cintura, suspendido en el aire, se veía un cáliz y una hostia grande, sobre la cual caían algunas gotas de sangre que corrían por las mejillas del Crucificado y por una herida del pecho. Escurriendo por la Hostia, las gotas caían dentro del Cáliz. Bajo el brazo derecho de la cruz estaba Nuestra Señora (era Nuestra Señora de Fátima con su Inmaculado Corazón... en la mano izquierda... sin espada ni rosas, más con una corona de espinas y fuego...), con su Inmaculado Corazón en la mano... Bajo el brazo izquierdo, unas letras grandes, como si fuesen de agua cristalina que corriese por encima del Altar, formando estas palabras: *Gracia y Misericordia*.

"Comprendí que me era mostrado el misterio de la Santísima Trinidad y recibí luces sobre ese misterio que no me está permitido revelar. Después Nuestra Señora me dijo: *Ha llegado el momento en que Dios pide al Santo Padre que haga, en unión con todos los obispos del mundo, la consagración de Rusia a mi Inmaculado Corazón, prometiendo salvarla por este medio. Son tantas las almas que la Justicia de Dios condena por los pecados contra Mí cometidos, que vengo a pedir reparación: sacrifícate por esta intención y ora.*

"Di cuenta de esto a mi confesor, que me mandó escribir lo que Nuestro Señor quería que hiciese".

---

[54] Citado por SILVA, José Pedro, *Fátima e a Conversão da Rússia*, Angra do Heroismo, 1950, p. 70.

Insistimos: una vez más la Virgen es "desautorizada"; ¿la petición es de ella o de Nuestro Señor?

Nos preguntamos, en fin, cómo es que unas notas tomadas por un jesuita, que forman parte del archivo de otro jesuita, sobre una visión privada, sobre la que nadie más podía dar testimonio, se transformasen en una verdad sagrada que medio mundo tomó en serio. Esto bastó para llevar a los pontífices de la iglesia de Roma y a todos los obispos del mundo a consagrar a Rusia al Corazón Inmaculado...

¿Cómo interpretar y valorar, dentro de su intrínseco subjetivismo, las recurrentes e históricas experiencias visionarias de los religiosos conventuales que tienen a Cristo como protagonista?

"Al mismo tiempo que Juana se entregaba a Dios, el Señor se le comunicaba con mayor frecuencia... Era tan recíproco la relación entre los dos amantes, que hablaban entré sí varias veces al día, y en estas ocasiones el Señor le respondía con los ojos abiertos y muy vivos. Hasta las horas de la noche, cuando todos descansaban del trabajo del día, las gastaba Juana en dulces coloquios con su amante Crucificado"[55].

EL SEGUNDO SECRETO DE 1941

Según la vidente, después de la visión del infierno, que constituía la primera parte del secreto, se siguió la segunda parte o segundo secreto:

"Viste el infierno al que van las almas de los pobres pecadores. Para salvarlas, Dios quiere restablecer en el mundo la devoción a Mi Inmaculado Corazón.

"Si hicieren lo que voy a decir, se salvarán muchas almas y tendrán paz. La guerra va a acabar. Pero si no dejaran de ofender a Dios, en el reinado de Pío XI comenzará otra peor. Cuando vieres una noche iluminada por una luz desconocida, debes saber que es la gran señal que Dios os da de que va a castigar al mundo por sus crímenes, por medio de la guerra, del hambre y de las persecuciones a la Iglesia y al Santo Padre.

"Para impedirlo, pediré la consagración de Rusia a Mi Inmaculado Corazón y la Comunión reparadora en los primeros sábados. Si atendieren a mis peticiones,

---

[55] CLEMENTE, José, *Vida da Venerável Madre Teresa da Anunciada [Vida de la venerable madre Teresa de la Anunciación]*, 8ª ed., Ponta Delgada, 1867, p. 22.

Rusia se convertirá y tendrán paz. Si no, esparcirá sus errores por el mundo, promoviendo guerras y persecuciones a la iglesia, los buenos serán martirizados, el Santo Padre tendrá que sufrir mucho, varias naciones serán aniquiladas. Pero al fin Mi Inmaculado Corazón triunfará. El Santo Padre me consagrará a Rusia, que se convertirá, y se le concederá al mundo algún tiempo de paz. En Portugal se conservará siempre el Dogma de fe, etc. Esto no se lo digas a nadie. A Francisco sí se lo puedes decir"[56].

Lucía, 2° secreto	Padre Moura, 1855
"…pediré la consagración de Rusia a Mi Inmaculado Corazón… El Santo Padre me consagrará a Rusia, que se convertirá, y se le concederá al mundo algún tiempo de paz…".	Mis queridísimos hermanos, recurramos al Corazón de María y oremos… por la paz en todo el mundo (…) y principalmente por la conversión de Inglaterra y de los griegos cismáticos…"[57].

Pasemos al análisis de este secreto.

La infalibilidad de Lucía

Aunque sabemos cómo surgieron las devociones de los primeros sábados, la del Inmaculado Corazón y la conversión de Rusia, no disponemos de ninguna garantía de que este secreto tenga algo que ver con la aparición de 1917. Además, Lucía es infalible cuando describe hechos en los que ella es la única participante. Con otros participantes, las certezas documentadas no son tantas…

Tres ejemplos:

- La prisión, en Ourém, por el Administrador en 1917. Lucía dice que fue presa, pero el administrador y los hijos[58], de la edad de los videntes y con los que jugaban, la cocinera de la prisión y sus hermanas siempre negaron esa hipótesis. Además de eso, Maria do Carmo Menezes, que las hospedó un mes después, afirmó que las dos videntes nunca le dijeron que habían

---

[56] MARTINS, António Maria, *Documentos de Fátima, Quarta Memória,* op. cit., p. 341.

[57] MOURA, padre Joaquim José Álvares de Moura, *Horas de devoção à Santíssima Virgem ou Exercícios em louvor do Coração Imaculado da Mãe de Deus, para todos os Sábados do ano,* Braga, Lusitana, *1855,* p. 19.

[58] VIEIRA, Pedro, "Artur Oliveira Santos, o Injustiçado de Fátima" ["Artur Oliveira Santos, el injustificado de Fátima"], revista *Visão,* 11 de mayo de 2000, pp. 84-85, y LAXE, Manuel Eládio, *As Duas Faces de Fátima,* op. cit., pp. 132-136.

estado presas y que sería de ella la frase "Ay, niñas, si ustedes se engañan hasta las fríen en aceite"[59]. Sin embargo, esta mencionada "prisión" tiene cierto éxito en documentales y películas piadosas.

- La entrevista con el escritor Antero de Figueiredo, en 1936. Lucía la comenta en sus *Memorias*. La hija del escritor, que estaba presente en todos los diálogos, al leer lo que Lucía escribió, "negó enérgicamente varias cosas"[60].

- Los sacrificios de los videntes son estorbados por la familia y los amigos. En cuanto a la heroicidad de Jacinta cuando estuvo enferma, el holandés Jongen confirmó los hechos con los médicos que la trataron en el hospital de Ourém: "El doctor Preto me dijo que Jacinta no tenía más paciencia que el resto de los niños. El mismo médico cuenta que Jacinta reaccionaba vivamente cuando él le provocaba dolor.[61]

No encontramos resquicios del secreto de 1917

- No son "palabritas".
- No contiene ninguna novedad.
- Fue recogido en julio.
- Son tres secretos en vez de uno.
- Está insertado en la época de 1940 y no en la de 1917.
- Sobre todo, la "Señora" de este secreto no es la misma que la de 1917.

¿Por qué decimos que no es la misma?

La Señora de 1917 nunca indicó parentesco con los entes celestes

Releamos cuidadosamente los "Interrogatorios Formigão", el "Inquérito Parroquial", el "Primer relato de la vidente en 1922", el "Interrogatorio de 1924", en el cual ella juró por los Santos Evangelios.

Constatamos esta evidencia:

- En la aparición de 1917 NUNCA se manifiesta como formando parte de la familia de Cristo o de Dios. Ella nunca habla del Hijo, ni del Esposo, y se

[59] MATOS, Alfredo, *8 Dias com as Videntes da Cova da Iria*, op. cit., pp. 40-41.
[60] FARIA, P.O., *Perguntas sobre Fátima e «Fátima Desmascarada»*, op. cit., p. 11.
[61] MARCHI, João, *Era Uma Senhora Mais Brilhante que o Sol*, op. cit., p. 363.

muestra distante de la jerarquía de la religión católica. Ni siquiera se presenta como Madre. No tiene nada que ver con otras apariciones marianas que, cíclicamente, son citadas. Es una entidad femenina, de pequeña estatura, que dice a otras mujeres que aprendan a leer y trae en la mano el símbolo del cromosoma femenino, que Lucía identifica como el tercio, y un "medallón con picos" o "bola luminosa" identificada por Lucía como un "corazón fuera del pecho".

Las únicas frases relacionadas con la doctrina católica las podemos localizar en el repertorio de Lucía:

"Rezad a la Señora del Rosario que solo ella os puede valer…"
"No ofendáis más a Nuestro Señor…"
"Dijo hoy que la gente rezase todos los días el tercio"

Todas ellas son expresiones que cualquiera podría decir y podrían, además, ser entendidas en el contexto cultural de 1917, al nivel de la familiar y de la formación catequista.

"Hagan aquí una capilla a la Señora del Rosario. Lucía tiene dudas sobre si fue dicho así o de esta forma: hagan aquí una capilla. Soy la Señora del Rosario" ("Inquérito Parroquial").

Jacinta manifiesta la misma duda al canónigo Formigão el 2 de noviembre de 1917: "Dejo que hiciese la gente una capilla y no sé si dice 'a la Señora del Rosario' o que 'Ella era la Señora del Rosario'".

Francisco reitera que "nunca oyó nada", solo veía que la "Señora" no movía los labios cuando hablaba…

¿Cómo es que los videntes podrían tener las citadas dudas si les hubiese comunicado un mensaje explícito como el de 1941?

Por lo tanto, el término "Mi" (de Inmaculado Corazón) nunca fue pronunciado. "Yo" y "Mi" tampoco. Digamos que, en 1917, la "Señora" era un personaje no participante, casi ausente, que erraba en la fecha de fin de la guerra ("acaba hoy", 13 de octubre de 1917) y aparecía cuando los videntes no estaban en el lugar de costumbre (agosto). Después, en el secreto de 1941, así como en las *Memorias*, Lucía la transformó en María de Nazaret, que decía que "la guerra iba a acabar", ahora cristalizada en un personaje participativo y representado en el elenco divino católico.

Pío XI

Repárese en que Lucía indica que una guerra peor tendría su inicio en el pontificado de Pío XI, cuando, en realidad, ocurre bajo el papado de Pío XII. Los autores fatimistas, y ella misma, se esfuerzan por aclarar que la anexión de Austria en 1938 fue el episodio que dio origen a la Segunda Guerra. Nos parece que el motivo de la inclusión de Pío XI en el secreto proviene de las notas de Lucía de 1930, cuando introdujo a Rusia y, entonces sí, el jefe de la Iglesia católica era Pío XI.

Es una Señora con dudosas intenciones

"Si hicieren lo que voy a decir, se salvarán muchas almas y tendrán paz. La guerra va a acabar. Pero si no dejaran de ofender a Dios, en el reinado de Pío XI comenzará otra peor".

Nos parece absurda esta especie de intimidación, típica de alguien que actúa precipitadamente, con segundas intenciones. Esto fue escrito en 1941, divulgado en 1942, y la guerra comenzó tres años antes. "¿Nuestra Señora hace depender la paz de nuestra obediencia a Sus recomendaciones y, al mismo tiempo, recomienda guardar el secreto impidiendo que Su mensaje llegue al conocimiento de los destinatarios?"[62]. Ella tiene la solución para nuestros males y deficiencias, pero la esconde para que muramos en las manos del enemigo.

Dios es presentado como un castigador implacable

"...sabed que es la gran señal que Dios os da de que va a castigar al mundo por sus crímenes, por medio de la guerra, del hambre...".

Si nuestra naturaleza humana es tan perversa no tenemos gran culpa, porque todo es obra del Creador, entonces quizás seamos el resultado de una obra imperfecta. Nos preguntamos acerca de lo que haremos, tan infame, para provocar la ira de Dios. Las oraciones y sacrificios de millares de cristianos y otros creyentes sufridores no parecen apaciguarlo. A cambio, recibimos guerras, hambre, persecuciones. La II Guerra Mundial mató a seis millones de judíos, de la nación de Cristo y de su Madre. ¿Qué crimen habían cometido ellos? ¿No será una manera de disculpar a Hitler y a sus propósitos? Nos parece que aquí planea la antigua sombra medieval del rey investido de poder divino, su delegado en la Tierra. Si era bueno, el pueblo de lo merecía. Si era malo, el pueblo se merecía ese castigo.

---

[62] FARIA P.O., *Perguntas sobre Fátima e «Fátima Desmascarada"*, op. cit., p. 75.

La culpa era siempre del pueblo, nunca del rey. Ahora, la culpa es de los pecadores, no de Hitler, Mussolini ni de todos los carniceros que alimentan o provocan las guerras.

Los errores de Rusia

"...esparcirá sus errores por el mundo, promoviendo guerras...".

También reflexionamos sobre esto: "...será que los Estados Unidos, la Alemania de Hitler, las Alemanias actuales, la Italia fascista, Cuba, China, la Inglaterra imperial, Francia, Israel, los países árabes, las Españas de todas las épocas, el mismo Estado del Vaticano, no cometen y cometerán errores y los esparcen o esparcirán? ¿Será que solo los errores de Rusia ofenden a Dios?", pregunta Manuel Laxe[63].

Esta versión del secreto es contraria a la historia portuguesa. Los católicos no fueron los "buenos"

"Promoviendo guerras y persecuciones a la iglesia, los buenos serán martirizados". Es cierto que hubo persecuciones religiosas en Rusia, pero el balance es superior en lo que toca a las persecuciones en Europa y hasta en Portugal. La realidad histórica muestra que los católicos no fueron los "buenos", en particular la jerarquía eclesiástica. Si alguien fue perseguido en Portugal, durante 48 años de dictadura entre 1926 y 1974, fueron precisamente los comunistas y los que luchaban contra el régimen, bajo la mirada comprometida del catolicismo institucional. Por cierto, en esa oposición se alinearon los católicos, sufriendo en su propia piel la acidez de la policía política.

Muchos quedaron sin el "ganapán", como João Ilharco, que escribió el libro *Fátima Desmascarada*. Otros seguirían el camino del exilio.

Parte de la Iglesia católica fue efectivamente perseguida, pero no por los comunistas, fueron los católicos gobernantes los que persiguieron a los miembros de la Iglesia que no comulgaban con el régimen. El capellán del ejército, el padre Mário de Oliveira, por mostrar su desacuerdo con la guerra colonial, fue preso, juzgado y retirado de su parroquia. El obispo de Oporto, António Ferreira Gomes, conoció el exilio por escribir una carta a Salazar. El padre Abel Varzim conoció, igualmente, la intolerancia de sus iguales en Cristo.

En cuanto a la guerra, ¿quién la hace en Portugal? Se llamó Guerra Colonial y fue conducida y alimentada por el régimen católico.

---

[63] LAXE Manuel Eládio, *As Duas Faces de Fátima*, op. cit., p. 114.

La conversión de Rusia y los emigrantes del Este

En la época en que la conversión de Rusia formaba parte del secreto de Fátima, la URSS se convertía en una gran potencia. Cuando la mencionada profecía de Fátima se "cumplió" y se "convirtió" al capitalismo, comenzó el martirio. La conversión de Rusia acabó por afectar a Portugal y fue lo justo. Hasta se hicieron nuevas leyes de protección para los inmigrantes del Este.

País de emigrantes desde el siglo XV, ahora somos un país receptor. Se habla de cerca de 100.000 emigrantes clandestinos y cerca de 40.000 habrían venido del Este. Las noticias de la televisión nos muestran a arquitectos que trabajan como obreros de la construcción, médicos y profesores con trabajos menores, ingenieros que duermen en los bancos del parque. Los EE.UU. aprovecharon los cerebros judaicos de la Alemania nazi, pero Portugal no ha sabido aprovechar los cerebros que vienen del Este. En las calles de Lisboa, engrosan la fila de los que piden la "sopa de los pobres".

Dejaron a sus familias a millares de kilómetros y vinieron en busca de sueños. Según la compañía telefónica Telecom[64], de los diez destinos internacionales de las llamadas hechas desde Portugal en Navidad y Año Nuevo, tres eran países del Este: Rumanía, Ucrania y Moldavia.

La crítica belga: ¿Por quiénes nos toman, señores?

Evidentemente, no todos aceptaron literalmente las "Memorias" ni el secreto de 1941. La contestación tendría que venir de algún lado y surgiría de Bélgica. No nos debemos admirar de que haya partido, precisamente, de los jesuitas. Son ellos quienes mejor comprenden las menudencias y subjetividades de Fátima.

Marc Dem[65] cita esta discusión. Todo comenzó por el profesor de Teología de la Universidad de Lovaina, Eduardo Dhanis, que cuestiona varias cosas en 1944[66].

---

[64] Periódico *Expresso*, 12 de enero de 2001, cuaderno Economia, p. 1.

[65] DEM, Marc, *O Terceiro Segredo de Fátima*, op. cit., pp. 89-91.

[66] Es interesante señalar que algunas de las bases para un nuevo entendimiento de los fenómenos que ocurrieron en Fátima, casi en el límite de la física, fueron lanzadas por las discusiones e intercambios de información que uno de los autores, Joaquim Fernandes, ha tenido y continua teniendo con el físico Auguste Meessen de la Universidad Católica de Lovaina. Meessen es un creyente católico que insiste en mantener su independencia crítica y, sobre todo, *científica* para analizar la fenomenología de las apariciones marianas, una perspectiva que permaneció olvidada y descartada hasta 1982.

Primero que Lucía fue la única testigo y que una única persona no constituye prueba. Después, que niños tan pequeños no habrían conseguido mantener en secreto una historia tan diferente desde 1917. Debió haber sido Dhanis la primera persona que hablara sobre las dos Fátimas, llamándolas Fátima "antigua" y Fátima "moderna" (hoy llamadas Fátima UNO y Fátima DOS), opinando "que todo lo que siguió fue añadido por las necesidades de la causa". Pensamos que tiene toda la razón.

Monseñor Journet, futuro cardenal, dio su opinión en la revista jesuita *Les Études*. Quedó, sobre todo, indignado al leer que el mayor milagro de Fátima sería el régimen político salazarista. Y se desahogó: "Hablamos de un baile del Sol, de una lluvia de flores y después nos dicen que el mayor milagro, el milagro de los milagros, es la actual situación floreciente de Portugal. Pero, ¿por quién nos toman señores? El *Imprimatur* nos puede preservar de las herejías, pero es impotente contra la estupidez".

Al mismo Journet se le debe la declaración: "Sin Fátima, Salazar no sería posible. Él no habría sido llamado al gobierno y todavía menos se hubiera mantenido allí". Así lo dice en un artículo incluido en *La Vie Espirituelle*, 1948[67].

Curiosamente, también en Portugal fueron los jesuitas los que salieron en defensa de su "dama". En la revista *Brotéria*, Gonzaga da Fonseca critica a Dhanis en un artículo titulado "Fátima y la crítica"[68]. Dhanis se sintió eludido y respondió sin delicadeza, de forma confusa y violenta, en *Nouvelle Revue Théologique*, 1952. Los de *Brotéria* le responden en febrero de 1953, a través de la pluma de A. Veloso[69].

De acuerdo con Marc Dem, el director de la revista jesuita *Les Études*, vuelve a la carga en 1967, criticando el desplazamiento de Pablo VI a Fátima, por "caucionar la política de los católicos en el poder en Portugal y su colonialismo y su totalitarismo antidemocrático". Le responde el jesuita portugués Manuel Versos Figueiredo, sugiriendo que cierto partido democrático, en los albores de Fátima, inscribiera en su programa el aniquilamiento del catolicismo por espacio de dos generaciones.

Es una discusión interesante la dirimida entre los jesuitas portugueses y los belgas. Pero Fátima continuó y las personas se sumergieron en un interés mórbido por el tercer secreto.

---

[67] FARIA P.O., *Perguntas sobre Fátima e «Fátima Desmascarada»*, *op*. cit., p. 9.

[68] FONSECA, Luís Gongaza, «Fátima e a Critica» , revista *Brotéria*, mayo 1951, pp. 505-542.

[69] VELOSO, A., "Ainda Algumas Confusões e Erros sobre Fátima" ["Confusiones y errores sobre Fátima"] in *Brotéria*, Febrero 1953, pp. 170-191.

Lucía continuó escribiéndose con el padre Aparício y con el padre Gonçalves, que estaban lejos, en Brasil y Ultramar. Mantenía también contacto con autores fatimistas de esa orden: "No olvido, en mis pobres oraciones, las intenciones recomendadas por el señor padre António (Ciríaco) Fernandes. Dios querrá que S. Rev. se encuentre mejor de salud"[70]. "Por esa causa, recibí una carta del señor padre Gomes João Pereira Gomes, S. J. para pedirme mi opinión…"[71]. Pero, en cierto momento, se generan conflictos con la Compañía de Jesús.

"Son ya tres los sacerdotes que me escriben preguntando si sería bueno comenzar a trabajar (en Rusia). Uno de esos sacerdotes es francés, de nombre bien conocido, Terrier (…) Este padre estuvo aquí personalmente. No les hablé ni les respondí a los otros, por lo que sentí bastante pena por tratarse de la conversión de Rusia, pero no lo pude hacer porque, ahora más que nunca, tengo órdenes limitadas sobre la correspondencia y las visitas (…) Así que tengo pena de que el demonio se sirva para eso de un padre de la Compañía que no sé qué cosas fue a contar a la Rev. Madre Provincial"[72]; escribe esto en 1946.

Tal vez los jesuitas continuasen influenciándola, pero estamos convencidos de que ellos no tienen nada que ver con el tercer secreto.

Al proceder a las investigaciones documentales, acabamos siempre por toparnos con referencias a los jesuitas. Visicitudes o accidentes de la investigación, tal constatación nunca presupone animosidad alguna hacia la orden. Al contrario, reforzamos nuestra admiración hacia ellos por su arte y su ingenio. Efectivamente, se hizo necesaria una dosis, de persistencia y sagacidad para recuperar unas apariciones marianas, tan creíbles como tantas otras experiencias visionarias, y hacer de ellas un Altar del Mundo. Antiguos herederos de San Ignacio, no perderán su talento para "convertir". Descendientes de astutos misioneros, de "ayudantes de Dios", en vez de partir hacia los confines de la Tierra, hicieron que la gente de todos los confines viajara hasta Portugal, movida por las humanas insuficiencias y dependencias.

Los jesuitas llevaron Fátima al mundo. Aún antes de la aprobación eclesiástica, ya el doctor Gonzaga da Fonseca, el 12 de mayo de 1930, pronunciaba una conferencia sobre Nuestra Señora de Fátima en el Instituto Bíblico de Roma, "con la

---

[70] Carta al padre Aparício del 2 de agosto de 1943.
[71] Carta al padre Aparício del 3 de diciembre de 1939.
[72] Carta al padre Aparício del 11 de enero de 1946. Todas estas cartas pueden encontrarse en MARTINS, António Maria, *Documentos de Fátima*, op. cit., pp. 490, 496 y 498.

presencia de cardenales, diplomáticos, académicos y estudiantes de todas las universidades de Roma y de otras naciones del mundo"[73].

A pesar de ser pocos, cerca de 300, actualmente no se puede escribir nada sobre Fátima sin consultar sus obras y documentos. Varios autores fatimistas de renombre —Luis Gonzaga da Fonseca, António Maria Martins, Fernando Leite, António de Almeida Fazenda, Ciríaco Fernandes— son miembros de la Compañía de Jesús, además de otros autores con textos editados en *Brotéria*.

António Maria Martins, por su parte, posee el mayor archivo privado sobre Fátima. Además de eso, fotografió todo el Archivo Formigão y se le ofreció el archivo personal del canónigo Martins dos Reis. Según él, existían "3.760 escritos de Lucía, desde largas cartas hasta brevísimas notas", esto hasta 1984. Si ofrece ese número, podemos presumir que todos han pasado por sus manos.

Por último, el Archivo de la Compañía de Jesús tiene el resto de los escritos de la hermana Lucía que todavía permanecen inéditos.

Los jesuitas siempre han poseído todo el acervo documental. Han ayudado a definir y a fijar los cimientos de Fátima DOS. Merecen nuestra admiración. Esperamos que la historia futura les reconozca su mérito.

---

[73] *Documentação Crítica de Fátima - II*,1999, op. cit., p. 18.

Capítulo Cinco

La redacción del Tercer Secreto y los secretos inventados

Porque nunca pensaremos todos de la misma forma, solo veremos una parte de la verdad y bajo ángulos diferentes.

Mahatma Gandhi

La redacción del secreto

La tercera parte del secreto de Fátima, o simplemente el tercer secreto, fue redactada por determinación superior. José Geraldes Freire nos cuenta[1]:

> "Lucía se pondrá gravemente enferma en junio de 1943, hasta el punto de que a finales del septiembre siguiente tiene que ser operada en Pontevedra. La preocupación de una muerte cercana llevó al canónigo doctor Galamba de Oliveira a incitar al obispo de Leiria a que diese orden a Lucía de escribir 'la tercera parte del secreto'. D. José Alves Correia da Silva visitó a Lucía cuando estaba enferma, todavía en Tuy, el 15 de septiembre. Le expresó el deseo de que, *si ella quería*, podría escribir lo que faltaba. Poco después, en una carta de mediados de octubre, *le ordena* que lo escriba".

Lucía se demoró en cumplir la orden, no solo por su enfermedad sino también por "factores de naturaleza espiritual". En el día de Navidad de 1943, todavía no lo había escrito, y había manifestado a su director espiritual "su reticencia para escribirlo".

---

[1]   FREIRE, José Geraldes, *O Segredo de Fátima, a Terceira Parte é sobre Portugal?*, op. cit., p. 17.

Sabemos ahora que lo escribió el 3 de enero de 1944, pero hasta el día 9 ella no envió la carta al obispo de Leiria, comunicando que la orden estaba cumplida.

Continúa Geraldes Freire: "La situación en aquel tiempo de guerra y la naturaleza del escrito aconsejaron que la carta lacrada, que contenía el papel con el "secreto", fuese enviada a través de un portador de confianza. La ocasión se presentó el 17 de junio de 1944. Lucía fue a Valença do Minho con una hermana dorotea[2]. Hasta allí fue a su encuentro el señor obispo titular de Gurza, don Manuel Maria Ferreira da Silva, acompañado por su hermano monseñor José Manuel Ferreira da Silva y por el Rev. padre Vernochi, entonces al servicio de la Sociedad Misionera de Cucujães. El "secreto" fue llevado al señor obispo de Leiria, que en ese momento se encontraba en la Quinta da Formigueira, cerca de Braga. El señor don José lo trajo a Leiria, donde lo guardó en el Palacio Episcopal".

Figura 57. Edificio de la Congregación de las Religiosas Doroteas, en Tuy, donde la vidente redactó el famoso "3er secreto de Fátima". *(Foto de Frederica Claro de Armada).*

---

[2]   Valença do Minho es una ciudad fronteriza cerca de Tuy, en el lado portugués.

266

Parece que el obispo no leyó nunca el secreto, aunque Lucía estuviese dispuesta a revelarlo. Quedó establecido que, a la muerte de don José, la carta lacrada pasaría a las manos del cardenal patriarca, sin que debiera abrirse antes de 1960, a no ser que Lucía falleciese mientras tanto.

Estaba el secreto "puesto en reposo" en Leiria cuando según Geraldes Freire: "El 13 de mayo de 1955, el cardenal Ottaviani, pro-prefecto del Santo Oficio, presidía las ceremonias de Fátima. El día 17, visitó Coimbra y habló con la hermana Lucía en el Carmelo. Fue en el año 1956 en el que el Santo Oficio pidió, a través de la Nunciatura de Lisboa, una fotocopia de todos los manuscritos de Lucía existentes en el Palacio de Leiria. El señor obispo ejecutó la tarea y preguntó, a través del Nuncio, cómo se debía hacer en relación al manuscrito del "secreto". Desde Roma responden que sea enviado en el sobre cerrado, tal y como se encontraba. Estábamos a principios de marzo de 1957".

El secreto acabó por ser llevado al nuncio apostólico, D. Fernando Cento, que hizo llegar el documento al Vaticano, haciendo él mismo de portador en abril de ese año.

El papa Pío XII podría haber leído el secreto, pero el que lo hizo ciertamente fue Juan XXIII, lo mismo que sucedió con el cardenal Ottaviani.

En su declaración del 11 de febrero de 1967, el cardenal Ottaviani, en presenciad de Fernando Cento, ya Cardenal, afirmó que el papa entendió el texto en portugués y lo metió, después, en otro sobre. Lo lacró y lo "metió en uno de aquellos archivos que son como un pozo, en el cual la carta cayó a un fondo negro, muy negro, y nadie más vio nada. De ahí que sea difícil decir ahora dónde está el secreto de Fátima"[3].

Aunque el monseñor Capotilla, secretario del papa Juan XXIII, en una carta que escribió a Geraldes Freire, el 20 de junio de 1977, nos presenta otra versión de este episodio[4]:

1. El día 17 de agosto de 1959, el papa Juan XXIII recibió de las manos del padre Paolo Philippe (entonces en la Comisión del Santo Oficio) una carta guardada en el Santo Oficio relativa al llamado "secreto de Fátima". Y dijo: "me lo reservo para leerlo con mi confesor" (monseñor Alfredo Cavagna).

---

[3]   MARCHI, João, *Era uma Senhora mais Brilhante que o Sol*, op. cit., p. 372.

[4]   FREIRE, José Geraldes, *O Segredo de Fátima, a Terceira Parte é sobre Portugal?*, op. cit., pp. 136-137.

Figura 58. Cardenal Roncalli, futuro para Juan XXIII, en Cova da Iria en mayo de 1956. En 1960 impediría la divulgación del tercer secreto de Fátima.

2. De hecho, la lectura se realizó algunos días después. Pero, como se tornó difícil, justamente por motivos lingüísticos, se pidió la ayuda del traductor portugués de la Secretaría de Estado, monseñor Paulo José Tavares (después obispo de Macao).

3. Se proporcionó conocimiento del contenido de la carta a todos los jefes del Santo Oficio y de la Secretaría de Estado, y además a otras personas. Ciertamente, el papa habló de él con sus más íntimos colaboradores.

4. Después de la lectura del texto, el papa hizo una nota personal, transcrita por su secretario, monseñor Capovilla, que fue incluida en el sobre que contenía el secreto.

5. El papa Juan no se pronunció sobre el contenido. Dijo que prefería dejar a otros (¿a su sucesor?) la apreciación de la carta.

6. El documento se guardó en el escritorio del aposento de Juan XXIII hasta su muerte."

Aunque existían algunas discrepancias entre las declaraciones de monseñor Lóris Capovilla y las del cardenal Ottaviani en 1967, debemos señalar que este hablaba, en esa ocasión, para los periodistas. Su función era aplacar el pánico generado por los falsos terceros secretos que se habían hecho circular mientras tanto. En cuanto al testimonio de Capovilla, este es trasmitido a un profesor de la Universidad de Coimbra, por lo que tenemos razones para considerarlo más fidedigno.

Lo cierto es que Juan XXIII no creyó que aquel testimonio fuese una revelación celestial. Y el 8 de febrero de 1960, la agencia de noticias ANI, en su sede de Roma, informó de que el secreto de Fátima, al contrario de lo que había sido anunciado, no sería revelado.

Al día siguiente, se podían leer en la prensa las razones invocadas:

1. La hermana Lucía todavía está viva.
2. El Vaticano ya conoce el contenido de la carta.
3. Aunque la Iglesia reconozca las apariciones de Fátima, no desea tomar el compromiso de garantizar la veracidad de las palabras que los tres pastorcillos dijeron que la Virgen les había dirigido.

En estas circunstancias, es muy probable que "el secreto de Fátima" sea mantenido para siempre en absoluta confidencialidad[5].

Incluso sin entender el contenido, el Vaticano no dejó de considerar Fátima como una cosa suya. Así, en 1989, el rector del Santuario de Fátima envió un cuestionario a Lucía. La vidente respondió que las preguntas "que se refieren a las apariciones no las puedo responder sin autorización de la Santa Sede, a no ser que Vª Rev. quiera pedir esa licencia y la obtenga. De lo contrario, seguiré hacia delante, dejando esas preguntas en blanco"[6].

Se deduce que Portugal, y sus responsables católicos, perdieron el control sobre Fátima. Roma decide y el propio rector del Santuario está sujeto a su permiso.

Por lo visto no lo obtiene, o no quiso obtenerlo, porque en las *Memorias* de Lucía, publicadas en 1996, no constan referencias a las apariciones.

---

[5] Periódico *0 Século*, 9 de febrero de 1960, p. 12, col. 6.
[6] *Memórias da Irmã Lúcia - II, op.* cit., p. 9.

LOS TERCEROS SECRETOS INVENTADOS

Como Juan XXIII, en 1960, no reveló el secreto, a partir de ahí se dio rienda suelta al sensacionalismo y a la fantasía. Los creyentes, embriagados de ciego fervor, ahogados en incertidumbres, requerían la confirmación del fin del mundo, de las guerras nucleares y de los cataclismos. El tercer secreto debía ser, a la fuerza, la profecía de una desgracia. La humanidad proyectó en él sus miedos, cuanto más sangrientos más verdaderos.

En el fondo, la Iglesia católica se convertía para los creyentes en mediadora de una imagen de un Dios que castiga con la promesa del infierno. No se distingue bien la diferencia entre Dios y el Diablo. "Yo creo que los católicos 'pintaron' a Dios de una forma horrible, hicieron de él un auténtico verdugo"[7]. Nuestra Señora, por asimilación, fue también imaginada como mensajera de castigos inevitables para la humanidad.

Se inventaron distintas versiones de los secretos de Fátima. La imaginación humana es infinita. Varios actos y crímenes fueron cometidos en su nombre. El más significativo fue el desvío de un avión el 2 de mayo de 1981. El Boeing 737, de la compañía irlandesa, Aer Lingus, tenía como comandante a Edward Foyle. De repente, el aeropuerto de Bouquet París-Plague recibió una llamada urgente de Foyle pidiento autorización para aterrizar. Tenía a su lado a un hombre, de aspecto insignificante, que lo amenazaba con una caja metálica y con otro objeto. El aparato transportaba 108 pasajeros y 5 miembros de la tripulación y había salido de Dublín con destino Heathrow, pero el pirata pretendía poner rumbo a Teherán. El avión acabó por aterrizar en la pista 32. Por la radio, el pirata aéreo lanzó sus exigencias para la liberación de los pasajeros:

- La publicación en la prensa irlandesa e internacional de un artículo de nueve páginas que él había redactado y que estaba dedicado al tercer secreto de Fátima.

- La divulgación por el Vaticano del documento de ese secreto.

- Llenar de gasolina los depósitos del avión para seguir con destino a Irán.

Según Daniel Reju, este suceso llevó a que el primer ministro de Irlanda convocase a su gabinete de urgencia. El pirata, Lawrence Downey, se juzgaba

---

[7] Cristina, de 27 años de edad, interprete-guía, en CASTRO D'AIRE, Teresa, *Fátima á Procura de uma Certeza [Fátima – En busca de la certeza]*, Braga, Temas da Actualidade, 1995, p. 106.

"investido para una misión sagrada"[8]. Once días después, Ali Agca disparaba sobre Juan Pablo II, reclamando también estar elegido para una misión de la Virgen.

Aunque los secretos inventados con más éxito internacional fueron los divulgados por el padre mexicano Fuentes y por el periódico *Neues Europa*, de Stuttgart. Es importante hacer un resumen de ellos como demostración de la internacionalización del secreto y de la proyección del imaginario colectivo fuera de las fronteras de Portugal. Por no hablar de su aprovechamiento político, en esta ocasión de forma positiva. Fueron secretos que, aunque inventados, cumplirán su misión, sirviendo a Fátima y al mundo.

México. Padre Agustín Fuentes Anguiano, 1958[9]

El padre Fuentes era postulante de la causa de beatificación de Jacinta y de Francisco. Habló con Lucía en Coimbra, el 10 de agosto de 1955 y el 24 de diciembre de 1957. Este religioso afirmó, en una conferencia pronunciada el 22 de mayo de 1958, haber encontrado a Lucía triste y enflaquecida y que ella le transmitió un mensaje para que él lo divulgara en el mundo.

"Padre, Nuestra Señora está muy descontenta, porque no se hace caso a su mensaje de 1917. (…) Créame, el Señor castigará al mundo en breve. El castigo es inminente… y esto sucederá sino se reza y se hace penitencia. (…) Padre, diga a todos que Nuestra Señora me dijo, muchas veces, que muchas naciones desaparecerán de la faz de la Tierra. Rusia será el látigo escogido por Dios para castigar a la humanidad. (…) Diga esto, padre, que el demonio está llevando a cabo la batalla decisiva contra Nuestra Señora (…) Él sabe que los sacerdotes y religiosos, abandonando su excelsa vocación, arrastran muchas almas al infierno. (…) Nuestra Señora dice expresamente: 'Nos aproximamos a los últimos días". Dijo esto cinco veces. (…) La segunda vez me repitió que los últimos remedios dados al mundo son el santo rosario y la devoción al Inmaculado Corazón de María".

---

[8]   REJU, Daniel, *0 Terceiro Segredo de Fátima [El Tercer Secreto de Fátima]*, Lisboa, Círculo dos Leitores, 1983, pp. 31-34. Respecto a este trabajo, podemos decir que este autor realiza varias alegaciones erróneas sobre los acontecimientos de Fátima. En Portugal y en más sitios, la verdad y la lógica han sido sacrificadas constantemente a favor de la fantasía y de la especulación sin base.

[9]   FREIRE, José Geraldes, *0 Segredo de Fátima, a Terceira Parte é sobre Portugal?*, op. cit., pp. 20-25.

La revista americana *Fátima Findings*, de Baltimore, publicó un extenso texto en inglés en junio de 1959. Y la noticia recorrió el mundo en diversas traducciones. En 1967, el *France-Dimanche* todavía le hacía publicidad.

En este tumulto internacional de rumores acrecentados acerca del secreto, pasó a circular la mencionada existencia de una carta que Lucía habría escrito al citado padre[10]. En *Fátima Findings* se añadieron algunos detalles al texto original del padre mexicano. Por ejemplo: "El castigo del cielo es inminente. En menos de dos años, estamos en 1960, vendrá el castigo del cielo y será muy grande"[11], pasajes que no constan en el original.

Lucía lo negó. Afirmó no haber hecho ninguna alusión al tema cuando estuvo con el mencionado sacerdote y que casi no había hablado sobre los otros videntes. "No sé nada, por tanto, ninguna cosa podría decir sobre tales castigos, como falsamente se me atribuye"[12].

El padre Fuentes intentó rehabilitarse, alegando que las noticias difundidas no correspondían a lo que había dicho. Acabó por ser destituido de sus funciones en la causa de beatificación.

Alemania. Periódico *Neues Europa*, de Stuttgart, 1963

La versión del secreto publicada por *Neues Europa* el 15 de octubre de 1963 conoció un éxito extraordinario. El periodista Louis Emrich afirmaba que esta parte del secreto había sido enviado por Pablo VI a las cancillerías diplomáticas de Londres, Washington y Moscú. Emrich garantiza haber obtenido el texto en una de esas cancillerías. Refería, no obstante, que no se trataba del texto completo, sino solo de una parte que el papa había transmitido secretamente al Primer Ministro británico, Mac Millan, al presidente Kennedy y al presidente de la URSS, Nikita Krutchev. "Se dice hasta que fue debido a esta advertencia que los Tres Grandes firmaran en Moscú, el 6 de agosto de 1963, el acuerdo de suspensión de los experimentos nucleares", anota Geraldes Freire.

He aquí un resumen de ese texto, extraído de una obra del canónigo Sebastião Martins dos Reis[13]: "No te inquietes, hija mía. Soy Yo, la Madre de Dios, que te hablo y te pido que proclames al mundo entero el siguiente mensaje: ...Sobre toda la humanidad vendrá un castigo; no hoy, ni mañana, sino en la segunda

---

[10] The magazine *Nonsiamosoli [No estamos solos]*, n°. 2, July-December 1991, p. 7.
[11] REIS Sebastião Martins, *O Milagre do Sol e o Segredo de Fátima*, op. cit., p. 125.
[12] Idem, p. 127.
[13] REIS, Sebastião Martins, *O Milagre do Sol e o Segredo de Fátima*, op. cit., pp. 93-95.

mitad del siglo XX (…) La humanidad no evolucionó como Dios esperaba. (…) Hasta en los puestos más altos es Satanás quien gobierna y decide la marcha de los acontecimientos. Él sabrá introducirse hasta los puestos más altos de la Iglesia. Conseguirá sembrar la confusión en el espíritu de los grandes sabios que inventan armas con las que se puede destruir a la mitad de la humanidad en unos minutos. Someterá a su empresa a los poderosos de las naciones y los llevará a fabricar esas armas en masa".

Además de repitir frases del mensaje de La Salette, anuncia una guerra de tipo nuclear en la "segunda mitad del siglo XX", donde morirán "millones y millones de hombres cada hora", habrá miseria allí donde se mire y desolación en todas partes. No será, sin embargo, el fin del mundo, porque los supervivientes servirán a Dios "como antes, cuando el mundo todavía no estaba corrompido".

Martins dos Reis define este secreto como una "clásica invención literaria", invariable mezcla "obligatoria de situaciones caóticas, en un mundo fantasmagórico de perspectivas aterradoras, alboroto social, profetismo barato, censuras políticas, promesas triviales, proclamación de castigos inminentes y ascetismo amedrentado, en un escenario convencional y en un ambiente paroxístico de fin del mundo, sin ningún vislumbre de simplicidad y de índole sobrenatural". Geraldes Freire considera que está basado "en sugestiones tomadas del 'secreto de La Salette'".

El texto es muy extenso y difícilmente habría sido pronunciado en el transcurso de las apariciones de Fátima. Parece seguro que cuando la Señora "hablaba" los presentes oían **un zumbido de abeja**. Ahora bien, no tenemos referencias documentales que hayan registrado un "zumbido" tan extenso que soportase un texto de este orden, dictado en términos orales normales. A no ser que hubiese sucedido otro tipo de comunicación no verbal, de tecnología insospechada. Por eso, el secreto podría estar constituido o por "palabritas", como decían los videntes en 1917, o por una imagen que los perturbó, principalmente cuando Lucía profirió un "Ay, Nuestra Señora" en el transcurso de la 3ª aparición.

Además de eso, en *Neues Europa* se aseguraba que el secreto había sido revelado en octubre, después del "Milagro del Sol", lo que se traduce en un desconocimiento completo de Fátima. Pero nadie quiso saber nada sobre ese detalle y el artículo de Emrich fue traducido a varias lenguas. El autor continuó manteniendo que conocía el resto del texto, todavía más sombrío, y que lo había obtenido en el Vaticano. Pero no publicó nada más.

Italia, Oddi, Bongiovanni, Balducci 1991

En la década de los 90, este secreto del periódico *Neues Europa* se mantiene como "verdadero".

Cardenal Oddi: secretario del papa Juan XXIII, declara haber hablado con el papa cuando se lo encontró en París[14]:

"Beatísimo Padre, hay una cosa que no puedo perdonarle. ¿Qué cosa? —me pregunta. *Haber mantenido al mundo en suspenso durante tantos años y que después de ver llegar el inicio de 1960, pasen varios meses y no se vuelva a saber nada de este secreto. El papa Roncalli me responde: No me hables de eso. Yo replico: Si no quiere, no hablo más de eso, pero no puedo impedir que otras personas lo hagan".*

El cardenar Oddi cuenta, además, que volvió a interesarse por el secreto de Fatima en 1985. Se encontraba en Fátima, el 13 de mayo, junto con un millón de personas. Y ya que estaba allí, fue a visitar a la hermana Lucía. Le dijo: "Yo no quiero conocer el secreto. Lo que me llena de curiosidad es saber por qué no fue publicado. ¿La hermana me lo puede decir?". La vidente le explicó al cardenal que en 1982, en el encuentro que tuvo con Juan Pablo II, en Fátima" decidieron no publicarlo "porque podría ser malinterpretado".

Una sospecha bien fundada, como se vio…

El cardenal Oddi creía que el tercer secreto de Fátima tal vez preanunciase algo grave de lo que la Iglesia católica hubiera sido responsable, naturalmente sin intención, quizás en los años 60. Pero pensaba que, después de sufrimientos continuados, la fe volvería. Aunque, de ser así, la crisis de la Iglesia no se olvidaría, como ya se puede ver hoy.

Giorgio Bongiovanni. Este joven italiano había afirmado, de forma insistente, haber recibido unos estigmas en Fátima, de los cuales, los primeros fueron el 2 de septiembre de 1989. Los autores de esta obra pudieron apreciar, en el transcurso de un encuentro con Giorgio hace pocos años en Vila Nova de Gaia, esos mencionados estigmas que le causaron sufrimientos continuados. El estigmatizado establecía una confusa ligazón entre el secreto de Fátima y los extraterrestres. Argumentaba que el verdadero tercer secreto era el que contenía el texto que él desconocía que era el mismo publicado en Sttutgart en 1963. Afirmaba además que Nuestra Señora le había confirmado esa versión y había hecho referencia a la

---

[14] MIGUEL, Aura, *O Segredo que Conduz o Papa [El secreto que conduce al Papa]*, 2ª ed., Cascais, Principia, 2000, pp. 133-134.

existencia de otros mundos habitados. Ella era también "Nuestra Señora" en esos mundos extraterrestres.

El boletín *Nonsiamosoli* n° 2, 1991, que soportaba el movimiento de prosélitos de Giorgio, anunciaba bajo el retrato del "estigmatizado": "El tercer secreto de Fátima, que la Iglesia oculta a toda la humanidad, está por hacerse realidad con señales evidentes para todos".

Giorgio Bongiovanni se juzga a sí mismo mensajero, afirma dialogar con la Virgen María que le mandó extender sus mensajes por el mundo. Hay rumores que afirman que habría sido recibido en la ONU y en Moscú, por Gorbachov y su esposa.

Padre Balducci. Este padre católico italiano obtuvo alguna notoriedad al afirmarse convencido de la existencia de extraterrestres. En su currículum, aparecen referencias de cierta relevancia dentro de la estructura del Vaticano, habiendo quien le define como un "exorcista" con funciones oficiales. Sus opiniones surgen en los medios de comunicación y son recuperadas y ampliadas en Internet. Balducci fue entrevistado en un programa de la televisión italiana, en TG 2 Pegaso, el 13 de mayo de 1991 y, según el citado boletín *Nonsiamolosi*, él aprobaba, con total convicción, el texto de Emrich:

"En el mensaje se dice primero 'una gran calamidad' y después 'una nueva guerra'. ¡Es terrible! Contiene frases como: 'Cada hora morirán millones de personas'. Satanás incitará a los científicos a construir armas que en pocos minutos acabarán con la humanidad. Se piensa que puede ser una guerra nuclear. Parece que en 1960 este texto del Tercer Secreto fue enviado a los jefes de Rusia, de América, y algunos dicen que también de Inglaterra, las mayores potencias de entonces".

Estados Unidos: el temor de 1960

¿Y los Estados Unidos de América? Con las dos primeras partes publicadas, tanto a su contento como a su conveniencia, atribuyendo los errores exclusivamente a Rusia, silenciando Hiroshima y Vietnam, ¿habrán los EE.UU. permanecido de brazos cruzados?

EE.UU. Washington, 1991

"Un número creciente de católicos americanos considera que el fin del comunismo en la URSS constituye la realización de la segunda profecía de Fátima; afirmación que se ha hecho, en un artículo de primera página, en el acreditado

Wall Street Journal. (…) La desdicha es que, según las difundidas creencias, la tercera revelación se refería a imágenes apocalípticas del fin del mundo, probablemente a una guerra nuclear. Ahora, los devotos americanos, cuando ven cumplida la segunda profecía —el propio Papa dice que "La caída del comunismo nos obliga a pensar de una manera especial en Fátima", piden que se haga público el Tercer Secreto"[15].

Ahora bien, las "difundidas creencias" provenían de la época de 1960, el momento en que los EE.UU. se empeñaron en la apertura del mensaje secreto.

Lucía declaró al padre holandés Jongen en febrero de 1946 que el secreto no debía ser revelado ANTES de 1960[16]. En ese mismo año, en septiembre, al dar conferencias en Brasil el Cardenal Patriarca de Lisboa diría: "La tercera [parte] todavía no ha sido comunicada, pero está redactada en carta lacrada que SERÁ ABIERTA EN 1960".

Fue el punto de partida para que se extendieran por el planeta todas las suposiciones discordantes, las fobias más imaginativas, los escenarios más tenebrosos. "Los norteamericanos se apoderan de la explotación publicitaria del secreto", comenta Martins dos Reis, que cita el caso de las Selecciones de *Católica Digest* de octubre de 1954 y de *Fátima Findings*, ya referida, con la frase atribuida a Lucía que apuntaba el fin del mundo en 1960. En los EE.UU., el paroxismo del tema justificó incluso la producción de una serie de programas en la televisión sobre el mensaje de Fátima con el título genérico de "1960: Año cero".

El periódico portugués *A Luta*, editado en Nueva York, insertó el 5 de marzo de 1959 una entrevista con el director de la radio *Voz de Fátima*, el padre Domingues Fernandes, en la que este se confiesa estupefacto. Acababa de visitar los EE.UU. "del Atlántico a California" en un periplo de cuatro meses.

"He sido asediado por altas individualidades eclesiásticas, por reverendos monseñores, hombres de negocios, agentes de viajes y otros, de una forma que me espanta, con el fin de que les informara y tranquilizara, pues en los Estados de la costa del Atlántico, más claramente, impera cierta alarma por lo que va a suceder".

No sorprende que, en 1960, hubiese llegado a Cova da Iria una aparatosa panoplia de medios tecnológicos que sobresaltó a los creyentes portugueses. Acudirán allí agencias de información, publicaciones extranjeras, equipos de televisión,

---

[15] Periódico diario "Il Giorno", 29 de septiembre de 1991, citado en *Nonsiamosoli*, n°. 2, 1991, p. 4.

[16] Toda la información sobre 1960 relacionada con los EE.UU. fue recogida de REIS, Sebastião Martins dos, *O Milagre do Sol e o Segredo de* Fátima, op. cit., pp. 122-133.

con gran aparato. Todo preparado para captar la revelación del secreto. "¡A veces se rodeaban de cierto sigilo, con el fin de evitar y despistar a la competencia! —comentaría Martins dos Reis—. Este sensacionalismo publicitario está más próximo al infantilismo intelectual que a la verdadera cultura, y prueba que la civilización técnica no es sinónimo de aquella".

Como Portugal es un país con vocación comercial, desde la época de los Descubrimientos, había que inventar un modo de potenciar el negocio. En esa fase, los índices de pobreza material eran notorios, obligando a los portugueses a emigrar, por millares, clandestinamente. Entonces, fue el momento oportuno para la propagación de la superstición de las "velas bendecidas", una idea "luminosa" al alcance de todos los bolsillos. El fin del mundo se verificaría entre el 12 y el 14 de octubre, pero estaría precedido por una noche de tres días, para los cuales esas "velas bendecidas" darían luz "para el macabro y caótico escenario del secreto". El resultado está a la vista: una venta extraordinaria de velas que contagió a las multitudes, sin excluir a "personas con obligaciones especiales de noble vida religiosa".

Semejante feria de espíritus exaltados terminaría a partir del momento en que el esclarecimiento de Juan XXIII decidió no revelar el secreto.

La idea de una "señora" que reveló el secreto

Como vimos, desde la década de los 50 hasta el fin del milenio, el secreto de Fátima era sinónimo de guerras nucleares, fin de los tiempos, cataclismos y crisis en la Iglesia. En síntesis, albergaba un sentido indiscutiblemente escatológico. De ahí que el texto inventado de Louis Emrich hubiera constituido un *bestseller*. Y, ¿por qué? Porque contenía aquello que algunos mentores, religiosos y laicos, en diferentes países, proyectaban a partir de una especie de inconsciente colectivo —sus miedos, su inseguridad, plasmados en la creencia de que, si la madre de Jesús era capaz de descender físicamente a la Tierra, eso se traduciría en malas noticias y amenazas. En el imaginario humano, la felicidad terrenal no está trazada en los planes del cielo. "Todo lo bueno o es pecado o engorda", sentencia el aforismo popular.

De esta forma, los secretos imaginados, supuestos y difundidos tenían como base los siguientes parámetros.

- Que fue Nuestra Señora la que se apareció en Fátima.
- Que el secreto tenía que ver con la Iglesia católica.

277

- Que el Vaticano debía ser el depositario legítimo del secreto.
- Que Nuestra Señora era un profeta de la desgracia.
- Que somos incapaces de dirigir el destino de la humanidad.
- Que Dios, Jesús y Nuestra Señora nos reprenden como si fuéramos niños.
- Que nuestras divinidades prometen mantener el mundo en pie, perdonando nuestras travesuras, si pasamos la vida en oración y penitencia, veneramos el Corazón Inmaculado de María y no cometemos pecados.

Diremos que, delante de tal requisitoria de insuficiencias, nuestro imaginario de seres insignificantes acaba por reflejarse en los seres que instituimos como superiores y protectores, y los imaginamos, también a ellos, pequeños y mezquinos…

¿EXISTEN DOS MANUSCRITOS SOBRE EL TERCER SECRETO?

Después de la revelación del tercer secreto por el Vaticano, el 26 de junio de 2000, la desilusión fue tal que surgirán, de inmediato, sospechas de que existía otro manuscrito de la hermana Lucía. La idea base es que siempre se había afirmado que el secreto consistía en "palabras de la Virgen", y lo que fue revelado fue la descripción de una imagen o visión. El mejor trabajo que conocemos en ese sentido es el de Andrew M. Cesanek, que encontramos disponible en Internet[17].

Hubo hasta quien sometió a exámenes de laboratorio el manuscrito con el secreto revelado, garantizando que algunas letras no eran idénticas, sobre todo las **n** y las **g**. Sobre este asunto tenemos que afirmar que los Speckin Forensic Laboratories[18], que realizaron los referidos análisis, se basaron en textos de Lucía redactados en 1927, 1930, 1935, 1980 y 1989. Entre todas esas fechas la caligrafía puede, naturalmente, divergir un poco, por la evolución que se va registrando a lo largo de los años. Sin embargo, si comparamos el texto con otro más próximo a 1944 —por ejemplo, con la "4ª Memoria", redactada en 1941— verificamos, sin necesidad de recurrir al laboratorio, que las letras son semejantes, incluyendo las citadas **n** y **g**.

Por eso, no tenemos dudas de que el tercer secreto revelado fue escrito por Lucía.

---

[17] CESANEK, Andrew M., *Há dois Manuscritos Originais do Terceiro Segredo?* [¿Hay dos manuscritos originales del Tercer Secreto], posteado en www.fatima.org/port/portcr64pgO3.html (consultado el 28 de diciembre de 2000).

[18] Posteado en www.tldm.org/news/lucys,_writing.htm (consultado el 28 de diciembre de 2000).

Cuarta Memoria, 1941

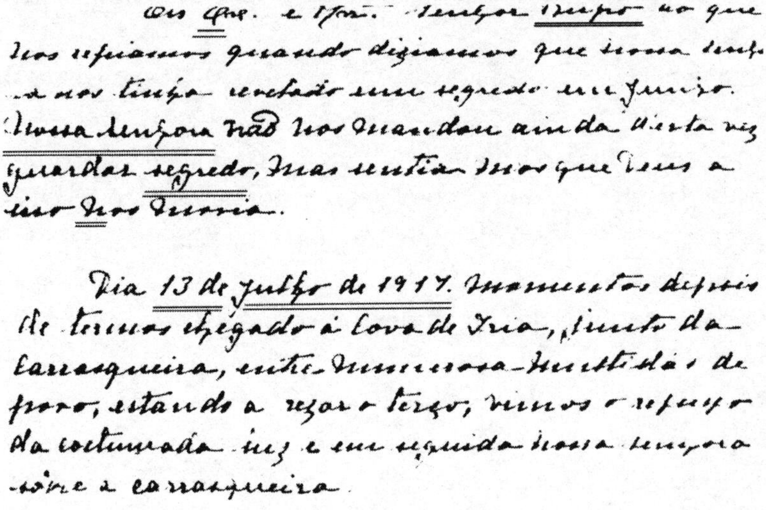
Ou Ex.mo e Rev.mo Senhor Bispo ao que
nos referíamos quando dizíamos que Nossa Senhora nos tinha revelado um segredo em Junho.
Nossa Senhora não nos mandou ainda desta vez
guardar segredo, mas sentíamos que Deus a
isso nos movia.

Dia 13 de julho de 1917. Momentos depois
de termos chegado à Cova de Iria, junto da
carrasqueira, entre numerosa multidão de
povo, estando a rezar o terço, vimos o reflexo
da costumada luz e em seguida Nossa Senhora
sobre a carrasqueira.

Tercer Secreto, 1941

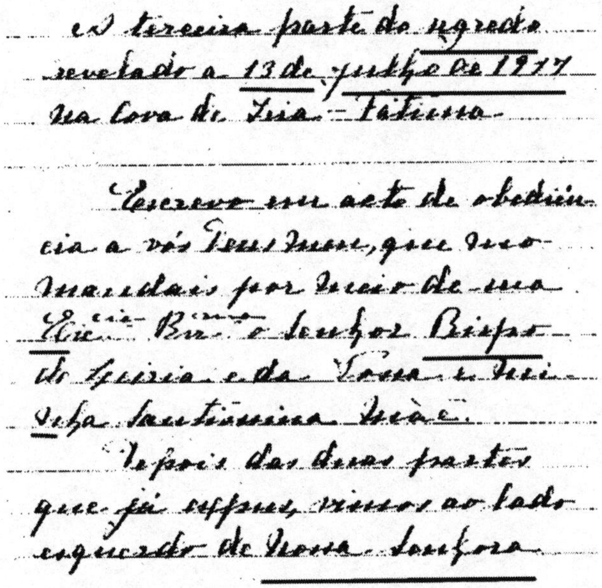
A terceira parte do segredo
revelado a 13 de julho de 1917
na Cova da Iria - Fátima.

Escrevo em acto de obediên-
cia a Vós Deus meu, que mo
mandais por meio de sua
Ex.cia Rev.ma o Senhor Bispo
de Leiria e da Vossa e minha Santíssima Mãe.
Depois das duas partes
que já expus, vimos ao lado
esquerdo de Nossa Senhora

Figura 59. Comparación del manuscrito de la 4ª Memoria, redactada en 1941, con el inicio de la tercera parte del secreto, redactado en 1944 (en A. M. Martins, *Documentos de Fátima* y http://www.tldm.org/news/lucys_writing.htm)

En cuanto a las dudas sobre la existencia o no de otro manuscrito con las palabras de Nuestra Señora, podemos decir, antes de que analicemos inmediatamente el texto de Cesanek que:

1. Antes de que el secreto fuese llevado a Roma, estuvo en Portugal durante 13 años. *Si existiesen dos manuscritos, haría mucho tiempo que los jesuitas lo sabrían.* No sería preciso que aparecieran autores extranjeros, en el año 2000, para sugerir tal cosa. Lo cierto es que los jesuitas, que son los depositarios de toda la documentación de la vidente, nunca hicieron semejante alusión, ni antes ni después de que el secreto fuera revelado.

2. Una de las personas que, seguramente, leyó el tercer secreto fue el cardenal Ottaviani. Por lo que dejó entrever[19], en 1967, el contenido del documento solo podía ser el que divulgó el Vaticano. Aunque Ottaviani no entendiese el secreto, adelantó que era una "profecía". Añade: "Y aunque todavía existan persecuciones; países postrados a los pies de los déspotas, de los perseguidores; regiones inmensas sembradas de patíbulos, de cruces, de cárceles, cárceles santificadoras de tantos mártires, debemos tener esperanza". Este retrato se asemeja a la visión de Lucía. Ottaviani no se refiere a Rusia, sino al conflicto vietnamita, transponiéndolo, desde nuestro punto de vista, al sur de Asia.

Es decir: aunque Ottaviani no pudiese, por las circunstancias temporales interpretar el secreto de otro modo, acabó por ir mucho más allá que el cardenal Ratzinger, que vio en él un contenido teológico. Además, hasta en la interpretación habitual que identifica al obispo blanco con el papa, Ottaviani va al encuentro de esa deducción sin dejarla que se escape: "El 'secreto' interesa solo al Santo Padre a quien estaba destinado. Él era el destinatario".

Naturalmente, no pensamos que el papa fuese el destinatario. Aunque siempre fue esa la dirección tomada por Lucía y ratificada por el Vaticano, lo que reforzaba la pretensión sobre la fidelidad original del texto del tercer secreto revelado entretanto.

LAS DIEZ PREGUNTAS DE CESANEK

Cesanek presenta una tabla que resume, de este modo, sus dudas:

---

[19] MARCHI, João, *Era uma Senhora mais Brilhante que o Sol*, op. cit., pp. 370-374.

Las diez preguntas de Cesanek

	Texto nº 1 del Tercer Secreto referido por varios testigos	Texto nº 2 del Tercer Secreto divulgado por el Vaticano en 26 de junio de 2000
1	Contiene las palabras de Nuestra Señora	No contiene ninguna palabra de Nuestra Señora
2	Fue transferido al Santo Oficio el 16 de abril de 1957	Fue transferido al Santo Oficio el 4 de abril de 1957
3	Fue escrito en una hoja de papel	Fue escrito en 4 hojas de papel
4	Tiene casi 25 líneas	Tiene 62 líneas
5	Estaba listo el 9 de enero de 1944	Estaba listo el 3 de enero de 1944
6	El papa Juan Pablo II lo leyó en 1978	El papa Juan Pablo II lo leyó el 18 de julio de 1981
7	El papa Juan Pablo II consagró el Mundo el 7 de junio de 1981 después de leer el texto de 1978, pero antes de leer el texto de 4 páginas, el cual no leyó hasta el 18 de junio de 1981	No fue leído por el papa antes del acto de consagración del Mundo el 7 de junio de 1981
8	Está escrito como una carta (dirigida y firmada). (sin dirección y sin firma)	No está escrito como una carta sino como una nota en el libro de notas de la hermana Lucía
9	Estaba guardado en la cabecera del papa	Estaba guardado en el edificio del Santo Oficio
10	Explica la visión	Describe la visión

Cesanek dice, en el título de la tabla, que fue "referido por varios testigos". Pero no nombra ninguno, simplemente porque no existen. El autor afirma: "el hermano Michel y el padre Alonso relatan que la hermana Lucía declaró las propias palabras que existían de hecho en los documentos". Como prueba, el mismo autor cita la carta que la hermana Lucía escribió al obispo de Leiria el 9 de enero de 1944: "Ya escribí lo que me ordenó: Dios me quiso probar un poco (,) pero al final era esa Su voluntad: está lacrada dentro de un sobre y este dentro de los cuadernos…".

No vemos donde pueden estar los "dos documentos". Lo que Lucía habrá pretendido decir es que metió el sobre en el cuaderno de notas, como lo podría haber guardado en un libro o en una caja. Eso no prueba que existan dos manuscritos. Además, Cesanek, refiriendo que "el hermano Michel añade que la hermana Lucía entregó ambos documentos al obispo de Leiria"... presenta como prueba una cita que dice "En esa misma tarde, el obispo (de Gurza) entregó *el sobre* al obispo de Leiria".

1. Contiene las palabras de Nuestra Señora y lo revelado contiene una visión.

Este argumento será el único válido entre los diez apuntados, pero solo en lo que toca a lo que se decía en 1917 y en 1924: que el secreto eran "unas palabritas". Además, el autor presenta otros argumentos que no se sustentan. Uno de ellos es el hecho de que Lucía termina el segundo secreto del siguiente modo: "En Portugal, se conservará siempre el dogma de la fe, etc.", lo que sugiere que Nuestra Señora continuaría hablando. Tendrá razón en ese punto, pero partiendo del presupuesto de que fue Nuestra Señora quien profirió aquella frase y de que el segundo secreto salió de la boca de la Madre de Jesús. Para nosotros, la Aparición no representaba a Nuestra Señora y el texto del segundo secreto se parece a una "recomposición" de Lucía bajo el magisterio espiritual de los jesuitas.

Además de eso, pensamos que las "palabritas" son sugeridas después de que entendamos la visión descrita por la vidente.

2. Fue transferido al Santo Oficio el 16 de abril y el otro el 4 de abril.

Esta hipótesis nos parece absurda, indefendible. ¿Quién transfirió esos documentos? De Portugal solo sale un hombre: Fernando Cento. Aunque tuviese dos manos, es un completo despropósito suponer que él entregó un sobre el 4 de abril, y después de haber dado una vuelta por Roma, volvió al Vaticano, casi quince días después, para entregar el otro manuscrito.

Para eso era necesario, aún así, que hubiese salido de Portugal con dos sobres y que estos existiesen de hecho en el Palacio de Leiria. Como nunca existieron, el nuncio apostólico no podía haber partido hacia Roma con un sobre en la bolsa y otro en la manga...

Es el mismo cardenal Ottaviani el que nos confirma que había sido Fernando Cento el que le entregó el sobre en 1967:

"(El obispo de Leiria) Envió al nuncio apostólico, el entonces monseñor Cento y hoy cardenal, aquí presente, el cual lo remitió fielmente a la Congregación para la Doctrina de la Fe lo que le habían pedido..."[20].

---

[20] Declaración del cardenal Alfredo Ottaviani, el 11 de febrero de 1967, en MARCHI, João, *Era uma Senhora mais Brilhante que o Sol*, op. cit., p. 371.

3. El secreto fue escrito en una hoja de papel y el revelado en cuatro.

Este punto de la controversia es fácil de aclarar. Una hoja de papel es equivalente a cuatro páginas. Cuando vemos el texto del secreto en Internet[21], nos damos cuenta de que se trata de un papel corriente, en la época, en Portugal. Ese papel de carta, se parece a una hoja A5 doblada en el medio, o que tiene dos hojas —como informa el periódico *Público*— y cuatro páginas. El secreto fue escrito, por tanto, en cuatro páginas de un papel de carta.

4. Tiene cerca de 25 líneas, no 62.

Desconocemos quién obtuvo esta modalidad de 25 líneas. Cesanek solo presenta suposiciones de diversos autores con la palabra "probablemente" invocando las 25 líneas. Hipótesis sobre hipótesis, sin bases documentales, nos recuerdan a las de Carlos Evaristo, que dice haber entrevistado a la hermana Lucía, en 1992 y 1993, escribiendo un libro que mereció "abiertos elogios de la hermana de clausura". Carlos Evaristo dice sobre el tercer secreto: "Sé que es un texto pequeñísimo, una cosa con 12 líneas o 12 palabras, no lo sé bien, y quizás relacionado con la fragilidad de la Iglesia y de sus ministros, la perdida de respeto al papa…"[22].

"No lo sé bien" podría ser la "prueba" en que se apoyan todos los adivinadores. El que leyó el secreto nunca dijo de cuántas líneas constaba.

5. Estaba listo el 9 de enero y divulgado después de la fecha del 3 de enero.

No es cierto. No estaba terminado el 9 de enero: en esa fecha Lucía escribió al obispo diciendo que había cumplido su orden. A no ser que Lucía hubiese datado el manuscrito, la fecha del 3 de enero sería más probable por ser la más próxima a la visión que reclama haber experimentado en la enfermería de Tuy, divulgada 16 años antes, en 1984.

"Según declaraciones escritas de la madre Cunha Matos, que fuera superiora de la hermana Lucía en Tuy (…) Nuestra Señora se le apareció a la religiosa en el día 2 de enero de 1944 y le dijo que escribiera la tercera parte del Secreto"[23].

6. Unos dicen que Juan Pablo II lo leyó en 1978, otros en 1981.

Esto no prueba que haya dos documentos, de ninguna manera. El papa podría haberlo leído en otras fechas o ni siquiera haberlo hecho nunca. El primer papa en leer el secreto fue Juan XXIII y ese es el que cuenta.

---

[21] Ver www.tldm.org/news/lucys_writing.htm.

[22] CARVALHO, Miguel, "Carlos Evaristo - Deus, Pátria e… Lúcia" [Dios, Patria, y… Lucía], Revista *Visão*, 11 de mayo de 2000, p. 94.

[23] MARTINS, António Maria, *Novos Documentos de Fátima*, op. cit., p. XXV.

7. El papa consagró al mundo en 1981 antes o después de leer...

Si lo consagró en 1981, esa deliberación no debe ser tenida muy en cuenta, porque la que se divulgó se refiere al 25 de marzo de 1984[24]. Existen fotografías de ese acto.

8. El primero estaría escrito como una carta con dirección y firma, el revelado no está escrito como una carta.

La confusión deriva del hecho de haber sido escrito *en un papel de carta*, lo que no significa que fuese una carta con todos los requisitos epistolares. No tiene dirección, por varias razones. El texto no está destinado al obispo, ni al papa, sino al mundo. Y la hermana Lucía no siempre pone destinatario. El documento de los Cinco Primeros Sábados, escrito debido al pedido del padre Aparício, tampoco lo destina a nadie[25]. Solo tiene inscrito en la parte superior "J.M.J.", como en el texto del tercer secreto.

Cesanek insiste además en que Lucía colocó la fecha al final "a pesar de que, según es costumbre en Portugal desde el siglo XVIII, las cartas llevan la fecha en el principio y no en el fin".

No es cierto que exista esa regla. Además de eso, por un lado, Lucía escribió el texto en España. Por otro, en sus *Memorias*, colocó la fecha al final.

9. Estaba guardado en la cabecera del papa y el otro en el Santo Oficio.

Ya dijimos en el punto 2 que solo salió un hombre de Portugal con un sobre. Si se guardó aquí o allí es problema del Vaticano y de su protocolo. Es probable que, entre 1957 y 2000, un periodo de 43 años, el sobre fuese transferido de un lugar a otro. Ese periodo abarcó el pontificado de cuatro papas y quizás no todos lo archivaran en el mismo lugar. Lo que importa es el inicio y, sobre eso, nos dice el cardenal Ottaviani:

> "(El obispo de Leiria) Envió al nuncio apostólico, el entonces monseñor Cento y hoy cardenal, aquí presente, el cual lo remitió fielmente a la Congregación para la Doctrina de la Fe que le habían pedido. (...) Llegó "el Secreto"; fue llevado a la Congregación de la Doctrina de la Fe, y, cerrado como estaba, se entregó a Juan XXIII"[26].

---

[24] ESTEVES, Luís de Sena, *Fátima aos Serviço da Perestroika [Fátima: Al servicio de la Perestroika]*, Monforte, Biblioteca Pública Municipal do Porto, 1990.

[25] MARTINS, António Maria, *Documentos de* Fátima, op. cit., p. 400.

[26] Declaración del cardenal Cardinal Alfredo Ottaviani, el 11 de febrero de 1967, en MARCHI, Joáo, *Era uma Senhora mais Brilhante que o Sol,* op. cit., pp. 371-372.

Fecha al final de la Cuarta Memoria, 1941

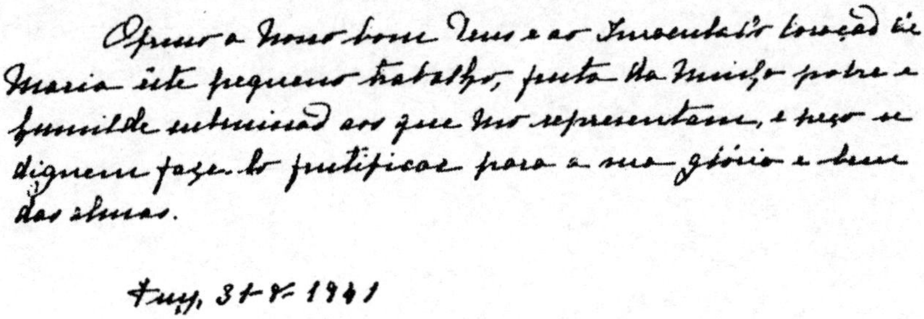

[texto manuscrito]

Fecha al final del Tercer Secreto, 1941

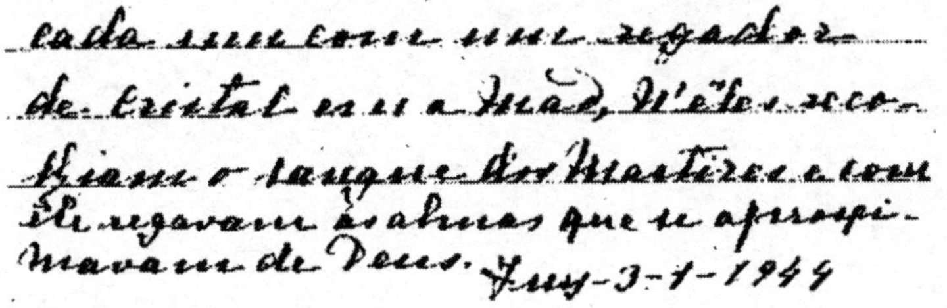

[texto manuscrito]

Figura 60. La vidente dató la tercera parte del secreto al final, tal como hace en la 3ª y 4ª Memorias, redactadas en 1941. (en A. M. Martins, *Documentos de Fátima*).

10. Explica la visión, describe la visión.

Cesanek presenta como argumento final el hecho de que Nuestra Señora había explicado la visión del infierno (la primera parte del secreto); de ahí que, por eso, también lo habría de explicar ahora. "Aunque los niños —dice Cesanek— supiesen lo que habían visto, Nuestra Señora les dice: 'Visteis el infierno'. Más de una vez, observamos que Nuestra Señora presenta una visión a los niños y también la explica".

Comprendemos la lógica de esta argumentación y sería correcta si los videntes hubiesen visto, realmente, el infierno y la aparición les hubiese dicho: "Visteis el infierno". Ya afirmamos que tenemos motivos para no considerar válidos, como oriundos de la aparición, los secretos fechados en 1941: del mismo modo, no entendemos la visión referida por los tres niños como una representación de infierno. Otro testigo de los eventos de 1917 alegó haber registrado, igualmente, esa visión-tipo, pero la llamó "visión del terror", sugiriendo que había sido algo similar a una "distorsión de la realidad".

285

Conclusión

El documento divulgado por el Vaticano, el 26 de junio de 2000, fue escrito por la vidente Lucía y es el único existente. Suponemos que la llamada "tercera parte", lo mismo que las otras, no son más que extrapolaciones seccionadas de un único texto: el secreto original de 1917.

CAPÍTULO SEIS

El proceso aparicional:
métodos y contenido

Es misterioso para mí mismo el haber conservado hasta
ahora en completo secreto la Visión del Terror que me
fue dada presenciar (...). Pues sentí siempre el miste-
rioso imperativo de no hablar de este fenómeno a nadie:
a ningún país, ni a mi misma mujer, ni a cualquier otra
persona de mi mayor confianza.

Gilberto Santos

Según Lucía, el secreto de "Fátima DOS" habría sido revelado en julio de 1917. Ahora bien, cuando ella escuchaba "secretos" la gente que estaba alrededor oía "zumbidos de abeja". Sin embargo, ninguno de ellos refirió haber oído un "zumbido" más largo en el diálogo de julio, que probara que le podía haber sido comunicado a la vidente un discurso demasiado largo y complejo. Además, Lucía multiplicó el secreto de 1917 por tres, y a este hecho quizás no le sea extraña la influencia del libro del padre Afonso Rodrigues, *Exercícios de Perfeição e Virtudes Cristãs*, una especie de manual de los jesuitas en circulación desde el siglo XVII: curiosamente también está compuesto de tres partes. Esa obra estaba en casa de Lucía y era obligatoria en su convento.

Esas tres partes al final constaban de una "visión —palabras— visión". Tanto la primera como la tercera parte parece como si hubieran sido "aprehendidas", individualmente, por Lucía y Jacinta, ya que Francisco siempre afirmó haber sabido el secreto a través de Lucía.

Las "visiones" se producían a consecuencia de un gesto de la mano de la Aparición, por lo que, probablemente, la "bola" o "medalla con picos" habrá tenido una función en este proceso, por ahora incógnito en el cuadro de los conocimientos actuales: "Al decir estas últimas palabras, abrió de nuevo las manos, como en los dos meses pasados. El reflejo pareció penetrar en la tierra y vimos como un mar de fuego".

EL PRIMER SECRETO

Y así Lucía describe la "visión" que interpreta como representativa del Infierno: "Sumergidos en ese fuego los demonios y las almas, como si fuesen brasas transparentes y negras o bronceadas, con forma humana, que fluctuaban en el incendio, llevadas por las llamas que de ellas mismas salían junto con las nubes de humo, cayendo por todos los lados de forma parecida a como caen las chispas en los grandes [incendios], sin peso ni equilibrio, entre gritos y gemidos de dolor y desesperación, lo cual horrorizaba y hacía estremecer de pavor. (Debió ser al encontrarme con esa vista cuando dije ese 'ay' que dicen haber oído). Los demonios se distinguían por sus formas horribles y asquerosas de animales espantosos y desconocidos, pero transparentes, como negros carbones en las brasas. Asustados y como para pedir socorro, levantamos la vista hacia nuestra Señora, que nos dijo con bondad y tristeza: "Habéis visto el infierno, a donde van las almas de los pobres pecadores. Para salvarlas, Dios quiere establecer en el mundo la devoción a Mi Inmaculado Corazón…"[1].

Llama la atención, desde luego, una primera incongruencia: ¿se había Dios olvidado de que la devoción al Inmaculado Corazón de María existía desde 1838, es decir, hacía 79 años? ¿Y de que, en 1850, ya había "más de doce mil cofradías?"[2].

Siendo la creencia en el infierno generalizada, no se entiende por qué razón debería constituir un secreto. Con todo, cualquiera que lea los libros relacionados con la vida conventual, recoge la impresión sistemática de que los demonios se transfiguran y atormentan a las religiosas y religiosos, santas y santos en potencia, y de que el infierno es el lugar de destino de los pecadores.

Algunos críticos de Fátima sustentan el hecho de que Lucía conocía el libro *Missão Abreviada*, que describe un infierno semejante en el que ella se habría inspirado. La madre de la vidente poseía ese libro y hasta se lo envió a Oporto. Pero, detalle interesante, según la vidente, la obra *Missão Abreviada* estaba prohibida, de lo que nos informa ella misma en las *Memorias* publicadas en 1996:

"Uno de esos libros —supongo que sería *Missão Abreviada*— también me lo mandó mi madre a Oporto junto con *Imitação de Cristo*. Pero la superiora del

---

[1]   "Quarta Memória da Irmã Lúcia" ["Cuarta memoria de la hermana Lucía"], en MARTINS, António Maria, *Documentos de Fátima*, op. cit., pp. 338-341.

[2]   MOURA, P. Joaquim José Álvares, *Arquivo de Indulgências ou Resumo daquelas que pelos Sumos Pontífices foram concedidas a várias Associações … [Resumen de indulgencias papales concedias a varias asociaciones…]*, Oporto, Tipografia Comercial, 1850, p. 18.

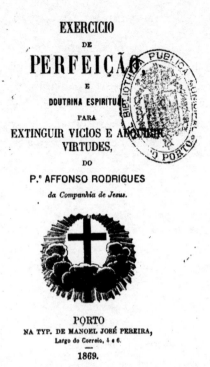

Figura 61. Portada de una edición de la obra del padre jesuita Afonso Rodrigues. Alonso Rodrigues (en origen) fue canonizado en el s. XIX y también tenía visiones de Dios. Su extensa obra está dividida en tres partes. (Doc. BPMP).

colegio, que fue la que los recibió, me entregó *Imitação de Cristo*; el otro me lo mostró (y), teniéndolo en la mano, me dijo que mientras estuviese en el colegio no podía leer aquel libro, que me lo entregaría cuando yo saliese…".

La vidente escribió en una nota: "Tuve conocimiento, mucho más tarde, de que, sin yo saberlo, se lo devolvió a mi madre, en una de las visitas que ella me hizo diciéndole que yo no podía leer aquel libro en el colegio"[3].

Por tanto, quitando esa reminiscencia de su educación infantil, cuando Lucía escribió esa "visión" en 1941, no disponía del citado libro. Sin embargo, tampoco le era necesario, pues tenía a mano la obra del padre jesuita Afonso Rodrigues.

Porque, ¿qué vio Lucía que no fuera idéntico a lo observado por Gilberto Santos?

---

[3] *Memórias da Irmã Lúcia II [Memorias de la hermana Lucía – II]*, Fátima, Vicepostulação, 1996, pp. 52-53.

289

GILBERTO SANTOS Y "LA VISIÓN DEL TERROR"

Gilberto Santos, comerciante, soltero, tenía 25 años en la fecha de las apariciones. Este testigo ocular fue el único que describió la "rampa de luz" sobre la pequeña encina y fue quien ofreció una imagen de Nuestra Señora de Fátima. Esta, según el doctor Xavier Coutinho, profesor de un seminario de Oporto, es la copia de una estampa de 1914, que representa a Nuestra Señora de Lapa.

Sigamos, entonces, con la descripción del citado testigo sobre los hechos de 1917:

"En la misma ocasión en la que estaba observando los dos fenómenos —el del sol y del de la rampa de luz de colores— en cierto momento, al pasar la vista por aquella multitud fue cuando vi disminuir, casi de repente, la claridad del día, y vi toda aquella multitud de personas dentro de una oscuridad espesa, ¡como náufragos de un mar negro, de los que solo asomaban las cabezas! Los cuerpos casi invisibles por la oscuridad y las cabezas visibles como si fuese de día.

¡Pero sus cabezas estaban tan menguadas, tan menguadas, que casi se habían transformado en calaveras de aspecto horrible! ¡Y se mostraban constreñidas como si todas estuvieran en un horrible sufrimiento!

¡El espectáculo provocó en mí un enorme pavor! ¡En aquel momento, pensé que nos estaba siendo mostrado alguno de los lugares tenebrosos del infierno, donde se sufría horriblemente, y toda aquella multitud de personas se encontraba sufriendo así!

Esta visión que me fue mostrada claramente, exenta de cualquier sugestión (así como vi también claramente todos los otros fenómenos) fue para mí de tal impresión que todavía hoy, cuando pienso en ella, ¡me siento aterrorizado!

Por la posición en que me encontraba (de pie), verifiqué que este fenómeno solo duró unos segundos a la vista, pero en el momento en que me fue dado presenciarlo, ¡me parecieron —en mi espíritu— minutos!".

Gilberto Santos sintió, igualmente, que debía conservar esta "visión" como si de un "secreto" se tratase. Él confiesa: "¡Es un misterio para mí mismo el haber conservado en completo secreto la 'visión del terror' que me fue dado presenciar y escribirla ahora! Porque siempre sentí el misterioso imperativo de no hablar a nadie de este fenómeno: ni a mis padres, ni a mi mujer ni a ninguna otra persona, aunque fuera de mi mayor confianza. (…) Siempre había pensado que la *visión* (en mayúsculas y entre comillas en el original) fue un aviso de Dios, solo para mí, para que yo meditara sobre ello… y me llevara ese secreto a la sepultura".

El testigo se refiere, además, a que le parece extraordinario: "*Si guardé el secreto durante tantos años, ¿por qué no continué guardándolo para llevármelo a la sepultura? ¿Por qué lo escribí ahora con deseo cierto de que fuera publicado y no lo escribí hace tiempo?* Es un misterio... para mí mismo"[4].

Gilberto Santos experimentó, al final, las mismas sensaciones de los videntes de Fátima y de otros episodios hierofánicos, cristalizados en devociones de la religiosidad popular: también ellos sienten que participan de un secreto y, aunque quisieran, no consiguen divulgarlo.

En el caso de Fátima, después de conocer el texto final de tan discutido "Secreto", quedamos suspensos delante de la reticencia, sobre todo de Lucía, sobre su divulgación, ya que, a la luz de los mismos, no supondría una gran perturbación para el mundo. Una actitud timorata que, en el fondo, se puede comprender por la relación de sometimiento y subordinación entre vidente y aparición, en los límites de la interpretación cultural de 1917.

Nos inclinamos a creer que la aparente heroicidad en esa mencionada obstinación se diluye por dos razones esenciales:

- Los videntes nunca habrán percibido lo que era el secreto.
- Aunque quisiesen revelarlo, ellos no lo coseguirían.

Comportamientos similares de otros videntes, en situaciones análogas, ensalzan esa dificultad[5]:

"Si la Santa Virgen no nos hubiera ayudado, nosotros lo hubiéramos dicho ya cien veces", videntes de Beauraing, 1933.

"Aunque yo quisiese decirlo, no podría, lo tenía retenido en la garganta", vidente Jeannette, L'Ile Bouchard, 1947.

Ya el canónigo Formigão escribía en el *Relatório da Comissão Canónica* sobre los niños:

"Sin una fuerza de lo Alto, era fácil hacerlas caer en contradicciones, arrancarles el secreto..."[6].

La propia Lucía estuvo tres meses sin conseguir redactar el "tercer secreto". Y solo lo consiguió, según ella, después de una "aparición" privada que le autorizó a hacerlo...

---

[4]   SANTOS, Gilberto F., *Os Grandes Fenómenos da Cova da Iría e a História da Primeira Imagem de N. Srª de Fátima*, op. cit., pp. 37-39.

[5]   TIZANÉ E., *Les Apparitions de la Vierge*, op. cit., pp. 124 and 126.

[6]   Documento 9, "Relatório da Comissão Canónica" ["Informe de la Comisión Canónica"], *Documentação Crítica de Fátima, II - Processo Canónico Diocesano* (1922-1930), op. cit., pp. *208-209*.

"Antes de esta aparición de la Madre de Dios en la enfermería de Tuy, por tres veces la vidente intentó escribir el Secreto, en obediencia a la orden de D. José Alves Correia da Silva, pero nunca fue capaz. Solo después de esta visión pudo hacerlo sin la menor dificultad..."[7].

En resumen:

- Según Lucía, la visión de algo que la impresionó le fue mostrada por la Aparición a través de las manos. Posiblemente por interferencia de la "bola", descrita por Lucía en su declaración original.

- En 1917, en el periodo de Fátima UNO, no se conoce ninguna referencia a "visiones de terror".

- Gilberto dos Santos, eventualmente privilegiado con algunas capacidades supranormales, registró una "visión de terror" y la conservó como un "secreto".

- Este testigo, pasados algunos años, sintió la voluntad de divulgar ese "secreto" e interpreta ese deseo como un "hecho misterioso".

- Las evaluaciones de experiencias aparicionales profanas contemporáneas, dentro del contexto cultural científico y tecnológico, nos revelan, hasta la saciedad, procesos idénticos en la forma, medios y contenidos en la transmisión de mensajes a testigos, protagonistas, voluntarios o no, en el marco de los fenómenos extraordinarios no identificados.

LOS SECRETOS EN LAS APARICIONES MARIANAS

Hay una expresiva frase atribuida a una Señora que se apareció en Kérizinen, Francia, en 1961: "Solo lo sobrenatural detenta el secreto de la verdadera ciencia"[8]. El conocimiento de la psicología humana y de su fascinación por el misterio y lo sobrenatural, ha sido, de hecho, la verdadera ciencia para la receptividad y éxito de algunos de los principales casos de "contactados" de cariz religioso, mariano y de matriz católica, en el caso que estudiamos.

Siguiendo la obra de E. Tizané[9], se verifica la revelación de secretos en 18 apariciones marianas, de las más relevantes. Confírmese en el siguiente cuadro:

---

7   REIS, Sebastião Martíns, *O Milagre do Sol e o Segredo de Fátima*, op. cit., p. 121.
8   TIZANÉ, E., Les *Apparitions de la Vierge*, op. cit., p. *262.*
9   Idem, pp. *121-127.*

Cuadro VIII

Fecha	Lugar	Videntes	Número
1830	París, calle du Bac	Catherine Labouré	1
1846	La Salette	Mélanie y Maximin	2, 1 a cada
1858	Lourdes	Bernadette	3
1876	Pellevoisin	Estelle Faguette	1
1917	Fátima	Lucía y Jacinta	1 (x3 para Lucía)
1933	Beauraing	Varios, secretos a 3	3
1933	Banneux	Mariette Béco	2
1946	Pfaffenhofen	Bárbara Reuss	1
1947	Tre Fontana	Bruno Cornachiola	1, dos partes
1947	Bouxières-aux-Dames	Adeline Piétoquin	2
1947	L'Ile-Bouchard	4 videntes	2
1948	Lipa, Filipinas	Teresita Castillo, novicia	1
1949	Garonne	Gilles Bourhous, 5 años	1
1947-1953	Staffora, Italia	Angela Volpini	80 mensajes, 4 secretos
1950	Heroldsbach	Varios	1, fue escrito
1961	Garabandal, España	Conchita	1
1967	Friburgo, Suiza	Una vidente	1, ya revelado
1968	Natividade, Brasil	Fausto de Faria (médico)	1

EL CONTENIDO DE LOS SECRETOS

En relación al caso de París, de 1830, las profecías sobre el futuro de Francia incluían "la futura muerte, por violencia, del arzobispo de París y la interpretación hecha por algunos como posible —nos dice Kevin McClure— de referencias a los acontecimientos de la Comuna de París en 1870 y 1871"[10].

---

[10] McCLURE, Kevin, *No Rasto de... As Aparições da Virgem Maria [Tras el rastro de... las apariciones de la Virgen María]*, Mem Martins, Europa-América, 1983 (en el original), p. 27-28.

Repárese en la insistencia del componente político en el centro de los secretos y de las revelaciones.

Dias Coelho[11] nos dice que el arzobispo se llamaba monseñor Durboy y fue fusilado por la Comuna de París, el 14 de mayo de 1871.

Ahora bien, *como la vidente no reveló este hecho hasta 1876* (dando crédito a E. Tizané), ¿cuál es el interés de esa profecía *cinco años después de formulada*? ¿Hasta qué punto, en este caso, semejante alusión no pasó de una pseudo-profecía, como muchos otros episodios de videncias falaces "reveladas" después de su... concretización?

Sobre los secretos de La Salette, los videntes afirmaron que solo se los revelarían al papa. Como Pío IX los pidió, ellos los escribieron por separado.

"Cuando Pío IX comenzó a leer las cartas, reprimió con esfuerzo una violenta conmoción, acabando por declarar que se predecían los castigos que amenazaban a Francia y que culminarían en la estruendosa victoria de los ejércitos prusianos en 1870, aunque también Alemania, Italia y toda Europa mereciesen ser castigadas", Martins dos Reis[12].

Más de una vez el mensaje presenta contornos políticos y tiene que ver con las mismas circunstancias referidas en el secreto de la calle du Bac.

En cuanto al secreto de Melanie, confiado únicamente a ella en La Salette, se dice que lo publicó con el "Imprimatur" de un obispo, en 1879. Nos informa Sebastião Martins dos Reis[13]: "Varios obispos solicitaron de Roma la condenación del secreto, por lo que algunos de ellos fueron ásperamente censurados. Pero Roma apenas recomendó que no lo dejasen circular entre el público; pero aconsejó, a través de la misma carta del Secretario del Santo Oficio al obispo de Troyes, que el clero lo leyese, porque le haría bien". Y añade el mismo autor que, en 1916, un decreto romano prohibió que el secreto volviera a ser publicado sin autorización.

Como se demuestra, los mensajes secretos más significativos representan un asunto incómodo para el Clero y se asocian, por regla general, a la vida política del país donde ocurren las apariciones, en Francia. Solo en el caso de Fátima el secreto fue internacional, en su economía y fundamentación.

---

[11] COELHO, Dias M., *Mensagens para o Nosso Tempo [Mensajes para nuestro tiempo]*, Fundão, self-published, 1972, p. 13.

[12] REIS, Sebastião Martins, *O Milagre do Sol e o Segredo de Fátima*, op. cit., p. *99*.

[13] Idem, p. 100.

Enunciadas las líneas de fuerza del secretismo típico de los mensajes marianos (dentro de la tradición popular y devocional católica), *¿no resultará útil y esencial recuperar todos los secretos dictados por los cielos, diseccionar su estructura, contenidos y estrategia, y someterlos a una nueva lectura, a la luz de nuevas miradas y conocimientos?*

LA INDUCCIÓN DE SECRETOS E IMÁGENES EN SUCESOS DE "CONTACTO" CONTEMPORÁNEOS

La revelación de mensajes con "secretos", adecuadamente ilustrados para una mejor didáctica, no es original de las apariciones en el ámbito religioso, como las de Fátima de 1917. Seres, más o menos antropomórficos, de apariencia femenina y masculina, han "descendido del cielo" desde tiempos inmemoriales, a través de variados procesos y representaciones conformes a la cultura de los diferentes momentos y lugares del planeta, es decir, según el "Zeitgeist" (espíritu del tiempo).

Desde mediados del siglo XX, mensajes similares han sido transmitidos por entidades "celestes", esta vez identificados como "astronautas extraterrestres", a individuos, mujeres y hombres laicos en situaciones que acaban por desembocar, frecuentemente, en un cuadro para-místico, de sentido metanóico, de transformación religiosa. Las emulaciones contemporáneas de los videntes de Fátima acaban por recordar, muchas veces "contactos previos", como exploratorios, con personajes interpuestos de aspecto angélico.

La experiencia vivida por Howard Menger ejemplifica una especie de test de la sensibilización del "contactado" en su primera infancia y en la pubertad. Menger, natural de Brooklin, inició a los 10 años su recorrido para-religioso, cuando encontró, en 1932, "una hermosa mujer rubia que leía el pensamiento". Antes de que ella se manifestara, el niño observó un flash de luz (el "relámpago" referido por Lucía y sus primos) y una bola luminosa que parecía el Sol haciendo una rápida espiral, pulsante y que cambiaba de color. Las pulsaciones disminuyeron y la esfera se convirtió en un ingenio metálico de donde emergió la bella señora rodeada por otros dos compañeros masculinos.

En 1946, Howard Menger volvió a verla: "parecía tener 25 años, pero ella dijo tener más de 500"[14]. Lo que traduce, también aquí, una sintonía muy significativa

---

[14] CLARK, Jerome, *The UFO Enciclopedia - Vol. 2, The Emergence of a Phenomenon: UFOs from the Beginning through 1959 [La enciclopedia OVNI – Vol. 2, La emergencia de un fenómeno: los ovnis desde el principio hasta 1959]* , Detroit, Omnigraphics, *1992, p. 143.*

con el *Tempo* cronológico no-humano, en el Panteón de los seres celestes de cualquier tipo: ¿la aparición de Fátima no mantenía la juventud de María de Nazaret?

¿Habrá algo nuevo bajo el Sol?

Asentado este paralelismo, no se sorprenderá el lector si le decimos que, también en los relatos de las experiencias profanas, los citados "contactados" —que asumen voluntariamente la condición de "elegidos"— o abducidos (que reivindican haber sido "secuestrados" por los referidos seres no humanos) acaben por describir imágenes y escenarios dantescos, verdaderos "infiernos". Como si el propósito fuese la ilustración convincente del respectivo mensaje, y de su elemento tensional, el secreto, como forma correctora de los comportamientos desviados de la Humanidad.

Repárese en este ejemplo que recuperamos de las investigaciones clínicas de John Mack, profesor de Psiquiatría de la Escuela Médica de la Universidad de Harvard y responsable del Programa de Investigación de Experiencias Extraordinarias (PEER): Un paciente de 45 años, de nombre Ed, técnico de una empresa de alta tecnología con sede en Massassusetts, fue sometido a una terapia regresiva que lo llevó a revivir recuerdos de una experiencia que se remontaba a 1961. Entonces, en el transcurso de un viaje con un amigo por la costa del estado de Maine, se vio confrontado con la visión de una "bolsa" luminosa, en el interior de la cual había una silueta femenina, de pequeña estatura. También aquí la llave para el procesamiento de la información es la audición del ya familiar… "zumbido" en el interior de la cabeza.

La narración del encuentro de Ed, muy compleja, incluye sustanciosas alusiones a un animado diálogo con la entidad femenina, designada como Ogheeka o Ageeka, que se consuma en una advertencia-mensaje:

"Escucha a la Tierra, Ed. Tú puedes oírla y puedes escuchar la angustia de los espíritus. Puedes oír los gritos de dolor de los desequilibrados. Eso te salvará… Van a ocurrir cosas…".

Y nuestro "elegido" nos aclara: "Ella (la visión femenina) *me concedió una visión instantánea… abrió aquel canal y aumentó el volumen del sonido*". Las palabras preventivas de la entidad continúan: "Puedes ver todo esto. La propia Tierra está furiosa con nosotros por nuestra estupidez".

Ed se acuerda de haber visto "*entidades de formas distorsionadas, espíritus que están ahora, porque el hombre ha causado tanto mal y tanto dolor a sí mismo, a los otros y a la Naturaleza*". Le *fueron mostradas formas grotescas… horrorosas. Formas oscuras, cenicientas y malignas que ella (la entidad) está tratando de curar y de equilibrar*".

De acuerdo con Ed, eran "formas malignas, destructivas, formas creadas por los desequilibrios de la mente colectiva de la humanidad…". Al final, la entidad insistió a Ed en la necesidad de que cultivara su mente, advirtiéndole de que tendría que luchar contra el sistema tradicional de enseñanza[15].

Revísesen las descripciones "infernales" marianas y la adjetivación de las figuras de la visión luciana; anótese el gesto inductor de la visión por la misma entidad, la advertencia sobre los "pecados" de la actual civilización, ahora bajo el magisterio de temática ecológica; compárese, además, la tarea de "cuidados primarios" —una especie de redención del Mal— a cargo de la entidad de Ed y, por fin, la sugerencia al visionario de que contraríe el estatus educativo formal. En la Fátima de 1917, la Aparición aconseja a Lucía que luche contra la ignorancia generalizada y convencional —debía aprender a leer—, mientras Ed es invitado a sobrepasar los límites de la educación ortodoxa. Todo en nombre de la superación de los límites de los respectivos marcos de referencia cultural.

Hoy se conoce bien el valor informativo y persuasivo de las imágenes. En el cuadro de los fenómenos actuales de "contactismo", voluntario o forzado, la iconografía presentada a los seres humanos tiene casi siempre un sentido prospectivo: anticipa escenarios literalmente "infernales" ocurridos en nuestro planeta. En el rastro de las intenciones preventivas de Fátima y de su mensaje.

En diciembre de 1976, Greta Woodrew, una psíquica residente en Nueva York, después de haber entrado en trance hipnótico, afirmó haber sido contactada por seres procedentes del planeta Ogatta, a 4 años luz de la Tierra. Viaja hasta allí en "espíritu" y le es confiado que una armada de aeronaves descendería sobre nuestro mundo después de la sobrevenida de súbitas alteraciones. Entonces, le fueron mostradas *escenas de destrucción previstas para las próximas décadas: seísmos, volcanes, inundaciones,* entre otras catástrofes[16].

Un último caso ejemplar ayuda a integrar otros detalles de las modalidades religiosas de "contacto" y los fenómenos profanos de ambiente tecnológico de las sociedades hodiernas.

El 31 de agosto de 1968, en Mendoza, Argentina. Dos trabajadores de un casino son abordados en la carretera por seres de pequeña estatura que hablaban

---

[15] MACK, John E., *Sequestros: Encontros com extraterrestres [Abducciones: Encuentros con extraterrestres]*, Lisboa, Editorial Planeta, *1994, pp. 61-76* .

[16] BARTHOLOMEW, Robert E. y HOWARD, George S., *UFOs and Alien Contact: Two Centuries of Mystery [OVNI y contacto alien: dos siglos de misterio]*, Nueva York, *1998, pp. 366-367.*

sin mover los labios. Los individuos sienten una especie de transmisión en el interior de las cabezas generando las palabras: "No tengas miedo. No tengas miedo" En un momento dado, una especie de pantalla gigantesca se abre en el espacio y en ella los dos hombres observan una serie de imágenes semejantes a explosiones atómicas, antecedidas de un bello paisaje de las cataratas del Niágara, cuya agua, súbitamente desaparece. La pantalla aérea también se apaga como por arte de magia[17].

Sin mucho esfuerzo imaginativo, se puede deducir de este relato las flagrantes semejanzas, en términos procesales: primero, en el detalle de la comunicación "no-vocal" de la Aparición de Fátima ("sin mover los labios") y, en segundo lugar, con la estrategia del encuentro de la 4ª vidente de Fátima, Carolina Carreira, con un "ángel" de pequeña estatura, que solicita su presencia por medio de llamadas idénticas ("no tengas miedo") sentidos en "el interior de la cabeza"[18].

La constante del "fin del mundo", señalada en los mensajes de 1950, es usada a través de una profusión de "imágenes mentales" implantadas en el cerebro de los receptores. La socióloga Jodi Dean anota el hecho de que algunos pensaron que "esas imágenes simbolizan el Apocalipsis interior, relacionado con los cambios de actitud en curso, viendo la experiencia de la abducción como una parte de la transformación de la conciencia humana"[19].

PROFECÍAS "EXTRATERRESTRES" NO CONFIRMADAS

La variante de "contactos" de seres humanos con las mencionadas entidades extraterrestres, profanas y tecnológicamente perfectas, presenta de igual modo elementos proféticos y visionarios comunes a los ámbitos religiosos. Transmitidos en narraciones esencialmente laicas, son mediadas por "contactados-videntes" y

---

[17] FERREIRA, Seomara Veiga, *As Aparições em Portugal dos séculos XIV a XV Os emissários do desconhecido [Apariciones en Portugal desde el siglo XIV hasta el siglo XX: Emisarios de lo desconocido]*, Lisboa, Relógio de Água, 1985, p. 341. El autor cita como fuente: "La incógnita del Espacio", en *Cíclope*, n°. 1, Barcelona, *1969*. Cf. también BARTHOLOMEW, Robert E.; HOWARD, George S., op. cit., p. 341, el cual cita como fuente el Boletín de la *Aerial Phenomena Research Organisation* (APRO), Septiembre-Octubre *1968, 1.3*. Hay detalles diferentes en estas dos referencias.

[18] Cf. Capítulo 4, "El testimonio de la cuarta vidente", en Parte 1, "Operación Fátima".

[19] Cf. *Aliens in America - Conspiracy Cultures from Outerspace to Cyberspace [Aliens en América – Culturas conspiradores del espacio exterior y del ciberespacio]*, Nueva York, Cornell University Press, 1998, pp. 32-34.

se asientan en idénticas fórmulas preventivas y amenazas de castigo, cifradas en mensajes proféticos.

Las modalidades de recepción "psíquica" del mensaje incluyen diferentes medios, simultáneos en cada caso: el método de la escritura automática, voces en el "interior de la cabeza", visiones y "channeling", o sea, la "sintonía de un canal, fuente o información exógena —o pretendida como tal— referente a la entidad comunicante". El proceso de las apariciones de Fátima, como vimos, reúne estos diferentes recursos.

Precisamente, uno de los aspectos más decepcionantes de los contactos con presumidos "extraterrestres" es el de las profecías fallidas, muchas veces rectificadas y actualizadas a medida de sus lapsos sucesivos. La imagen de las ambigüedades proféticas de la versión religioso-popular.

Uno de los ejemplos más conocidos y estudiados por las ciencias sociales fue el protagonizado por Dorothy Martin, natural de Chicago y conocida como hermana Thedra. Esta contactada por vía psíquica afirmó haber recibido comunicaciones, a través de la escritura automática, de una entidad llamada Sananda, un ET que afirmara haber sido Jesucristo en una reencarnación anterior. Dorothy fue informada, en esos mensajes, que ocurriría un gran cataclismo el día 20 de diciembre de 1954, pero que ella y sus seguidores serían rescatados por una nave espacial, mientras que Chicago sería inundada por un maremoto. La profecía no se confirmó y Dorothy y los suyos fueron expuestos al ridículo social[20].

Este caso fue seguido por un grupo de sociólogos liderados por León Festinger, cuya investigación dio lugar a un clásico de la sociología de la religión: *When Prophecy Fails [Cuando la profecía falla]* (University of Minnesota Press, 1956).

Otro típico ejemplo de profecía no confirmada fue protagonizada por el "contactado" Germán Navarrete, en mayo de 1975, en Cali, Colombia. Dos "científicos" de Marte le informaron, por telepatía, de que una serie de desastres naturales afligiría nuestro planeta en los diez años siguientes. Partes de África, de América del Norte y del Sur serían destruidas por inmersión dentro de las aguas. Preveían también "una guerra atómica entre las tres superpotencias", en 1977, y en 1988 una "vasta destrucción geofísica afectaría a Australia", entre otras áreas[21].

---

[20]   CLARK, Jerome, *The UFO Encyclopedia, UFOs in the 1980's [La enciclopedia OVNI, ovnis en los años 80]*, vol. 1, Detroit, Omnigraphics, Inc., *1990, p. 52.*
[21]   BARTHOLOMEW, Robert E. y HOWARD, George S., op. cit., p. *360.*

UN CUADRO HÍBRIDO LAICO Y RELIGIOSO

A pesar de las informaciones erróneas o distorsionadas y de los motivos aculturados que buscan el soporte —o dependen de él— del "contactado", los mensajes proféticos profanos reviven, en muchos casos, el sentido ético y moral de los mensajes religiosos de tipo mariano y de sus entidades comunicantes.

Figura 62. Entidad de tipo angélico "extraterrestres" que, según George Adamski, lo habría contactado el 20-11-1952. Repárese en el símbolo de al lado que representa el planeta Venus o el cromosoma femenino. Para Lucía, una visión de este tipo sería asimilada a la figura de un "ángel" y al símbolo de un "tercio". (En Hugo Rocha, *Outros Mundos, Outras Humanidades [Otros mundos, otras humanidades]*)

Como si, en el fondo, fuéramos a asistir a una presentación *kitsch* de una única realidad, pero donde acabamos por identificar una unanimidad entre formas y contenidos, aparentemente, divergentes.

Una de las constantes de los mensajes de los "contactados" y "abducidos" laicos contemporáneos habla sobre el enunciado de valores éticos y morales, atribuidos a figuras y personajes directores y/o intermediarios, inspirados en los modelos de las jerarquías "celestes" con que los "contactados" se identifican religiosa y culturalmente.

En el inicio de la década de 1950, el americano George Van Tassel se convirtió en uno de los primeros mediadores de mensajes llenos de avisos y prevenciones a la humanidad. El 18 de julio de 1952, este "contactado" afirmó haber recibido "un mensaje psíquico enviado por Ashtar, una entidad 'etérea', localizada en un nivel vibratorio elevado y, por eso, invisible a ojos profanos". La mencionada entidad estaba encargada de preparar la Tierra para los cambios anunciados. Ashtar se reveló como un lugarteniente de un ser superior, *Lord Michael*, el director de todo el programa para nuestro mundo, sin duda el sucedáneo laico de *Miguel*, ángel (de la cualidad Virtud) celeste cuya misión sería "la de orientar a las personas en el respeto de su misión"[22].

En uno de sus mensajes, canalizado por Van Tassel, aclaraba: "Nosotros venimos para orientar los destinos de este planeta, guiarlo hacia una nueva Edad de Luz. *Estamos aquí para retirar de la superficie del planeta las almas que caminan en la luz.* Es inminente un penoso periodo de limpieza del planeta". La "limpieza", en esa época tensa de "guerra fría", estaba asociada a la guerra atómica, bien patente en las preocupaciones de la opinión pública. El tema será una constante en los mensajes de Ahstar hasta los años de 1980[23].

Repárese en el proyecto de instauración de una nueva Edad de Luz, que equivale a la mítica Edad de Oro y a la función idéntica reclamada por la Señora, en Fátima: ¿no prometió salvar las almas de los videntes, ingenuos y puros y llevarlas al cielo?

Los anuncios y pronósticos dejados por las entidades celestes apuntan, de vez en cuando, hacia valores muy próximos a los de las culturas de acogida, más celosas y rígidas respecto a las tradiciones.

Truman Bethurum, en julio de 1952, se encontró con unos pequeños seres, en las inmediaciones de Mormon Mesa, en Nevada, EE.UU. Entre ellos, había una mujer, Aura Rhanes, que se decía oriunda del planeta Clarion. Según esta entidad, había venido a la Tierra "para avisar a los humanos sobre los *bellos valores de la familia,* prevenirlos acerca de las amenazas del holocausto nuclear y *llevar a la humanidad más cerca de Dios*". Bethrurum adelantó que su interlocutora le aseguró que no habría guerras atómicas y que los *niños de cinco años no serían soldados*[24].

---

[22] BUONFIGLIO, Monica, *Anjos cabalísticos [Ángeles cabalísticos]*, Lisboa, Editora Rocco, 1998, p. 115.
[23] CLARK, Jerome, op.cit., pp. *41-42*.
[24] BARTHOLOMEW, Robert E., y HOWARD, George S., op.cit, p. *294*.

Pasajes de un discurso muy familiar.

En su argumento central, dos valores permanentes, de orden ideológico, contra la disolución masónica de las costumbres, además de la previsión sobre el destino de los soldados: el conflicto de Vietnam —y la misión realizada por la juventud de los años 60— desmentiría la ilusión de la era de paz prometida, igual que en Fátima la Aparición se equivocó en el año de fin de la Gran Guerra y en el regreso del contingente militar portugués.

Para terminar, falta todavía un ejemplo en que la "nomenclatura" bíblico-cristiana sale retratada, sin pseudónimos. La vivencia de Cecil Michael, de Bakersfield, California, se registra, una vez más, en el fértil año de 1952, el día 14 de octubre. En contacto psíquico con dos seres humanoides, el protagonista fue llevado en un "viaje telepático". *Se vio en un mundo caliente donde encontró... al Diablo.* De repente, en medio de una luz intensa, *surgió Cristo* y Michael se dirigió al Maligno y le dijo: "Si no me dejas volver, Él conseguirá que yo lo haga". El Diablo le respondió: "Sí, Él consigue interferir siempre". Los dos seres del espacio ganaron la amistad de Michael y le pidieron que *escribiera la historia del incidente* con el Diablo para que eso sirviese de ejemplo a la humanidad[25].

Otra faceta de los mensajes de fuentes desconocidas es su unión, como vimos, a la política y a los políticos de cada época. En uno de los episodios clásicos del "contactismo" laico, protagonizado, el 30 de abril de 1962, por el italiano Eugenio Siracusa, los seres alienígenas que lo atraen hasta Monte Manfre, en Sicilia, le confían un mensaje para que se entregue "a los altos poderes de la Tierra, con aviso a los países para que terminaran las pruebas de la Bomba H[26].

El carácter híbrido de las experiencias actuales de "contacto" participa, como dijimos antes, de elementos y escenarios de ambos universos, el religioso-trascendente y el laico-tecnológico; vive de las medias-verdades-mentiras y de otras tantas reinterpretaciones con base en lapsos y engaños, a propósito o no, en este último caso, resultantes de déficit de "traducción" de nuestros utensilios cognitivos.

Nuestro muestreo del hibridismo, en la frontera partida entre dos mundos mentales, y demostrada, en toda su plenitud, por el caso ocurrido el 22 de julio de 1968, en St. Bruno, en Québec, por seis niñas con edades entre los siete y los trece años, testigos de las evoluciones de un ingenio volador, oscuro y de forma hexagonal. En su interior, vislumbraron *una figura con un velo blanco*. Dos de las

---

[25] Ibidem, p. 295.
[26] Ibidem, p. 316.

jóvenes, Manon Saint-Jean y Line Grise, oyeron una "voz suave pidiéndoles que rezaran y volvieran al lugar en día 7 de octubre siguiente". *La voz prometió que aparecerían otras señales. Les habló de paz y solidaridad*. Otros objetos extraños fueron vistos en el cielo durante ese periodo. Algunos testigos describieron el objeto como una "nube"…[27].

Figura 63. La madre Teresa de Calcuta visita la plataforma de aterrizaje de naves espaciales, en St. Paul, Alberta, Canadá, invitada por la comunidad local. Resalta de esta imagen una curiosa fusión de elementos religiosos y profanos que caracterizan las formas híbridas de los "contactos" contemporáneos con entidades celestes. (En Douglas Curran, *In advance of the Landing: Folk Concepts of Outer Space*).

¿Faltará algún detalle en todo este evidente fondo común de "síndrome contactista-aparicional"?

No se piense, con todo, que los mensajes proféticos emergerán con la popularidad mediática del fenómeno de los "secuestros por extraterrestres" en las sociedades contemporáneas.

Los dos autores australianos que venimos citando —el sociólogo Robert E. Bartholomew y el psicólogo George S. Howard—, en su catálogo de "encuentros" entre humanos y entidades no humanas refieren el hecho de que ya en el año 1912, en Canadá, una niña de seis años alegó haber sido visitada por seres de

---

[27] Ibidem, P. 340.

pequeña estatura, transportados en un aparato volador circular, que comunicaron con ella telepáticamente…

En el verano de 1920, en Mattawa River, Ontario, Canadá, el joven Albert Coe se encontró a otro niño, de cabellos rubios y ojos azules, vagando entre los peñascos de su propiedad, y que vestía un traje plateado con "instrumentos" en el pecho. El niño rubio le hizo jurar a Albert que guardaría el secreto sobre el encuentro. Coe cuenta una serie de contactos posteriores. El pequeño ser le informó de que era uno de los muchos encargados de acompañar el desarrollo de la Tierra y de asegurar la paz. Este auténtico "ángel de la paz", que evoca de forma irresistible a la descripción de la 4ª vidente de Fátima, era… de Tau Ceti[28].

NUEVAS RELIGIONES DESDE OTROS MUNDOS

> *"¿De dónde venís?" —preguntó.*
> *"De muy largo…"*
> *"¿Hablas francés?"*
> *"Nosotros hablamos todas las lenguas de vuestro mundo. Venimos de un planeta distante sobre el cual no diré nada por temer que los hombres de la Tierra, si no fueren lo suficientemente sabios, puedan venir a perturbar nuestra paz".*
> (Claude Vorilhon, "contactado" francés, 1975)[29]

Esta cita se recoge en una ejemplar antología, editada por James R. Lewis, investigador del Instituto Americano para el Estudio de la Religión. Las lecturas sociológicas y antropológicas de estos "nuevos" fenómenos son de análisis obligatorio para quien pretende ir más allá de las perspectivas literales de las creencias.

En esta obra, Gordon Melton define la personalidad de los "contactados" de nuestro tiempo y sublima el hecho de que, en el conjunto de las narraciones conocidas, los "extraterrestres" mantienen sus orígenes "suficientemente vagos e imprecisos": "Vengo de muy lejos o vengo del Cielo" es la marca de esa definición. Si hay algún trazo de continuidad entre las centenas o millares de los mencionados "encuentros" con seres celestes, se traduce en una palabra: desilusión.

---

[28] Ibidem, p. 286.
[29] MELTON, J. Gordon, "The Contactees", en Lewis, James R. (ed.). *The Gods have landed: New religions from other worlds [Los Dioses han aterrizado: Nuevas religiones de otros mundos]* Nueva York, State University of New York Press, *1995, p. 9.*

El error, la confusión, el engaño resaltan en estas experiencias y en sus mensajes, como resalta el astrofísico Jacques Vallée[30].

Médiums, chamanes, visionarios o videntes parecen ser "víctimas" del mismo *modus operandi* por parte de una variedad de seres celestes, demonios o ángeles, alienígenas o señoras luminosas[31]. El movimiento "contactista" contemporáneo recupera una modalidad de "religión oculta" en el cuadro reactualizado de nuestras necesidades de "misterium tremendum", según la acepción de Rudolf Otto[32]. Los mensajes laicos siguen de cerca el formato religioso y los procesos de transmisión se acomodan a nuestra evolución. Recurren a elegidos, dotados o no de capacidades psíquicas, y a un instrumento que auto-alimenta la "tensión esencial" del secreto interdicto entre las masas adheridas: las revelaciones privadas.

Figura 64. Cenáculo de Nuestra Señora del Espacio con el vidente/contactado Constant Bilodeau, al lado de un modelo de nave espacial "tipo Adamski" existente en el Centro de la Conciencia Cósmica, St. Jovite, Québec, Canadá. El colmo de la convergencia entre dos caras de una "tercera realidad". (En Douglas Curran, *In advance of the Landing: Folks Concepts of Outer Space*).

---

[30] VALLÉE, Jacques, *Messengers of Deception: UFO Contactees and Cults [Mensajero de la decepción: Contactados OVNI y cultos]*, Berkeley, And or Press, *1979*.

[31] MELTON, J. Gordon, op. c ¡t., *pp. 9-11, passim.*

[32] OTTO, Rudolf, *0 sagrado [Lo sagrado]*, Lisboa, Edições 70, 1992, pp. 21-34.

La unanimidad que aquí venimos defendiendo entre los diferentes mundos mentales y culturales ha sido tratada por el reverendo y teólogo Barry Downing, un pastor americano interesado en estas valoraciones. Este autor enuncia algunas de las semejanzas entre las creencias religiosas y los fenómenos "extraterrestres" de nuestros días:

- Los fenómenos ET sustituyen la religión tradicional por la "ciencia verdadera", desde el momento en que aquellos pueden ser sujetos a pruebas empíricas; la creencia ET es similar a las creencias tradicionales en el sentido de que ambas son sistemas para "hacer creer"; sustituyen al Dios trascendental de la Biblia por el astronauta con super-poderes y conocimiento total; sugiere que ambas poseen un sedimento común en el incosciente humano; la tecnología ET es el equivalente del poder divino; ingenios voladores y demonios están unidos en una misma significación, que es entendida, curiosamente, como "diabólica" por credos fundamentalistas americanos, por ejemplo, por la Iglesia Adventista del 7° Día[33].

EL PERFIL NEO-RELIGIOSO DEL "CONTACTISMO"

Tomando como base el inventario de discursos, estrategias e informaciones comunes en los mensajes y comunicaciones que nos llegan de "algún lugar", podemos trazar un perfil característico del contactismo intemporal, independientemente de las vestimentas que lo adornan y actualizan: de las entidades humanoides de nuestro cielo científico al areópago celeste de los credos institucionales.

De hecho, los mencionados ET de las "visiones" de nuestro tiempo ostentan todas las virtudes esenciales de los enviados y taumaturgos socialmente consagrados. *Mutatis mutandis* producen e interpretan una neo-religiosidad, en ocasiones intensa y hasta fanática de la que fue prueba el reciente episodio de la secta suicida de "Heaven's Gate".

El sociólogo francés Jean-Bruno Renard, de la Universidad de Montpellier, es uno de los más perspicaces observadores de estos fenómenos contemporáneos[34].

---

33 Cf. "Religion and UFOs", en STORY, Ronald (ed.), *Encyclopedia of UFOs*, New York, *1980, pp. 53-54,* cited by SALIBA, John A., "Religious dimensions of the UFO Phenomena" ["Dimensiones religiosas del fenómeno OVNI], en JAMES, R. Lewis (ed.), op. cit., p. *55.*

34 RENARD, Jean-Bruno, *Les Extraterrestres: Une nouvelle croyance religieuse [Extraterrestres: una nueva creencia religiosa]*, París, Editions du Cerf, 1988, pp. 89 et seq.

Este autor se apoya en una reseña propuesta por otro investigador, el americano Ted Peters, para trazar un perfil neo-religioso de los "superiores contactantes" de nuestra época.

Este tipo-ideal reflejaría las siguientes virtudes supremas:

1. La *Trascendencia*, que se expresa por las categorías de Alto (Ciello), Luminoso, Infinitamente Grande (espacio cósmico), en ocasiones, Creación ("Ellos nos crearon").

2. La *Omnisciencia* de los ET en relación a todo el Conocimiento, sobre todo, en particular, acerca de nosotros, ya que nos vigilan sistemáticamente y sus capacidades telepáticas les permiten saber lo que pensamos.

3. La *Perfección*, en moldes físicos, concretada por las descripciones que los "contactados" hacen de sus visitantes, generalmente seres de gran belleza y armonía estética; también la perfección psíquica, ya que poseen poderes supra-normales, ya referidos, y se comunican en todas las lenguas; de igual modo la perfección espiritual, ya que interpretan la Sabiduría universal y persiguen la verdadera religión; la perfección científica, traducida en las capacidades inimaginables de sus "vehículos" que los traen hasta nosotros y que representan, en la perspectiva de Carl Jung, un objeto de forma ideal, perfecta, o sea, la mandala; también la perfección social, en referencia al universo ET que recuerda a las utopías y a los sistemas ideales de la sociedad que pretenden, en suma, instaurar en este planeta y, con él, conducir a la abolición de la guerra, del hambre y del dolor, luego la paz, en un proyecto genuinamente milenarista y que remite a los arquetipos del paraíso perdido y de la Edad de Oro, inscritos en las cosmogonías universales.

4. La *Redención*, la última de las virtudes, que los ET también asumen que traen la salvación a la humanidad, habiendo ellos obtenido, previamente, su propia redención: si la muerte es una consecuencia del pecado, entonces la larga vida o inmortalidad, invocada por los "celestes", probaría que Ellos se redimirían.

El contacto y la Revelación

La prueba de fuego del "contactado" laico es la difusión del mensaje que dice haber recibido, después de un encuentro extraordinario con la entidad contactante. El encuentro "material" —una visión objetiva del ET y de su medio de locomoción— inaugura un contacto "mental posterior durante el cual los seres celestes desarrollan o perfeccionan sus mensajes por 'canalización telepática'".

La prueba de "glorificación" para estos intermediarios-videntes será la confirmación de la venida a la Tierra de las entidades de su credo, laico o científico, confirmando un mensaje y las profecías dejadas al cuidado del elegido, a partir de ahí legitimado para fundar una nueva religión o devoción.

La prueba "principal" del contactado es la difusión y aceptación del mensaje junto a sus coevos, por ejemplo, a través de apariciones socialmente aceptadas, de donde resulta un proselitismo como marca y consecuencia de estos "encuentros extraordinarios", auténticas hierofantas.

El contenido de los mensajes

Los mensajes ET y sus "códigos" suponen, casi siempre, una crítica severa a la sociedad de la época en que se inscriben. Las guerras y las amenazas a la paz, la destrucción del planeta y de sus recursos son las constantes nucleares de los avisos. La "guerra fría" en los años 1950 estará bien plasmada en los contenidos proféticos de los "contactados" típicos de esa coyuntura histórica. Como en Fátima, la guerra fue uno de los motivos abordados y, también allí, acabó por auto-denunciar las fragilidades e incoherencias de las informaciones "prestadas" por la Señora.

El catastrofismo es, pues, la nota dominante de estos cuadros proféticos; el Apocalipsis inminente si la humanidad tarda en corregir su rumbo. Trazos ecologistas que resaltan, igualmente, de los injertos temporales de que estos "encuentros" fueron blanco por las contribuciones culturales de los años 60, de los hippies y de los Verdes.

Como sustenta el etólogo luxemburgués Alain Schmitt, "desde el punto de vista de la historia de las religiones, la ufología surge como una nueva forma de religión redentora, que sustituye a los ángeles cristianos en su función de ángel guardián, protector y conductor de mundos planetarios"[35].

La expectativa mesiánica

La creencia en la visita e intervención externa de inteligencias no humanas provoca, igual que el fervor religioso, reuniones y convocatorias de fieles. Enormes manifestaciones de adeptos de ET como en Giant Rock o Roswell, en los

---

[35] SCHMITT, A Alain, "Mythe de l'extraterrestre et folklore des soucoupes volantes: forme, origine, function" ["Mito del extraterrestre y folklore de los platillos volantes: forma, origen, función], en PINVIDIC, Thierry (ed.), *OVNI.- vers un anthropologie d'un mythe contemporaine [UFOs: un análisis antropológico de un mito contemporáneo]*, Editions Heimdal, *1993, p. 485.*

Estados Unidos, definen nuevos espacios sagrados, nuevos "santuarios" donde los líderes privilegiados orientan, periódicamente, "vigías del Cielo" astronómico, a la expectativa de una manifestación de las entidades "celestes".

¿Será esto una novedad o también un *dejà-vu*?

En caso de catástrofe, los fieles acreditan que van a ser redimidos por los visitantes del Cielo en sus naves espaciales hiper-evolucionadas —"son equivalentes a magia", como sugiere el visionario escritor Arthur C. Clarke—, es decir, actualizadas "Arcas" voladoras, refugio de los elegidos que, a pesar de las desilusiones no dejan de creer: a pesar de haber sufrido el descrédito público, como en el caso del rotundo fiasco de la profecía de Sananda, confiada a Dorothy Martin, sobre la inmersión de Chicago en 1954, los fieles del grupo, en vez de rectificar sus creencias, exacerbaron aún más sus certezas y convicciones. Este hecho ayudó a desarrollar la propuesta de la "disonancia cognitiva", hipótesis de trabajo en investigación sociológica elaborada por Leon Festinger en el estudio citado por Jodi Dean[36].

Salvar la Tierra y a la humanidad es la constante de un proyecto de fondo, que sufre los matices y la actualización necesarios para la comprensión e interpretación del mensaje. La "comunión mística" de la experiencia de contacto con un ET significaría, hoy, una señal de "revitalización religiosa, una respuesta al ritual tradicional de las instituciones clásicas", como resalta el antropólogo Ignacio Cabria García[37]. Los copiosos textos que hoy circulan en los foros de discusión de Internet son prueba de la vitalidad consecuente de este *leitmotiv*: ¿advertencia externa o simple asunción de remordimiento interno de sublimar al inconsciente humano?

Sea como fuera, estas actitudes se integran, sin dificultad alguna, en la corriente judaico-cristiana del milenarismo. Las publicaciones laicas del grupo de "contacto" de Gabriel Green se titulan "Que venga tu Reino". Al final, esta es una noción escatológica de la experiencia visionaria de todos los credos, laicos o religiosos.

ENTRE DIOS Y EL DIABLO

Delante de este complejo y numeroso cuadro de visiones y experiencias, con todo el séquito de mensajes y secretos reivindicados a lo largo de la historia, se torna comprensible el embarazo de las autoridades religiosas en la distinción entre lo genuino y lo falso. Solo que este examen siempre se realiza en una parrilla

---

[36]   Cf. nota al pie 19, *supra*.
[37]   Cf. GARCÍA, Ignacio Cabria, *Entre ufólogos, creyentes y contactados - una historia social de los OVNIs en España*, Santander, Cuadernos de Ufología, 1993, p. 157.

interpretativa de la devoción religiosa particular, en los límites de la doctrina y de la iconografía superiormente definidas, en el caso del Catolicismo, para las apariciones marianas.

El problema es la forma en que las autoridades religiosas, sobre todo los postuladores de las Causas de los Santos, aprecian las variadas formas de las apariciones o visiones tratadas. Se sabe y se reconoce que la decisión es ponderada y vigilada a lo largo de muchos años, en ocasiones, en el caso de las "apariciones marianas" reconocidas como tales. Habrá, con todo, casos en que los fenómenos, las morfologías y los contenidos no-canónicos acaben por frenar la metodología aplicada, confundiendo los criterios pre-establecidos (principalmente toda la gama de encuentros híbridos, entre la vertiente religiosa y la apariencia científica ET). Estos "escenarios" acaban por no ser considerados "dignos de crédito", como mínimo, cuando no se etiquetan fácilmente como "fenómenos psicopatológicos" o como "obra diabólica" por el entendimiento maniqueísta clásico[38].

Esta selección entre la "obra de Dios y la obra del Diablo" se traduce en un segundo problema, no menos importante, para quien juzga y avala las "revelaciones y prodigios" y su fidelidad al cuerpo doctrinal del catolicismo: la dificultad de los evaluadores de la Causa de los Santos en entender el interés, en términos comparativos, de muchas experiencias de "contactismo" contemporáneo, en el contexto tecnológico. En general, la jerarquía eclesiástica rechaza o ignora, pura y simplemente, un análisis de estas narraciones y su tratamiento científico, al nivel de las ciencias médicas y sociales humanas, en contraste con la sencilla adhesión emocional a cuadros e interpretaciones simplistas, culturalmente datadas, de la religiosidad popular. Más grave aún es esta abstención cuando el nivel testimonial e informativo, de partida, será igual o incluso más cómodo del de algunas más certificadas "apariciones religiosas". Y no por eso la Ciencia aprueba ("beatifica") las centenas de "contactados" laicos contemporáneos…

A partir de aquí, se hace necesaria y urgente una investigación futura, integrada y sin exclusiones de todos los fenómenos. Algo así será asequible cuando sea posible dar el deseado y anunciado paso al frente, es decir, una nueva visión de la ciencia y de la religión, expurgada de sus vicios "territoriales" reductores y amputadores de una perspectiva holística, global.

---

[38] MEESSEN, Auguste, comunicación personal, 14 de enero de 2001. Este físico teórico de la Universidad de Lovaina refiere el trabajo del historiador católico BOUFLET, Joachim, *Faussaires du Diable*, París, Presses de la Renaissance, 2000, una antología crítica de apariciones marianas falsas en confrontación con el cuerpo doctrinal original del Catolicismo.

Conclusión

¿Qué es el secreto de Fátima?

Las apariciones de Fátima fueron algo así como "pre-anunciadas" en la prensa portuguesa. Este hecho, histórico e indesmentible, bastará para autenticar la veracidad de las apariciones y para remitirlas a los dominios ignotos de la ciencia.

Algo o alguien, procedente de ignoradas dimensiones de la realidad, bajo la apariencia de una "mujercilla", de una edad aproximada de quince años, con 1,10 metros de altura y que emitía sonidos como zumbidos de abeja, pretendía transmitir un mensaje. Además, "es de esta pasta de la que estamos hechos, mitad de indiferencia y mitad de ruindad", José Saramago[1]. Para vencer la ruindad hizo dos recomendaciones: la del rezo colectivo en ese lugar y la de que aprendiésemos a leer. Para vencer la indiferencia, la "mujercilla" resplandeciente confió un secreto a los videntes para que nunca disminuyera el interés por ese lugar con el transcurso de los años.

En 1917, el secreto era uno y constaba de palabritas. Pero un análisis profundo de los documentos nos indica que los videntes nunca supieron cuál era el secreto (ni era para que ellos lo supieran sino para que lo transmitieran) y que aunque no hubieran querido, no lo habrían podido revelar. El secreto fue utilizado como un

---

[1] SARAMAGO, José, *Ensaio sobre a Cegueira [Ensayo sobre la ceguera]*, Lisboa, Caminho, 1995, p. 40.

311

método, no como un contenido, para la época, inserto en los propósitos de otros contactantes, también ellos adaptados a los diferentes contextos socioculturales en los que se manifiestan.

La Iglesia acabó por tomar posesión de Fátima, tal vez fuese la única institución de la época capaz de hacerlo, dado el desinterés de la ciencia. Lucía, cual doncella sacrificada a los dioses de antaño, fue encerrada y silenciada para que otra Fátima surgiese, más lógica, más integrada en los cánones católicos. Ella, más inteligente de lo que aparenta, habiéndole sido prohibido hasta escribir libremente a su madre, usó su creatividad y sus visiones privadas como huída de este sacrificio. Sus textos de adulta, divulgados bajo el sello de un *imprimatur*, de no ser anulados, necesitan una criba, atenta y constante, por parte de la investigación más exigente.

El destino hizo que su camino se cruzase con el de los jesuitas. Estos, con sabia orientación, consiguieron hacer de Fátima un Altar del mundo. Y el secreto se multiplicó, fue otra cosa diferente, y los documentos originales fueron guardados por la Compañía de Jesús. A pesar del suceso de la conversión de Rusia, no pasó de ser un bello sueño de los jesuitas y de un movimiento católico de 1930.

Por ser detentora de la tercera parte del secreto, Lucía consiguió abrir brechas en las paredes conventuales y convertirse en una figura mundial.

Y, ¿qué pasó con esa tercera parte? ¿Será la interpretación dada por el Vaticano lógica y sin alternativa?

La interpretación de que un obispo de blanco era el papa fue aceptada siempre por el Vaticano. "El secreto interesa solo al Santo Padre, a quien fue destinado", dijo el cardenal Ottaviani, que lo leyó en 1959. Además, circulaban innumerables suposiciones, como vimos, privilegiando la tesis de que el tercer secreto aludía a la crisis de la Iglesia o al fin del papado. Siempre se entendió como un objeto dentro de la parrilla interpretativa del catolicismo y, sobre todo, íntimamente ligado a su figura principal.

Eso justificó que Fátima fuese retirada del alcance de la iglesia portuguesa, pues, como también vimos, el propio rector del Santuario necesita licencia de la Santa Sede para interrogar a Lucía sobre las apariciones que el mundial santuario venera.

Ali Agca fue el gran beneficiario de esta interpretación. Libros y documentales televisivos lo transformaron en instrumento de Nuestra Señora. El villano vistió la piel del héroe.

"El 13 de mayo de 1981, el papa era víctima en la Plaza de San Pedro de un 'hijo de Mahoma', el turco Ali Agca, en el 64° aniversario de la primera aparición de Fátima. Y, por una curiosa "casualidad", ¡Fátima y el nombre de la hija de Mahoma que se casó con un primo que tenía como nombre propio Alí, en el año de la Hégira (623)! La prensa anotó la hora concreta de los disparos que hirieron a Juan Pablo II: 17 horas 19 minutos (17.19), o sea, ¡19.17 al contrario!"[2].

Hay también quien ha visto en ese atentado una "reprimenda" de la Virgen, por el hecho de que Juan Pablo II había aplazado la consagración de Rusia —junto con todos los obispos del mundo— al Inmaculado Corazón de María. No lo hace hasta 1984. Marc Dem no dejó de comentar —después de destacar la hora del atentado, 17.19 (1917)— que sería difícil imaginar que el papa no hubiera visto, en ese tiro disparado por una *Browning 9* mm, "una señal, una especie de recordatorio de Nuestra Señora al respecto de una petición que ella hizo y que todavía no se había ejecutado. ¿Amonestación?"[3].

Como si una entidad moralmente superior tuviese que recurrir a los servicios de un fuera de la ley para hacer un trabajo "sucio"…

El asesino turco se aprovechó de esta propensión para los "designios ocultos": dio entrevistas en la televisión en un tono que impresionaba al que lo oía. Criticaba al gobierno italiano por haberlo detenido y proclamaba sentencias teológicas. Se sentía un enviado divino, un escogido, un predestinado. En Italia, por lo visto, ese cuento funcionó. "¿Por quién nos toman, señores?", exclamaría el cardenal Journet.

También nosotros, autores, al estudiar Fátima desde 1976, bajo el espíritu del análisis cartesiano, bajo la primacía de los documentos, ponderamos hipótesis interpretativas que no se concilian con la del Vaticano. Tenemos que superar el clásico e ineficaz maniqueísmo. Bajo el imperio de lo negro y lo blanco que han sido los ojos autorizados y, a la vez, reductores de Fátima, en la "miseria de su historicismo", como recordaría Karl Popper.

Primero, consideramos que el texto del tercer secreto tiene posibilidades de ser auténtico. La inducción de imágenes y secretos en el cerebro de testigos es un propósito de mensajeros de otros lugares, algo que atraviesa, como vimos, diferentes lugares y épocas. Podía bien ser una imagen, como clave, para hacernos llegar estas dichas "palabritas". Segundo, no nos parece que tenga la orientación de los jesuitas como las otras dos partes. Por un lado, cuando fue redactado, los jesuitas, "almas afines" de Lucía, no se encontraban en Portugal. Por otro, nos

² FONTBRUNE, Jean-Charles de, *História e Profecia dos Papas* [*Historia y profecías de los papas*], Mem Martins, Europa-América, *1988, p. 277.*

³ DEM, Marc, *O Terceiro Segredo de Fátima,* op. cit., p. 8 1.

parece al hacer analogía con otros casos, que la vidente parece haber sido, de nuevo, inducida por la visión de la "mujercilla" que la llevaría a divulgar aquella imagen del futuro, aunque con ajustes eventuales a las "palabritas" de 1917.

"Según declaraciones escritas de la madre Cunha Mattos, que fuera Superiora de la hermana Lucía en Tuy y que recibiera las confidencias más íntimas de la vidente, Nuestra Señora se le apareció a la religiosa el día 2 de enero de 1944 y le dijo que escribiera la tercera parte del secreto"[4].

La vidente lo redactó al día siguiente. Curiosamente, Lucía divulgó muchas visiones, pero no lo hizo con esta, igual que la conversación con la cuarta vidente.

Sería fácil ceder a la tentación de presentar aquí nuestra hipótesis. No lo haremos por varias razones:

1ª. Cualquier llave, igual que la ciencia, abre "los portones del cielo, pero la misma llave abre también las puertas del infierno, y no poseemos instrucciones que nos permitan tener la certeza de cuál es la puerta que tenemos enfrente", nos dice el considerado Richard Feynman, en *El significado de todo*[5]. Y si "el significado de todo" es una utopía en cualquier dominio, mucho más lo será en los misterios de Fátima.

2ª. Creemos que todavía no "hemos aprendido a leer" lo suficiente, como nos recomendó la "Señora", que nuestro conocimiento todavía no basta para liberarnos del *Zeitgeist* ("espíritu del tiempo").

3ª. La investigación sobre la interpretación, una vez abiertas las puertas con la llave, exige otros métodos de análisis diferentes además de los recursos y contribuciones científicas seguidas para este libro.

4ª. Fátima tiene aspectos positivos para el país. Moviliza visitantes de todos los continentes, aglutina a los portugueses en diáspora y los "liga" con sus orígenes. Y si ese santuario guarda un secreto de dimensión internacional, su no divulgación contribuye a mantenerlo en pie.

5ª. Fátima debe ser una vía abierta… para las generaciones futuras y para el conocimiento del porvenir. Por supuesto, para los historiadores y antropólogos, pero también para los neurocientíficos, biólogos y físicos… Creemos que Fátima merece ser "desencarcelada" e ir más allá de los ritos y prácticas virtuosas de la religión popular y de sus fines meramente utilitarios.

---

[4] MARTINS, António Maria, *Novos Documentos de Fátima*, op. cit., p. XXV.
[5] FEYNMAN, Richard P., 0 *Significado de Tudo - Reflexões de um Cidadão-Cientista [El significado de todo: pensamientos de un ciudadano científico]*, Lisboa, Gradiva, 2001, p. 17.

El futuro siempre es un comienzo de algo. Y un comienzo y un recomienzo de la naturaleza de las cosas y de los mundos, en su recorrido circular, de eterno retorno. Y como los mundos, también regresamos a 1917:

Joaquina Vieira: Lucía, ¿qué es lo que viste?

Lucía: Vi una Señora.

Joaquina Vieira: ¿Y qué fue lo que le preguntaste?

Lucía: Le pregunté quién era su merced.

Joaquina Vieira: ¿Y qué te respondió ella?

Lucía: Ella estiró un dedo hacia arriba[6].

Nos hallamos en el comienzo de descubrir la dirección a la que apunta el "dedo estirado" de una Señora celeste bajo el cielo de Fátima. Concordando que "es tan absurdo concebir un campo de trigo con una única espiga, como un único mundo en el vasto Universo"[7].

---

6   Joaquina do Carmo Vieira, propietaria de una tienda de ultramarinos en Leiria sobre el año 1918, en FERREIRA, Seomara da Veiga, *As Aparições em Portugal, dos Séculos XIV a XX - os Emissários do Desconhecido [Las apariciones en Portugal desde el siglo XIV al siglo XX: Emisarios de lo desconocido]*, Lisboa, Relógio d'Água, pp. 265-266.

7   *Metródoro, filósofo griego discípulo de Epicuro*, section III-C, in HEIDMANN, Jean, et al., *Estaremos Sós no Universo? [¿Estamos solos en el Universo?]*, Lisboa, Áncora Editora, 2000, p. 160.

Autores

JOAQUIM FERNANDES, doctor en Humanidades, es profesor de Historia en la Universidad Fernando Pessoa de Oporto, en Portugal. Dirige la *Multicultural Apparitions Research International Academic Network* (MARIAN). Sus intereses como investigador incluyen la historia de la ciencia y la antropología comparativa de la religión, con un especial énfasis en los fenómenos paranormales.

FINA D'ARMADA tiene un Máster en Estudios sobre la Mujer. Ha escrito cientos de artículos y cinco libros sobre Fátima (tres de ellos como coautora con Fernandes), todos basados en documentos originales procedentes de los archivos. Sus investigaciones abarcan la fenomenología, la historia local, la historia de las mujeres y la época portuguesa de los descubrimientos.